***ACCESO GRATIS** a la Lectura en la Nube*

Para visualizar el libro electrónico en la nube de lectura envíe junto a su nombre y apellidos una fotografía del código de barras situado en la contraportada del libro y otra del ticket de compra a la dirección:

ebooktirant@tirant.com

En un máximo de 72 horas laborales le enviaremos el código de acceso con sus instrucciones.

LA ESCUELA DE SALAMANCA AYER Y HOY: PROPUESTAS PARA UN MUNDO GLOBALIZADO Y DIGITAL

Procedimiento de selección de originales, ver página web:

www.tirant.net/index.php/editorial/procedimiento-de-seleccion-de-originales

LA ESCUELA DE SALAMANCA AYER Y HOY: PROPUESTAS PARA UN MUNDO GLOBALIZADO Y DIGITAL

LORENA VELASCO GUERRERO
Editora

tirant lo blanch
Valencia, 2024

Esta obra ha sido financiada por la Universidad Francisco de Vitoria, y se ha realizado en el marco de los proyectos: "Derecho y Economía en la Escuela de Salamanca", financiado en la Convocatoria IIES del año 2023 (UFV2023-60) y "Salvación, política, economía: el comercio de ideas entre España y Gran Bretaña en los siglos XVII y XVIII (SPEEGB)", financiado por el Ministerio de Ciencia e Innovación (PID2021-122994NB-I00).

EDITA: TIRANT LO BLANCH
C/ Artes Gráficas, 14 - 46010 - Valencia
TELFS.: 96/361 00 48 - 50
FAX: 96/369 41 51
Email: tlb@tirant.com
www.tirant.com
Librería virtual: www.tirant.es
DEPÓSITO LEGAL: V-1409-2024
ISBN: 978-84-1056-388-9

Si tiene alguna queja o sugerencia, envíenos un mail a: *atencioncliente@tirant.com*. En caso de no ser atendida su sugerencia, por favor, lea en *www.tirant.net/index.php/empresa/politicas-de-empresa* nuestro procedimiento de quejas.

Responsabilidad Social Corporativa: http://www.tirant.net/Docs/RSCTirant.pdf

Índice

Presentación

El mundo actual se enfrenta a constantes cambios y desafíos. La globalización, la digitalización, la conexión constante y el flujo continuo de información plantean retos a los que hacer frente con teorías fundadas en una cosmovisión humanista que constituyan el sólido asidero sobre el que fundar el progreso y el futuro de la humanidad. En este contexto, cobran gran importancia las ideas, tanto jurídicas como económicas, desarrolladas por la Escuela de Salamanca o Segunda Escolástica Española.

Con el término Escuela de Salamanca nos referimos, de forma genérica, a la escuela de pensamiento teológico, económico, moral y jurídico integrada por una serie de teólogos –los *Magni Hispani*– que durante los siglos XVI y XVII ejercieron su magisterio en las universidades de Salamanca y Coimbra. Tratadistas de la envergadura intelectual de Francisco de Vitoria, Francisco Suárez, Juan de Mariana o Domingo de Soto arrostraron en defensa de la Cristiandad deslumbrantes acontecimientos históricos, como el descubrimiento y colonización de América, y la fragmentación del orden religioso secular causada por la Reforma protestante de Martín Lutero.

Estos egregios preceptistas desarrollaron un corpus doctrinal sobre la legitimidad inmanente del poder político, el tiranicidio, los derechos humanos o la tolerancia que influyó poderosamente en autores del norte de Europa, tal y como se está poniendo de manifiesto con la investigación desarrollada en los últimos años[1], de forma tal que su pensamiento configura en gran medida el pensamiento propio de la Modernidad.

---

1 Cfr. PRIETO LÓPEZ, L.J. y CENDEJAS BUENO, J.L. (eds.) *Projections of Spanish Jesuit Scholasticism on British Thought: New Horizons in Politics, Law and Rights*, Brill, Leiden- Boston, 2023.

La Segunda Escolástica Española abordó determinadas cuestiones que hoy en día vuelven a ser relevantes: la legitimidad y los límites del poder, las relaciones entre la Iglesia y el Estado, el modo de relacionarse con otros pueblos (las relaciones internacionales), la ordenación de la actividad económica, en definitiva, el mejor modo de lograr un orden justo en el seno de una comunidad política ya vislumbrada como universal hace quinientos años.

Las elaboraciones doctrinales y las polémicas que jalonan el pensamiento escolástico constituyen respuestas a los retos de la época. Los autores escolásticos fueron respondiendo a ellos y, en consecuencia, asentando un pensamiento y un corpus de ideas que pueden ayudar a responder a los desafíos sociales, políticos y económicos que enfrenta nuestra época.

Esta relevancia actual lleva a que, en el seno de la Universidad Francisco de Vitoria, se desarrollen diversos proyectos para la investigación sistemática del pensamiento escolástico, fruto de la colaboración mantenida durante los últimos años entre profesores de diferentes grados de la Facultad de Derecho, Empresa y Gobierno y profesores de otras universidades españolas; con líneas de investigación relacionadas con los ámbitos del derecho y la economía en relación con el pensamiento jurídico y económico de la Escuela de Salamanca.

Esta obra pretende dar difusión a la labor realizada por los distintos investigadores tanto del Proyecto de la UFV 2023-60: "Derecho y Economía en la Escuela de Salamanca", financiado en la Convocatoria IIES del año 2023, como del Proyecto "Salvación, política, economía: el comercio de ideas entre España y Gran Bretaña en los siglos XVII y XVIII (SPEEGB)", financiado por el Ministerio de Ciencia e Innovación con referencia PID2021-122994NB-I00.

La presente obra está compuesta por diez capítulos que buscan relacionar el pensamiento escolástico con el contexto jurídico-político y económico actual.

El primer capítulo, escrito por Héctor Álvarez García, profesor de Derecho Constitucional de la Universidad Pablo de Olavide de Sevilla, trata sobre la cuestión *Del tiranicidio a la revocación del mandato representativo.* En esta investigación se analiza la evolución histórico-jurídica del derecho de resistencia frente al tirano desde sus orígenes clásicos hasta la constitucionalización de la resistencia en forma de derechos políticos, que propician la participación cotidiana de los ciudadanos en los asuntos públicos.

El segundo capítulo, escrito por la profesora de Derecho Canónico y Eclesiástico del Estado de la Universidad Francisco de Vitoria: Marta Asín, desarrolla las *Implicaciones en la actualidad de la teoría de la potestad indirecta a la luz del pensamiento de Suárez.* En esta investigación se estudia la evolución histórica de la relación Iglesia-Estado y si, en la actualidad, tras la doctrina del Concilio Vaticano II es posible sostener la existencia en la Iglesia de una potestad jurídica sobre el Estado.

La tercera contribución corresponde a la profesora de Historia Económica de la Universidad Francisco de Vitoria: Cecilia Font de Villanueva. En este capítulo comparte su investigación en torno a *La cuestión tributaria en el macro de la Escolastica. Proyecciones en las doctrinas de ayer y de hoy.* En concreto, analiza el papel de la cuestión tributaria para alcanzar el fin del hombre, que no sería otro que la felicidad terrena en la república.

El cuarto capítulo se titula *Origen del pensamiento económico en materia de política fiscal y tributaria.* En este trabajo la profesora María Goenechea Domínguez, profesora de dirección financiera de la Universidad Francisco de Vitoria, profundiza en el origen de las cuestiones tributarias y fiscales, analizando la justificación que dieron los autores escolásticos de la política fiscal y de la moralidad del sistema tributario.

El quinto capítulo es una contribución del profesor Ramón de Meer Cañon, profesor de Filosofía del Derecho en la Universidad Francisco de Vitoria. Su investigación profundiza en el *Concepto alternativo de derecho subjetivo en la Segundo Escolástica*, en concreto, se analiza el origen particular del concepto de derecho subjetivo. Se compara y vincula tanto con la tradición escolástica aristotélico-tomista como con los elementos heredados del nominalismo de la Universidad de París.

La sexta contribución se titula *Francisco de Vitoria y las criptomonedas: una aproximación legal y humanística*. Esta investigación ha sido realizada por Juan Palao Uceda, profesor de Fundamentos del Derecho de la Universidad Francisco de Vitoria. El profesor Palao analiza las ideas de Francisco de Vitoria en torno a la economía y la usura, para desde ellas, dar respuesta a la realidad actual de las criptomonedas.

El séptimo capítulo ha sido escrito por el profesor de Filosofía del Derecho de la Universidad Complutense de Madrid: Evaristo Palomar Maldonado. Desarrolla su investigación sobre *Domingo de Soto y el concepto y división del derecho en su Iustitia et Iure libri decem*. En este capítulo se expone la doctrina de Domingo de Soto sobre el concepto de *ius*, como lo justo. Concepto que ya estaba afectado por la corriente nominalista, aunque mantiene la impronta realista.

El octavo capítulo trata sobre *La guerra en Locke. Contexto y afinidades con Suárez*. Esta investigación ha sido desarrollada por Leopoldo José Prieto López, profesor de Filosofía Moderna y Contemporánea en la Universidad Francisco de Vitoria. En esta investigación el profesor Prieto analiza las afirmaciones sobre la guerra que se encuentran en *Segundo Tratado sobre el Gobierno* de Locke y relaciona estas ideas con la doctrina suareciana.

El penúltimo capítulo está escrito por Jesús Miguel Santos Román, profesor de Filosofía de Derecho en la Universidad Francisco de Vitoria. Versa sobre *Derecho y naturaleza: entre la Escuela kantiana y Juan de Santo Tomás*. Esta investigación profundiza en el concepto de "lo natural" dentro del *corpus* doctrinal del pensador Juan de Santo Tomás (1589-1644), poniéndolo en relación con dicho concepto en la Escuela kantiana.

Por último, el décimo capítulo se titula *El pensamiento de Johann Gottlieb Heineccius "Heinecio" en torno al origen, fin y límites del derecho político.* Lorena Velasco Guerrero, profesora de Derecho Constitucional de la Universidad Francisco de Vitoria, desarrolla una investigación sobre los conceptos fundamentales del derecho político actuales -origen, fin y límites- y el origen histórico de los mismos.

Todas las contribuciones esperan dar difusión a la investigación sistemática realizada por los autores en los últimos años y, así, contribuir al enriquecimiento del acervo científico de forma rigurosa, fomentando el debate y el intercambio fructífero de ideas.

LORENA VELASCO GUERRERO
Madrid, 7 de diciembre de 2023

Capítulo primero

Del tiranicidio a la revocación del mandato representativo

HÉCTOR ÁLVAREZ GARCÍA
Profesor de Derecho Constitucional
Universidad Pablo de Olavide de Sevilla

SUMARIO. 1. La *Lex Regia*. 2. El derecho de resistencia frente al tirano. 2.1. Los *Magni Hispani*. 3. La libertad de los modernos. 4. Consideraciones finales. 5. Bibliografía.

1. LA LEX REGIA

La Roma republicana era asamblearia a pesar de los vastos territorios sometidos a su dominio y de la miríada de personas a las que le había concedido la ciudadanía. Los ciudadanos del Impero romano siempre participaron directamente –no concibieron la idea de representación política– en la toma de decisiones públicas en los comicios celebrados exclusivamente en la Ciudad eterna.

> "El Estado romano es una democracia, bien que aristocrática. El pueblo –populus– decide, mediante elecciones periódicas, de los destinos nacionales. El campesinado viene a votar a la ciudad, en persona. Perfectamente. ¡El ideal de la democracia! Pero he aquí que Roma conquista el Lazio. Al cabo de poco

> tiempo, y a fin de asegurar la solidaridad de los latinos, les otorga la ciudadanía. Ya tenemos con esto la primera incongruencia entre la forma política romana y la realidad social bajo ella. Porque el Lacio no es ya la franja rural entorno a la urbe. Es una ancha provincia. ¿Cómo pretender que los ciudadanos latinos vengan a votar a la ciudad? Inevitablemente empieza a crearse un número de electores profesionales que suplantan la voluntad ausente de los más lejanos. La urbe propiamente tal ha crecido. Se ha formado en ella una plebe numerosa que formará el material votante sobre el cual van a ejercer sus manejos los inquietos, los ambiciosos, los díscolos. Pero he aquí que Roma conquista toda Italia.

Los italiotas –como en un tiempo los latinos– aparecen primero bajo la especie de aliados. Eso quiere decir que soportan todas las cargas y no tienen casi ningún derecho. (...) después concede Roma de buen grado a los italiotas los plenos derechos civiles. Pero ¿cómo unos y otros no advierten el carácter ilusorio de éstos? ¿Cómo iban a votar en Roma electores tan distantes? Italia está ya hecha. Es un cuerpo enorme, pero se sigue queriendo que venga a votar a la plazuela (...) Parece inconcebible que no viniera a la mente del romano una idea tan simple, para nosotros tan obvia, que desde sus comienzos, como la cosa más natural del mundo, existió en las naciones europeas: la idea de representación política. La porción ausente y lejana de la sociedad puede estar presente de una manera virtual, sin más que elegir un representante de ella. Para poseer tal idea basta con ejecutar una sencilla abstracción y advertir que la voluntad de un ser puede actuar donde no llegue su cuerpo. Si el romano no arriba a ella es simplemente porque era incapaz de esta abstracción"[1].

---

1 ORTEGA Y GASSET, "Sobre la muerte de Roma (III)", *El Sol*, 2-IX-1926.

El desmoronamiento de la República se debió a la severa dificultad de continuar gobernando el extenso y complejo Imperio por medio de un gobierno popular. Así, pues, el advenimiento del Principado se debió esencialmente a razones de pragmatismo político: mejorar el gobierno imperial mediante la centralización del poder y no a una voluntad del pueblo romano de transferir su soberanía a César Augusto y convertirse en esclavo de su nuevo señor[2].

¿Por qué el pueblo romano no concibió el gobierno representativo? La respuesta hay que buscarla en su concepción de la libertad y de la autorealización personal, comunes no sólo al *populus romanus* sino también al ateniense. La libertad de los antiguos "consistía en ejercer colectiva pero directamente varios aspectos incluidos en la soberanía: deliberar en la plaza pública sobre la guerra y la paz, celebrar alianzas con los extranjeros, votar las leyes, pronunciar sentencias, controlar la gestión de los magistrados, hacerles comparecer delante de todo el pueblo, acusarles, condenarles o absolverles (...) además admitían como compatible con esta libertad colectiva, la sujeción completa del individuo a la autoridad del conjunto"[3].

---

2 "STORICO. (...) La parola "signore" fu sempre la più odiata a Roma: infatti, come non vi è padre senza figlio, così non vi è signore senza schiavo; se il Principe fosse signore del mondo, di certo il Popolo Romano sarebbe schiavo del proprio Principe" (SALAMONE, *De Principatu*, en D´ADDIO, M., *L'idea del contratto sociale dai sofisti alla riforma e il "De principatu" di Mario* Salamonio, Milán 1954, VI, transcrito literalmente en el apéndice de SALAMONE, M. A., *La idea del contrato social en Mario Salamone de Alberteschi: sus vínculos con la escuela de salamanca y el constitucionalismo inglés*, Madrid, 2005, (tesis doctoral), http://goo.gl/qhGCBX).

3 CONSTANT, B., "La libertad de los antiguos comparada con la libertad de los modernos", en *Benjamin Constant. Escritos Políticos*, es-

La categoría de las libertades civiles individuales era desconocida en la Antigüedad. No había resquicio para la autonomía personal, nada se sustraía a la ley, expresión de la irrestricta autoridad del pueblo. El ciudadano no estaba domeñado por un tirano o un cuerpo oligárquico sino que se sujetaba de forma inquebrantable a la tiranía popular: esclavo de sí mismo.

> "Los hombres no eran, por decirlo así, sino máquinas cuyos resortes y engranajes eran regulados por la ley. La misma sujeción caracterizaba los hermosos siglos de la república romana; el individuo, de algún modo, se había perdido en la nación, el ciudadano en la ciudad"[4].

La teorías políticas contractualistas –*lato senso*– tienen su origen en la Roma imperial. El *imperium* que el *populus romanus* concedía singularmente a cada uno de los emperadores por medio de la *Lex Regia*[5] implicaba que formalmente estaba sujeto a la autoridad popular y que su poder estaba limitado. No era el señor del pueblo romano, sino un administrador cualificado cuyos poderes eran delegados y limitados: "Il Popolo, dal momento che lo elegge, è più importante del Principe appunto da esso creato: come ogni causa è maggiore del proprio effetto, così il diritto stesso, l'autorità, e il potere grazie ai quali

---

tudio preliminar, traducción y notas de María Luisa Sánchez Mejía, 1997, Madrid, p. 260.

4 *Ibidem*, p. 261.

5 "Filosofo. (…) il primo paragrafo [legge regia di Vespasiano] indica che non fu promulgata una legge Regia unica per tutti gli Imperatori, ma si resero inevitabili leggi per ogni Principe singolarmente, recanti gli accordi sui quali il Principato veniva conferito dal Popolo Romano. Infatti è evidente che al Divo Vespasiano fu concesso il potere di allargare il pomerio, come fu dato a Germanico, ma non agli altri Principi" (SALAMONE, *op. cit.*, VII).

viene creato il Principe, sono qualcosa di più importante del suo stesso Principato"[6]

El origen de la *Lex Regia* se encuentra en la *Lex Titia* del año 43 a. C, propuesta por Publio Tito, tribuno de la plebe, y aprobada por el *concilium plebis*. Constituye el acta de defunción de la República porque revocó los poderes del Senado y de las asambleas populares para entregárselos a Octavio, Lépido y Marco Antonio, nombrados *Triunviri rei publicae constituendae*, esto es, se les entregó el poder político al objeto de que reconstruyeran la república romana, misión frustrada por los enfrentamientos marciales entre ellos que abocó a la institución de un nuevo régimen político: el Principado, al que se revistió de una ficticia legitimidad democrática por medio de la *Lex Regia* en orden a embozar su genuina naturaleza autoritaria.

Con la "*lex de imperio* o *lex regia* se denomina al procedimiento del Senado, aprobado por aclamación del pueblo, por el cual se acostumbró a conferir unitariamente a los sucesores de Augusto los varios poderes de los que él había gozado"[7]. La *summa potestas* residía en el *populus romanus*, sin embargo, para lograr una mayor eficacia en la gestión pública aprobaba la *Lex Regia*, por medio de la cual elegía al emperador para que actuara en su nombre y establecía sus facultades y atribuciones. Su poder, por tanto, estaba limitado por ella y era inferior al del pueblo.

> "Mediante la referida atribución formal [*Lex Regia*] se reconoció al príncipe no un poder único, sino una suma de poderes varios (...) que proceden de las magistraturas republicanas (...). Tal atribución de poderes constituyó para todo el principado el fundamento legal de la investidura del nuevo príncipe, aunque

---

6 *Ibidem*, II.

7 BURDESE, A., *Manual de Derecho Público Romano*, Introducción, traducción y notas de Ángel Martínez Sarrión, Barcelona, 1972, p. 202.

> en realidad la elección efectiva de éste estaba ya preparada por el predecesor, que adoptaba y mostraba, asociándolo en todo o en parte al poder, al sucesor designado, o bien dependía de las distintas fuerzas sociales, políticas y sobre todo militares del imperio, las cuales en último extremo, aclamándolo como imperator a su candidato, anticipaban y determinaban su investidura por parte del Senado"[8].

Las constituciones promulgadas por la voluntad del emperador tenían fuerza y valor de ley (Ulpiano) porque recibió su *potestas* en virtud de la *Lex Regia*. El Principado extingue la democracia asamblearia republicana e instituye un sistema autoritario de corte mesiánico en el que "la *constitutio* es una *sponsio publica* hecha por el *princeps* en nombre de todo el *populus* y cuya protección se hacía a través de la prestación de la función jurisdiccional"[9].

La legitimidad del poder imperial reside en el *consensus populi*: "Lo que el pueblo ordena y ha establecido"[10]. Sin embargo, aunque el poder del *princeps* era superior al de la ley estaba limitado por ella, por lo que debía obedecerla aunque su figura fuese inviolable y no existiese ninguna instancia de poder legitimada para juzgarle: "*princeps legibus solutus*" (Ulpiano). En caso de que las infringiera o concurriera cualquier otra justa causa podría ser revocado por el pueblo a través del Senado o del Tribunado de la Plebe[11] "por quebrantar las condiciones del pacto expreso o tácito por el que le atribuía el pueblo

---

8 *Ibidem*, pp. 199, 202-203.

9 TAMAYO Y SALMORÁN· R., *Introducción al estudio de la Constitución*, UNAM, México, 1998, p. 44.

10 GAYO, *Instituciones*, 1, 3.

11 SALAMONE, *op. cit.*, p. 217.

como posesión la titularidad del poder"[12] e incluso se podría activar el último recurso: el tiranicidio[13] (*senatus consultum ultimum*). Así, pues, el *populus romanus* no le transfería su soberanía al príncipe, sino sólo el ejercicio, reteniendo la titularidad de la misma, lo que le facultaba para deponerlo y recuperar las facultades concedidas.

> "Se acepta como una verdad adquirida en la historiografía que se ocupa de la República romana, que los romanos consideraban legítimo el uso de la violencia contra aquellos políticos que fueran acusados de aspirar a la tiranía. Se trataría de una tradición consustancial a la misma República desde el momento en que había sido abolida la monarquía tras la expulsión del tirano Tarquinio, el Soberbio.
>
> (...)
>
> [Sin embargo] el tiranicidio se trataba más bien de un procedimiento ilegal y rupturista respecto a la tradición republicana, promovido como solución final por los *optimates* tardorrepublicanos, y como tal impugnado y contestado por amplios sectores de la sociedad romana"[14].

El jurisconsulto Ulpiano definió la *Lex Regia* en el Libro Primero de sus *Instituciones* como el puntal de la estructura jurídica del poder imperial. Constituía el vector normativo que fundamentaba la acción política del Emperador: "*Quod principi placuit, legis habet vigorem: utpote cum lege regia, quae de*

---

12 NEGRO PAVÓN, D., "Derecho de resistencia y tiranía", *Logos: Anales del Seminario de Metafísica*, 1992, Núm. Extra, p. 691.

13 Recuérdese el asesinato de los emperadores César y Domiciano. Cicerón construyó una teoría sobre el tiranicidio y lo consideraba un deber cívico (*De officiis*).

14 PINA POLO, F., "El tirano debe morir: el tiranicidio preventivo en el pensamiento político romano", *Actas y comunicaciones del Instituto de Historia Antigua y Medieval*, vol. 2, N°1, 2006, p. 1.

imperio eius lata est, populus ei et in eum omne suum imperium et potestatem conferat".

En este aserto jurídico tenemos condensado el modelo político imperial, caracterizado por el autoritarismo y la concentración de poder pero revestido de la legitimidad democrática que le confería la aprobación popular de la *Lex Regia*[15]: "(...) giunge alla formulazione di una autorità personale ilimitata del *princeps*, fondata su un principio puramente democratico: il consenso del popolo (...) Ulpiano sembra parlare ancora di un conferimento di poteri (*imperium* e *potestas*) attuato, di volta in volta, in favore del nuevo principe; conseguentemente il popolo non si priva mai definitivamente della titolarità del potere"[16].

Nótese que en las *Institutiones* de Justiniano se tergiversa deliberadamente la formulación ulpiniana de la *Lex Regia* en orden a eclipsar la tradición constitucionalista romana[17]: "*Quod*

15 "L´indirizzo democratico, che accenna ad una mera concessio, temporale e revocabile dal popolo stesso che l´ha fatta, in ogni momento e luogo che creda opportuno" (BATTAGLIA, F., *Marsilio di Padova e la filosofia politica del Medio Evo,* Firenze, 1928, p. 69).

16 PIO, B., "Considerazioni sulla "lex regia de imperio" (secoli XI--XIII)", *Scritti di storia medievale offerti a Maria Consiglia de Matteis,* Spoleto, 2011, p. 575.

17 "La doctrina fundamental que subyace al estado romano, su verdadero espíritu guía, es el constitucionalismo, no el absolutismo (constitucionalismo que, aún en el siglo VI, no pudieron borrar de las fuentes legales los comisionados de Justiniano, a pesar de las órdenes del Emperador de poner al día dichas fuentes con añadidos, eliminaciones o cambios) (...) la influencia romana verdaderamente decisiva en la política europea posterior llegó, no con la tendencia absolutista de después del Renacimiento italiano, sino con el reforzamiento del constitucionalismo durante la época medieval" (McILWAIN, C. H., *Constitucionalismo antiguo y moderno,* Madrid, 1991, pp. 78-79).

principi placuit, legis habet vigorem, cum lege regia, quae de imperio eius lata est, populus ei et in eum omne suum imperium et potestatem concessit"[18]. Se ha producido una inflexión semántica como consecuencia de una espuria alteración filológica: *concessit* en lugar de *conferat*. Se cambia el verbo *conferre* por *concedere* y se modifica el tiempo presente por el pretérito, con lo que vira el modelo político hacia el absolutismo: "(...) le prerrogative del popolo romano sono state trasferite in passato nelle mani dell´imperatore, secondo un proceso di verticalizzazion del potere che porta il principe ad assumere una posizione assolutamente dominante"[19].

> "L´indirizzo assolutistico, il quale accenna ad una *concessio* una volta tanto e quindi ad una alienazione della sovranità dal popolo al principe, onde il primo non può riacquistarla"[20].

El concepto de *Lex Regia* es nuclear en la historia de las ideas políticas porque incide en la clave de bóveda de la ciencia del Estado: el origen o fundamento del poder político. De las dos nociones que hemos expuesto –Ulpiano y Justiniano– se derivaron dos *corpus* doctrinales antitéticos respecto a la legitimidad de la soberanía del Estado: el democrático o constitucional –*populus maior principe*–, en el que se incardinan las teorías ascendentes del poder y del Derecho de corte racionalista y contractualista, que descansan sobre la legitimidad popular o inmanente de la autoridad constituida y el carácter limitado del poder; y el absolutismo teocrático, radicado inicialmente en la Silla de Pedro (doctrina hierocrática o *de las dos espadas*) y, posteriormente, en el cetro regio (derecho divino de los reyes)

---

18 *Instituciones*, I, 2, 6.

19 PIO, B., *op. cit.*, p. 576.

20 BATTAGLIA, F., *op. cit.*, p. 69.

–*princeps maior populo*–, en el que se funda la soberanía personal del monarca europeo del Antiguo Régimen.

2. EL DERECHO DE RESISTENCIA FRENTE AL TIRANO

La teoría política de la ciudad o del reino de Aristóteles y de Tomás de Aquino está reñida con la doctrina contractualista laica o liberal porque su principio fundante es la naturaleza humana y no la voluntad. El poder político es fruto de un impulso o una exigencia natural del hombre que no puede amortiguar. Sin embargo, como el ser humano es un viviente racional "la obra de este impulso puede y debe ser racionalizada, es decir, voluntariamente querida, libremente determinada, asistida de un espontáneo consentimiento"[21].

Estos filósofos no consideran el contrato social como fundamento de la sociedad y del Estado, ya que eso equivaldría a reconocer su carácter contingente, pero la sociedad política no puede no ser, lo cual no es óbice para admitir que necesariamente tiene que haber un "tácito consentimiento común manifestado a través de actos cooperativos, no tanto por un pacto formal expreso"[22].

> "Para la posición individualista, el Estado debe íntegramente su existencia y su ser al contrato social, convenido entre los individuos; al albedrío de éstos corresponde la fundación o no del Estado; todo lo que el Estado es deriva de los individuos; de modo que el contrato constituye el fundamento constitutivo del Estado. Desde el punto de vista tomista, en cambio, el Estado debe su existencia a un impulso fundamental de la naturaleza humana y no es, por tanto, arbitrio del hombre fundarlo o no.

---

21 GALÁN GUTIÉRREZ, E., *La filosofía política de Santo Tomás de Aquino*, Madrid, 1945, p. 13.

22 *Ibidem*, p. 14.

> Pero como el Estado es un ser racional y libre, la obra de ese impulso social y político del hombre debe ser racionalizada, voluntariamente querida, libremente determinada, asistida de un espontáneo consentimiento. El Estado debe tener el sentido de un hecho voluntario, de una coincidencia de voluntad, de un convenio o contrato. Es decir, que mientras para la posición individualista el contrato significa el fundamento constitutivo del Estado, desde el punto de vista tomista vale únicamente como un canon o un principio regulativo de él"[23].

El pensamiento político medieval está penetrado por la idea medular del fundamento sobrenatural o divino del poder, radicado en las Sagradas Escrituras: recordemos el célebre pasaje evangélico en el que el Hijo de Dios está en el Pretorio, en frente de Poncio Pilato, pero se niega a responder a la pregunta sobre su procedencia; su silencio displicente desespera al procurador de Judea que lo acomete: "No sabes que tengo autoridad para soltarte, y que tengo autoridad para crucificarte? Pero Jesús le respondió: "Ninguna autoridad tendrías sobre mí si no se te hubiera dado de arriba" (Jn 19, 10). Asimismo, también es archiconocida la Epístola de San Pablo a los Romanos en la que afirma que "no hay poder que no venga de Dios" (13,1).

Así las cosas, el poder político podría llegar a los monarcas directamente de Dios (teoría del derecho divino sobrenatural de los reyes) o indirectamente a través del Papa (doctrina hierocrática o de *las dos espadas*) o de la comunidad (teoría del derecho divino providencial). Esta última teoría fue abanderada por el Doctor Angélico "quien sentó las bases de una concepción democrática del orden político, por cuanto si el pueblo confía a una persona el poder, está legitimado también para retirárselo o para ejercer un adecuado control. Si en cambio el monarca recibe el poder del papa, vicario divino, aquél queda

---

[23] *Ibidem*, p. 87.

subordinado a este y en términos generales el poder temporal depende del pontificio (…) si el rey recibe el poder directamente de Dios, no solo cabe justificar su independencia respecto a los súbditos, sino incluso también, en determinados supuestos, la legitimidad de enfrentarse al papa. La interpretación del derecho divino de los reyes, de corte absolutista, entroncará en los siglos bajomedievales con la recepción del derecho romano justinianeo, favorecedor a su vez del poder real"[24].

En la teoría política tomista, el origen divino del poder es un axioma central, sin embargo, Dios lo transfiere al pueblo (*populus maior princeps*), por lo que las formas contigentes de ejercicio del poder dependen de la voluntad de los ciudadanos bajo la dirección o mediación divina. Lo que permite al Santo Doctor ofrecer una tipología de las formas de gobierno: monarquía, aristocracia y democracia. El ejercicio del poder por uno solo, por una élite social o por muchos –incluso todos– se materializa legítimamente por medio de la institución de la representación política[25]. Requiere de una *translatio imperii* –acto político de traslación del poder– que no comporta una alienación o transmisión de la titularidad de los poderes públicos "tal que no pudiera ser nunca revocada, ni en medida alguna consintiera la participación de la comunidad en el poder; lo

---

24 ESCUDERO, J. A., *Curso de Historia del Derecho*, Madrid, 1992, p. 508.

25 "La comunidad en la que surge la costumbre puede encontrarse en dos condiciones diferentes. Cuando se trata de una comunidad libre, capacitada para darse leyes, el consenso de todo el pueblo expresado en la costumbre vale más en orden a establecer una norma que la autoridad del príncipe, cuyo poder para crear leyes radica únicamente en que asume la representación del pueblo. Por eso, aunque las personas particulares no pueden crear leyes, sí puede hacerlo todo el pueblo" (TOMÁS DE AQUINO, *Suma Teológica*, I-IIae, q.97, a.3).

que la comunidad política realiza es sólo una simple *concessio*, en virtud de la cual se transfiere meramente el ejercicio del poder como un *officium* público, mientras que el poder en sí mismo sigue teniendo en la comunidad su titular"[26].

El poder político puede ser tiránico por dos causas: por defecto de título (ilegitimidad de origen): el invasor que mediante la violencia o el engaño impone su voluntad a los súbditos; o por no cumplir con el mandato popular de procurar el bien común –ilegitimidad de ejercicio– aprobando leyes injustas: "A su vez, las leyes pueden ser injustas de dos maneras. En primer lugar, porque se oponen al bien humano, al quebrantar cualquiera de las tres condiciones señaladas: bien sea la del fin, como cuando el gobernante impone a los súbditos leyes onerosas, que no miran a la utilidad común, sino más bien al propio interés y prestigio; ya sea la del autor, como cuando el gobernante promulga una ley que sobrepasa los poderes que tiene encomendados; ya sea la de la forma, como cuando las cargas se imponen a los ciudadanos de manera desigual, aunque sea mirando al bien común. Tales disposiciones tienen más de violencia que de ley. (....) tales leyes no obligan en el foro de la conciencia, a no ser que se trate de evitar el escándalo o el desorden, pues para esto el ciudadano está obligado a ceder de su derecho (...). En segundo lugar, las leyes pueden ser injustas porque se oponen al bien divino, como las leyes de los tiranos que inducen a la idolatría o a cualquier otra cosa contraria a la ley divina. Y tales leyes nunca es lícito cumplirlas"[27].

Tomás de Aquino considera que el derecho de revocación de la autoridad instituida – representante de la comunidad– cuando ha devenido tiránica incluye o incorpora como garan-

26 GALÁN GUTIÉRREZ, E., *op. cit.*, p. 152.

27 TOMÁS DE AQUINO, *op. cit.*, I-IIae, q.96, a.4.

tía de su eficacia el uso legítimo de la violencia: la resistencia armada frete al tirano. El derecho de destitución del tirano es la *ultima ratio*, de forma que aunque el pueblo se encuentre ante un gobierno tiránico debe soportarlo si es de baja intensidad y de corta duración, al objeto de evitar el riesgo de una guerra civil y la consecuente imposición de un régimen aún más cruento: "(...) si la tiranía no es excesiva es más útil tolerarla remisa por algún tiempo que, levantándose contra el tirano, meterse en varios peligros que son más graves que la misma tiranía. Porque puede acontecer que los que esto hacen no puedan prevalecer, y que así provocado el tirano se haga más cruel, y cuando alguno pudiese prevalecer contra él, muchísimas veces es causa de gravísimas disensiones en el pueblo, o cuando se trata de descomponer el tirano, o después de derribado, sobre el ordenar el modo del gobierno el pueblo se divide en diversas partes y opiniones; y también acontece que cuando el pueblo, con ayuda de alguno, deshace al tirano, aquél con la nueva potestad se adjudica y usa de la tiranía, y temiendo que otro haga con él lo que él hizo con el pasado oprime con mayor servidumbre los súbditos, y así en las tiranías suele suceder que la que se sigue es más grave que la de antes; porque el que entra no quita las cargas viejas y por su malicia traza otras nuevas"[28].

En todo caso, será una representación auténtica de la comunidad quien debe declararlo tirano y acordar la revocación de la *traslatio imperii*. La declaración jurídico-política de tiranía revoca la autoridad constituida de modo que el pueblo no está obligado a cumplir sus normas[29] y habilita *de iure* al ejercicio

---

[28] TOMÁS DE AQUINO, *Del gobierno de los príncipes*, p. 12, http://goo.gl/8KACmq, fecha de consulta 25-VII-2023.

[29] "El hombre tiene que obedecer a los príncipes seculares sólo en cuanto lo exija el orden de la justicia. Y, por tanto, si no tienen

del derecho de resistencia, que implica la inobservancia de los mandatos regios y el uso de la violencia para la restitución del orden político, en el supuesto de que no dimita de su cargo, e incluso matar al tirano, cuando se resista por medio de la violencia a abandonar su cargo: "Por lo cual parece que más se debe proceder contra la crueldad de ellos [tiranos] por autoridad pública que por presunción particular. Lo primero, si de derecho pertenece al pueblo elegir Rey, puede justamente deponer el que habrá instituido y refrenar su potestad, si usa mal y tiránicamente del poderío real. Ni se puede decir que el tal pueblo procede contra la fidelidad debida deponiendo al tirano, aunque se le hubiera sujetado para siempre, porque él lo mereció en el gobierno del pueblo, no procediendo fielmente como el oficio de Rey lo pide, para que los súbditos cumplan lo que prometieron. De esta manera los romanos echaron del reino a Tarquino el Soberbio, a quien habían recibido por Rey, por la tiranía suya y de sus hijos, poniendo en su lugar otra menor dignidad, que fue la Consular; y de esta manera también a Domiciano, que sucedió a su padre Vespasiano y a su hermano Tito, modestísimos emperadores, porque usaba de tiranía le hizo matar el Senado"[30].

Durante la Baja Edad Media, en el marco de las agudas tensiones políticas y marciales entre el Papa y el Emperador –la polémica entre Felipe IV, *el hermoso*, y el papa Bonifacio VIII constituye el paroxismo de este fenómeno–, los tratadistas políticos se situaron en uno u otro bando (güelfos y gibelinos) en función de sus intereses y planteamientos doctrinales. Así,

---

un principado justo, sino usurpado sus súbditos no están obligados a obedecerles más que en algunos casos en evitación de escándalo o peligro" (TOMÁS DE AQUINO, *Suma de Teología*, I-IIae, q.96, a.4).

30 GALÁN GUTIÉRREZ, E., *op. cit.*, p. 13.

Guillermo de Ockham (*Breve discurso sobre el gobierno tiránico*) y Marsilio de Padua (*El defensor de la paz*), aceradas plumas en defensa del poder temporal del emperador y acerbos censores de la doctrina hierocrática, defendieron la libertad política sobre bases teológicas y bíblicas y preconizaron la prevalencia del concilio sobre el papa y, por tanto, el derecho de resistencia frente al papa que ha devenido tiránico.

En el mismo espectro ideológico gibelino, se hallan otros dos tratadistas italianos contemporáneos, Bartolo de Sassoferrato (*Sobre el tirano*) y Salutati (*Tratado sobre el tirano*), "que anuncian los principios sobre los cuales se fundará la teoría de la libertad de los humanistas del Renacimiento: el modelo republicano romano y representan, por tanto, la dimensión laica del problema de la libertad política y de la tiranía en el contexto de la filosofía política bajomedieval. (…) la doctrina de estos dos autores se sitúa en el plano de la fundamentación histórica, sin negar los principios teologales de la libertad, pero en la búsqueda de modelos políticos en la historia de la Antigüedad clásica, Atenas y Roma, y no la historia bíblica"[31].

2.1. Los *Magni Hispani*

La teoría política de la Escuela de Salamanca surge al calor del enfrentamiento dialéctico y violento de las iglesias reformadas y la Contrarreforma católica en orden a desacreditar racionalmente la doctrina del derecho divino de los reyes, preconizada por Lutero y prohijada por anglicanos y calvinistas. Asimismo, pretende desarticular la autolegitimación del poder propuesta por la teoría política maquiaveliana.

---

[31] CARVAJAL, P., "Derecho de resistencia, derecho a la revolución, desobediencia civil", *Revista de Estudios Políticos*, Nº 76, 1992, p. 75.

> "(...) Suárez va contra el derecho divino de los reyes, pero no contra el derecho divino, ni contra los reyes, tomados separadamente. Dios, salvo en casos bíblicos especialísimos, no ha designado a ninguna persona como rector de una comunidad, pero ello no obsta para que haya establecido dos postulados fundamentales a través de su ley natural: que la esencia radical del hombre implica su necesaria convivencia en comunidades políticas, y que las comunidades políticas precisan, también necesariamente, de una autoridad. La ley natural es antes que la comunidad y que los reyes; una y otros entran, pues, en el plan divino preestablecido *ab aeterno* en cuanto a su consistencia fundamental, pero no en cuanto a sus modulaciones históricas concretas. La *lex naturalis* se dirige al hombre como entidad consciente y libre, y por ello será la norma jurídica que precisará de un hecho humano para realizarse concretamente. En este momento y con estas limitaciones esenciales, entra en juego la voluntad humana como creadora del vivir político"[32].

¿Cómo se pasa del estado de naturaleza al de sociedad civil organizada? Los teólogos escolásticos distinguían dos contratos, a saber, el *pactum unionis* o *societatis*, en virtud del cual los hombres deciden vivir juntos en sociedad; y el *pactum subiectionis*: la constitución del poder político.

El poder espiritual es transferido directamente por el Altísimo al papa, cabeza de la Iglesia, en el momento de su designación celestial (poder sobrenatural), es decir, la autoridad eclesiástica es instituida por derecho divino ("desde lo alto"). El poder civil, sin embargo, se funda en que el Supremo Hacedor crea al hombre y le entrega o trasfiere inmediatamente el poder de autogobernarse –poder natural– porque está indisolublemente unido a su naturaleza. El pueblo o república –causa material– puede ejercerlo *per se* o disponer del mismo libremente por medio de la *traslatio iurisdictionis*.

---

32 MURILLO FERROL, F., "El pacto social en Suárez", *Archivo de Derecho Público*, Nº1, Granada, 1948, p. 90.

"Por constitución, pues, de Dios tiene la república este poder. La causa material en la que dicho poder reside es por derecho natural y divino la misma república, a la que compete gobernarse a sí misma, administrar y dirigir al bien común todos sus poderes. Lo que se demuestra de este modo: habiendo por derecho natural y divino un poder de gobernar la república, como quitado el derecho positivo y humano, no haya razón especial para que aquel poder esté más en uno que en otro, es menester que la misma sociedad se baste a sí misma y tenga poder de gobernarse"[33].

El poder político congénito a la naturaleza humana no se manifiesta ni se ejerce en el estado de naturaleza, sino que se halla en estado de latencia o larvado en el hombre a la espera de que celebre el *pactum societatis* al que se siente impulsado u obligado por la ley de la naturaleza en orden a la consecución de su fin: el bien común. Fuera del Estado no es posible lograrlo. El sujeto titular del mismo no son los ciudadanos a título individual sino la sociedad civil.

"(...) este poder no aparece en la naturaleza humana hasta que los hombres se juntan en una comunidad perfecta y se unen políticamente (...) Este poder no se da en cada uno de los hombres tomados por separado, ni en el conjunto ni multitud de ellos como en confuso y sin orden ni unión de los miembros de un cuerpo; luego antes de que haya entre los hombres ese poder, viene la formación del cuerpo político, porque antes del poder mismo tiene que existir el sujeto de ese poder, al menos según el orden natural"[34].

El *pactum subiectionis* es el primer acto legislativo del Estado: la norma suprema o la constitución de la entidad política que perfila la organización institucional, las facultades y los poderes que se reserva la república –el derecho de resisten-

---

33 VITORIA, F. de. *De la potestad civil y De la potestad de la iglesia*, VII.

34 SUÁREZ, F., *Tratado de las leyes y de Dios legislador*, III, 3.

cia frente a la tiranía es inalienable– y aquéllos que concede a la autoridad instituida sometida a determinados límites en su actuación: "(...) los límites jurídicos del poder serían el Derecho Natural, los derechos subjetivos, las leyes fundamentales, el derecho positivo, las instituciones y el derecho de gentes; y en segundo lugar los límites teleológicos"[35].

> "El poder que radica esencialmente en la República es cosa distinta del poder ejercido en las distintas formas que podemos llamar de gobierno. La República delega todo poder en el sentido de que lo constituye o instituye, y en este supuesto no existe poder alguno que no sea delegado o dado (...) el poder que radica esencialmente en la República jamás ésta lo pierde, ni siquiera en el supuesto de la institución monárquica"[36].

Los preceptistas de la Escuela de Salamanca manifestaron una clara preferencia por la forma monárquica de gobierno. ¿Qué es el rey? Un ministro, un delegado o un funcionario que representa al pueblo, sujeto al principio de legalidad –a legibus alligatur– por lo que su acción política está limitada por el derecho y cuyos poderes son heterónomos y revocables al estar sometidos a la autoridad superior del pueblo: "El príncipe, pues, jamás debe creer que es señor de la república y de cada uno de los súbditos, por más que sus aduladores se lo digan, sino que debe juzgarse como un gobernador de la república, que recibe cierta merced de los ciudadanos, la cual no le es permitido aumentar contra la voluntad de ellos"[37].

---

35 USUNÁRIZ, J. M., "El asesinato de Enrique IV de Francia y la publicística española del siglo XVII", *Bulletin Hispanique*, vol. 118, Nº2, 2016, p. 464.

36 LISSARRAGUE, S., *La teoría del poder en Francisco de Vitoria*, Madrid, 1947, p. 23.

37 MARIANA, J. de. *Del rey y de la institución real*, I, 15.

El principio de responsabilidad regia por infracción de los compromisos asumidos en el *pactum subiectionis* (leyes, derechos subjetivos e instituciones) está absolutamente acotado en el pensamiento político de los *Magni Hispani*, de modo que siempre que sean de baja intensidad no asumirá ningún tipo de responsabilidad para evitar males mayores y porque no hay una autoridad constituida de superior rango legitimada para juzgarlo, salvo el sujeto soberano: el Tribunal Popular permanece en un estado de latencia presto a intervenir de manera implacable cuando el tirano imponga un régimen del terror que subyugue de manera atroz al pueblo.

En este punto apreciamos sensiblemente las diferencias entre el principio democrático que palpita en las entrañas doctrinales de la Escuela de Salamanca y el principio monárquico que preside el modelo absolutista laico del *Leviathán* (Hobbes): "El rey cuyo poder es limitado no es superior a aquél o aquéllos que tienen el poder para limitarlo; y quien no es superior no es supremo, esto es, no es soberano"[38]; y del príncipe teocrático (derecho divino de los reyes) de *Los seis libros de la república* (Bodin): "El príncipe está exento de la autoridad de las leyes (...) puesto que el príncipe soberano está exento de las leyes de sus predecesores, mucho menos estará obligado a sus propias leyes y ordenanzas"[39].

Siguiendo a Murillo Ferrol, la doctrina del consentimiento de la comunidad se cifra en que "aunque la potestad radique, *quoad exercitium*, en el monarca, continúa residiendo últimamente, *quoad virtutem*, en la comunidad, que puede transferirla con limitaciones y avocar a sí su ejercicio en determinadas

---

[38] HOBBES, *El Leviatán*, II, 19.

[39] BODINO, J., *Los seis libros sobre la república*, I, 8.

circunstancias"[40]. Lo que implica el reconocimiento de que el pueblo mantiene una velada reserva de poder que le faculta a revocar su concesión o delegación del poder político cuando la vulneración del contrato de sujeción produzca una situación de extrema gravedad, en la que el pueblo soberano quede aherrojado por la voluntad tiránica de aquél que debía tutelar sus derechos y velar por el bien común.

> "Belarmino no dijo sin más que el pueblo conserve su poder en hábito para ejercitar cualesquiera actos a su antojo y cuantas veces quiera, sino que con gran limitación y circunspección dijo en determinados casos.
>
> Por la misma razón, si el legítimo poder del rey lo convirtiera en tiranía abusando de él en manifiesta ruina del Estado, el pueblo podría hacer uso de su poder natural de propia defensa pues de éste nunca se privó"[41].

Juan de Mariana es el miembro de la Escuela de Salamanca que desarrolla con mayor radicalidad el ejercicio del derecho de resistencia frente al tirano. En su obra *Del rey y de la institución real*, publicada un año después de la muerte de Felipe II a causa de los pasajes encomiásticos hacia el regicidio de Enrique III de Francia (1589) y su consistente doctrina tiranicida, concebida como la *ultima ratio* del pueblo para reaccionar contra un monarca que ha devenido tirano por su ilegitimidad de base (*tyrannus ab origine*) o por haber violentado los límites jurídicos y teleológicos fijados en el contrato social para el ejercicio del poder (*tyrannus ab exerticio*).

En el primero de los supuestos, el usurpador, esto es, quien "se apoderó de la república a fuerza de las armas, sin razón,

---

40 MURILLO FERROL, F., *Saavedra Fajardo y la Política del Barroco*, Madrid, 1957, p. 297.

41 SUÁREZ, F., *op. cit.*, III, 3.

sin derecho alguno, sin el consentimiento del pueblo" es un enemigo público, por lo que "puede ser despojado por cualquiera de la corona, del gobierno, de la vida (...) con la misma violencia con que él arrebató el poder que no pertenece sino a la sociedad que oprime y esclaviza" (I, 6). En el otro caso, cuando el príncipe accede al trono de manera legítima (derecho hereditario o voluntad popular), Mariana sigue la doctrina tomista que impone templanza y resignación cristiana, de modo que los desafueros deben sufrirse, con carácter general y salvo que alcancen cotas de ferocidad inasumibles, de manera paciente en atención a que una guerra civil provocaría mayores daños y no habría garantía de que la nueva autoridad fuese a conducirse de manera más respetuosa para los derechos de las súbditos: "No hemos de mudar fácilmente de reyes, si no queremos incurrir en mayores males y provocar disturbios", por lo que necesariamente "hay que sufrírsele, a pesar de sus liviandades y sus vicios" (I, 6), pero señala una serie de límites infranqueables que detonan el ejercicio del derecho de resistencia: a) la violación de las leyes aprobadas por las Cortes, "por ser mayor el poder de la república que el de los reyes" y "las tributarias, las referidas a la religión y las de sucesión regia" (I, 9), b) la aprobación de leyes injustas, c) cuando actúe en interés particular postergando el bien común de la comunidad o saje cualquiera de las otras costuras que constriñen su poder para salvaguardar la libertad, la vida y los bienes de los ciudadanos:

> "Podrán los reyes, exigiéndolo las circunstancias, proponer nuevas leyes, interpretar y suavizar las antiguas, suplirlas en los casos en que sean insuficientes, mas nunca trastornarlas a su antojo, ni acomodarlo todo a sus caprichos y a sus intereses, sin respetar para nada las instituciones y las costumbres patrias" (I, 9).

Así las cosas, en el supuesto de que la situación fuese extremadamente lesiva para el patrimonio jurídico del pueblo y comprometiese la propia subsistencia del Estado, la calificación de tirano "no queda al arbitrio de un particular, ni de muchos, sino que queremos que le pregonen como tal la fama pública y sean del mismo parecer los varones graves y eruditos" (I, 6), salvo que no estén permitidas las reuniones públicas, en este caso, Mariana recurre al expediente de la legítima defensa para reconocer el derecho de matar al tirano por parte de cualquier ciudadano para liberar al pueblo de la esclavitud: "No por no poderse reunir los ciudadanos debe faltar en ellos el natural ardor por derribar la servidumbre (...) Nunca podré creer que haya obrado mal el que secundando los deseos públicos, haya atentado en tales circunstancias contra la vida de su príncipe" (I, 6).

Fuera de este supuesto extremo, en primer lugar, la asamblea de *aristoi* (los mejores), en su condición de representantes del reino, le debe recriminar su conducta "y llamarle a razón y a derecho; si condescendiere, si satisficiere los deseos de la república, si se mostrase dispuesto a corregir sus faltas, no hay para qué pasar más allá ni para qué se propongan remedios más amargos" (I, 6). Sin embargo, si hiciese caso omiso a las reconvenciones, la acreditada representación de la comunidad acordará *de iure* su deposición o revocación: "(...) que no se le reconoce como rey y que se dan por nulos todos sus actos posteriores" y podrá ser destituido *manu militari* si se resiste a cumplir el mandato político, pudiendo llegar al asesinato en los supuestos en que el monarca, enemigo declarado del pueblo, se encastille en su posición y se opusiese a cesar en el cargo: "(...) matar a hierro al príncipe como enemigo público y matarle por el mismo derecho de defensa, por la autoridad propia del pueblo, más legítima siempre y mejor que la del rey tirano" (I, 6).

3. LA LIBERTAD DE LOS MODERNOS

En la celebérrima conferencia pronunciada en el Ateneo Real de París (1819), Benjamin Constant perfila, con precisión quirúrgica, las notas definitorias de la nueva etapa en la Historia de la humanidad que inauguraron las revoluciones liberales. ¿Cuál es la libertad característica de la Modernidad? "Para cada uno es el derecho a no estar sometido sino a las leyes, de no poder ser detenido, ni condenado a muerte, ni maltratado de ningún modo por el efecto de la voluntad arbitraria de uno o varios individuos.

Es para cada uno el derecho de dar su opinión, de escoger su industria y de ejercerla; de disponer de su propiedad, de abusar de ella incluso; de ir y venir sin requerir permiso y sin dar cuenta de sus motivos o de sus gestiones. Para cada uno es el derecho de reunirse con otros individuos, sea para dialogar sobre sus intereses, sea para profesar el culto que él y sus asociados prefieren, sea simplemente para colmar sus días y sus horas de un modo más conforme a sus inclinaciones, a sus fantasías. Finalmente, es el derecho de cada uno de influir sobre la administración del gobierno, sea por el nombramiento de todos o de algunos funcionarios, sea a través de representaciones, peticiones, demandas que la autoridad está más o menos obligada a tomar en consideración"[42].

Resulta evidente que la idea-fuerza de la ideología constitucional que emerge de la escombrera del Antiguo Régimen es la limitación del poder político como garantía de la libertad individual: "La libertad europea ha cargado siempre la mano en poner límites al poder público e impedir que invada totalmente la esfera individual de la persona"[43].

---

42 CONSTANT, B., *op. cit.*, p. 260.

43 ORTEGA Y GASSET, J., *Del Imperio Romano*, Madrid, 1941, p. 173.

El constitucionalismo es un proyecto político de país cuyo objetivo es construir un modelo de sociedad que gravite sobre la libertad y la igualdad. Por ello, el movimiento constitucional de primera hora tuvo que cabalgar aristadas contradicciones internas: sufragio censitario, la esclavitud, el ostracismo de la mujer, de los pobres y de las personas con discapacidad de la vida pública, etc. No obstante, para efectuar un juicio histórico mesurado, nótese que la reversión de la secular y arraigadísima discriminación en la especie humana desde tiempo inmemorial implica derogar las leyes inicuas, pero sobre todo y especialmente remover las conciencias y disolver prejuicios atávicos que aún permanecen activos en nuestros días.

¿Cuál es la forma de Estado que satisfizo esta concepción de la libertad? El *gobierno aristocrático*[44], caracterizado esencialmente por el principio representativo y la soberanía nacional. Veamos estos dos conceptos. En el constitucionalismo liberal, siguiendo la doctrina política roussoniana de *El contrato social*, se acuñó un concepto personalista de nación (Duguit[45]), una pura abstracción metafísica[46]: la nación es una comunidad de raza y de lengua, integrada por individuos radicados en un territorio y ligados entre sí por la historia, las tradiciones y la cultura comunes en orden a lograr objetivos compartidos, a la que se atribuye una voluntad general o colectica distinta y superior

---

44 Éste es el término utilizado en la voz "Representantes" de la *Enciclopedia francesa.*

45 DUGUIT, L., *Soberanía y libertad*, estudio preliminar de José G. Acuña, Madrid, 1924, p. 160.

46 "Entiendo por noción metafísica toda noción que implica una afirmación no comprobada por la observación directa de los sentidos (...). Se puede creer en ellas ardientemente y yo respeto profundamente estas creencias pero no pueden presentarse como doctrinas positivas. Pueden ser objeto de una acto de fe; no pueden serlo de una proposición científica" (*ibidem*, pp. 218-219).

de las voluntades individuales de los ciudadanos (pueblo) –el todo (nación) es superior a la parte (ciudadano)–. En palabras de Renan, pronunciadas once años antes de su célebre conferencia en la Universidad de la Sorbana de 11 de marzo de 1882: "Un país no es la simple suma de los individuos que lo componen: es un alma, una conciencia, una persona, un resultado vivo". Es la nación-persona un sujeto de derecho y, por tanto, titular de la soberanía, del poder público, en suma, del derecho a mandar, por lo que la nación –ficción jurídica– y no el conjunto de los miembros que componen la colectividad aisladamente, personifica la voluntad soberana que se halla originariamente en estado de potencia hasta que interviene una causa externa que libera la energía hacia un fin: la representación política nacional, encarnada en el Parlamento, que actúa y ejerce el poder público en nombre y lugar de la nación.

> "(...) los miembros de la Asamblea constituyente francesa están profundamente penetrados de las doctrinas de Locke, Mably, Rousseau, Montesquieu y del prestigio de la Constitución votada en 1787 por el Congreso de Filadelfia, pero son al mismo tiempo profundamente monárquicos. Ahora bien: resulta que con una simple modificación de palabra la vieja noción monárquica de soberanía se concilia admirablemente con las doctrinas de los filósofos y los principios de la Constitución americana. Basta, en efecto, sustituir Rey por nación, y decir nación donde antes se decía Rey. El Rey era una persona, un sujeto de derecho, titular del derecho de soberanía; como él la nación será una persona, un sujeto de derecho, titular del derecho de soberanía"[47].

En esta construcción política de la nación-persona soberana no todos los individuos que formaban parte de este "yo co-

---

47 DUGUIT, L., *Las transformaciones del derecho público*, estudio preliminar de Adolfo Posada, Madrid, 1910, pp. 66-67.

mún o cuerpo moral colectivo"[48] contribuían a la formación de esa voluntad general independiente y superior, esto es, no todos poseían derechos políticos. El sufragio activo y pasivo no fue un derecho sino una función social que, por influjo de la doctrina económica fisiocrática[49]: "*c´est la propiété qui fait le citoyen*"[50], solo podían ejercer los ciudadanos activos, aquellos que contribuían al sostenimiento de los gastos públicos del Estado mediante "una contribución directa igual al menos al valor de tres jornales (…) y no se encontraban en estado de domesticidad, es decir, de servidor a sueldo"[51], a los que se presumía una instrucción, interés y tiempo suficientes para poder ocuparse de los asuntos públicos de la nación francesa. Resulta evidente que en este punto el constitucionalismo liberal se aparta de la soberanía popular de Rousseau para constituir un gobierno representativo, de corte aristocrático, residenciado en las Cortes con el Rey (soberanía compartida)[52] formulado por Sièyes y sus prosélitos –siguiendo las huellas de Montesquieu– y fundado sobre la base del sufragio censitario.

---

48 ROUSSEAU, J. J., *El contrato social*, I, 6.

49 "La Declaración de Derechos que precede a la Constitución de 1791 toma de ellos su segundo artículo: que la libertad, la propiedad y la seguridad son derechos inalienables e imprescriptibles" (HIGGS, H., *Los fisiócratas*, México, 1944, p. 158).

50 Cfr. Voz "Representantes" de la *Enciclopedia francesa*, Tomo XIV, 1766, pp. 143a-146b, citado por TORRES DEL MORAL, "Democracia y representación en los orígenes del Estado constitucional", *Revista de Estudios Políticos*, Nº 203, 1975, p. 162.

51 Art. 2 de la Sección II del Capítulo I del Título III de la Constitución francesa de 1791.

52 El art. 3 del Título III dispone que el "poder legislativo se delegue en una Asamblea nacional compuesta por representantes temporales, elegidos libremente por el pueblo, para que sea ésta la que lo ejerza, con la sanción de Rey".

> "La nación posee una personalidad distinta de la de los individuos que la componen. Como tal, tiene una voluntad que, naturalmente, es superior a las voluntades individuales, pues la colectividad es superior al individuo. Esta superioridad es la soberanía o poder público. La nación se organiza. Constituye un Gobierno que la representa, que quiere por ella y que ejerce en su nombre la soberanía, de la que queda siempre titular inmutable. La nación soberana y organizada en Gobierno, situada en determinado territorio, es el Estado. No siendo éste sino la nación organizada, es titular de la soberanía, del poder político, que constituye para él un derecho subjetivo. En virtud de este derecho, tiene la potestad de mando sobre los particulares. Las órdenes que formula no son más que el ejercicio de este mismo derecho"[53].

¿Qué implica el mandato representativo? A) Los procuradores no representan específicamente los intereses de la circunscripción que los ha elegido y tampoco son agentes comerciales que deben pugnar por imponer su voluntad a sus iguales: "El Parlamento no es un congreso de embajadores que defienden intereses distintos y hostiles, intereses que cada uno de sus miembros debe sostener, como agente y abogado, contra otros agentes y abogados, sino una asamblea deliberante de una nación, con un interés: el de la totalidad; donde debe guiar no los intereses y prejuicios locales, sino el bien general que resulta de la razón general del todo. Elegís un diputado; pero cuando lo habéis escogido, no es el diputado por Bristol, sino un miembro del Parlamento (...) somos diputados de una gran nación"[54]. B) Asimismo, los representantes tampoco están sujetos a la autoridad coactiva de la voluntad preconstituida de sus mandantes plasmada en los célebres cuadernos de

---

53 DUGUIT, L., *Las transformaciones del derecho público*, *op. cit.*, p. 44.

54 BURKE, E., "Discurso a los electores de Bristol" en *Revolución y descontento*, edición, presentación y revisión de la traducción de Noelia Adánez González, Madrid, 2008, pp. 90-91.

instrucciones, como ocurría en el Antiguo Régimen en virtud del mandato imperativo anclado en los principios del derecho privado, ya que "reciben su mandato de la nación y no de las personas o grupos que realizan la elección, por lo que no podrán ser revocados por éstos"[55].

Así pues, la prohibición del mandato imperativo es tributario de a) la capacidad del pueblo para elegir a sus representantes pero no para gobernar, axioma presente en la doctrina política de Montesquieu: "Así como la mayor parte de los ciudadanos tienen suficiencia para elegir y no la tienen para ser elegidos, los mismo el pueblo posee bastante capacidad para hacerse dar cuenta de la gestión de los otros y no para ser gerente"[56]; b) del concepto racional de ley: "(...) el gobierno y la administración son problemas de razón y de juicio y no de inclinación y ¿qué clase de razón es esa en la cual la determinación precede a la discusión, en la que un grupo de hombres delibera y otro decide y en la que quienes adoptan las conclusiones están acaso a trescientas millas de quienes oyen los argumentos?"[57]; y c) la protección de la libertad de conciencia y de juicio del diputado: "(...) las instrucciones imperativas, mandatos que el diputado está obligado ciega e implícitamente a obedecer, votar y defender, aunque sean contrarias a las convicciones más claras de su juicio y su conciencia, son cosas totalmente desconocidas en las leyes del país y surgen de una interpretación fundamentalmente equivocada de todo el orden y temor de nuestra constitución"[58].

---

55 VEGA GARCÍA, P. de, "Significado constitucional de la representación política", *Revista de Estudios Políticos*, Nº 44, 1985, p. 30.

56 MONTESQUIEU, *El espíritu de las leyes*, II, 2.

57 BURKE, E., *op. cit.*, p. 90.

58 *Ibidem*, p. 90.

Así pues, los diputados representan a la nación y aunque formalmente la asamblea legislativa no es soberana –ya que la soberanía reside en la nación-persona– su función consiste en crear y manifestar la voluntad general de ese ente metafísico denominada nación, que no es más que un constructo filosófico-político para instaurar un régimen oligárquico nítidamente burgués que sustituyó al monarca absolutista por una asamblea de *aristoi*, en la que sobre la base de una irrestricta libertad de expresión y de voto alumbran la ley, producto jurídico racional de alcance general.

La voluntad de la nación-persona no es el producto de la suma aritmética de las voluntades individuales de los ciudadanos que la integran, ni tan siquiera de los ciudadanos activos, en realidad, la nación no tiene una voluntad propia y autónoma que deba ser reproducida o expresada en los acuerdos parlamentarios: "(…) esa voluntad no existe sino que se crea y se presupone con la aparición de los representantes, la teoría de la representación termina convirtiéndose en una tautología y en una ficción"[59]. La representación liberal es un instrumento estrictamente político: no responde a la lógica jurídica del mandato privado, ni siquiera el concebido en los términos más amplios y libérrimos para el apoderado (el poder de ruina) ya que todo acto representativo implica el concierto previo de dos voluntades (poderdante y apoderado). Como certeramente apunta Vega, "a través del mecanismo de la representación no se manifiesta la voluntad y la soberanía de la nación, sino en cuanto que por su mediación el ente ficticio y abstracto de la nación adquiere una dimensión real y concreta en las Asambleas"[60]. La voluntad nacional ni se expresa ni manifiesta

---

59 VEGA GARCÍA, P. de, *op. cit.*, p. 30.

60 *Ibidem*, p. 30.

por los representantes sino que es creada *ex novo* por los diputados en cada votación parlamentaria.

Los Estados Generales en Francia se transformaron en unidad de acto –*Juramento del Juego de la Pelota* (1789)– en una Asamblea Nacional Constituyente con el fin de redactar la Constitución de 1791 y, posteriormente, se consagra en un parlamento deliberativo, de corte liberal, hasta el golpe de estado de Napoleón (1799), sin perjuicio de los procesos constituyentes de 1793 y 1795. El sistema parlamentario que emerge de la Revolución gravita sobre el mandato representativo y el concepto de opinión pública, acuñado por los fisiócratas, porque su voluntad se forma de igual manera: el método dialéctico o *goverment by discussion*, cuya finalidad es dar un significado político al debate y a la opinión pública burguesa, por lo que resulta impensable el mandato imperativo: "Si la opinión pública burguesa, creada a través de la discusión espontánea y libre de los particulares, es quien traduce y expresa la interna racionalidad y el orden natural de la sociedad, el Parlamento, en cuanto prolongación de esa opinión pública, tendrá que ser por fuerza un órgano donde también se discuta espontánea y libremente. La identificación social entre discusión y verdad se manifestará a nivel parlamentario en la identificación de la ley, obtenida por deliberación, con el momento de la justicia"[61].

> "Es a través de la opinión pública, creada como resultado de la discusión libre de los particulares en el ámbito de la sociedad, como los fisiócratas, y, en el fondo, toda la concepción liberal, estiman que se puede llevar a cabo esa gran operación histórica de racionalización del mundo social y político. Si la opinión pública expresa los deseos naturales y racionales de los hombres, las instituciones políticas sólo podrán legitimarse a través

---

61 VEGA GARCÍA, P. de "El principio de publicidad parlamentaria y su proyección constitucional", *Revista de Estudios Políticos*, Nº 43, 1985, p. 55.

de ella en la medida que, en su formación y en su funcionamiento, recojan y den traducción concreta a sus contenidos"[62].

El requisito contributivo o censitario hurtó los derechos políticos al noventa por ciento de la población para concentrarlos en el club de los propietarios. Así, pues, son los ciudadanos activos los que mandatan a los representantes para que forjen la voluntad de la nación. Los diputados constituían "lo que hoy llamaríamos «clase política», una suerte de *oligarquía,* vivero de hombres políticos «con posibilidades»"[63].

"(...) en Hobbes el *pactum subiectionis* confiere todo el poder al soberano, que no está sometido a ningún vínculo; en realidad, se daba una identificación del monarca con el pueblo y con el Estado, los cuales no tenían, según Hobbes, una voluntad distinta de la que aquél. Pues bien: los revolucionarios franceses terminaron haciendo lo mismo, sólo que sustituyendo parcialmente el Rey por el Parlamento, cuya voluntad –la ley– se identificaba con la voluntad general, es la voluntad general; ésta no puede ser otra cosa que la voluntad manifestada por los representantes.

(...) lo que en Hobbes se resolvía con bastante lógica, con la lógica monolítica de la coincidencia en un mismo sujeto de la titularidad y el ejercicio del poder, quiebra ahora esa lógica con el principio de soberanía nacional, que introduce una dualidad de incómoda explicación"[64].

El triunfo del modelo político liberal más reaccionario y adicto a los intereses de Luis XVI, exportado a la Europa Occidental durante más de un siglo, no empalidece la contribución superlativa –en términos políticos y constitucionales– efec-

---

62 *Ibidem,* p. 52.

63 TORRES DEL MORAL, A., *op. cit.*, p. 161.

64 TORRES DEL MORAL, A., "Crisis del mandato representativos en el Estado de partidos", *Revista de Derecho Político,* Nº 14, 1982, p. 10.

tuada por el barón de Condorcet *ad portas* de la Revolución francesa en la *IV Carta de un burgués de New-Haven*, donde este filósofo y tratadista –defensor de la igualdad, del sufragio universal y de los derechos de las mujeres– efectúa una inflexión o trasgresión de los conceptos de democracia (autogobierno popular directo) y de sistema representativo (gobierno aristocrático), forjados en el ideario ilustrado prerrevolucionario, para acuñar una inédita forma de gobierno: la democracia representativa[65].

En sus *Notas a Voltaire*, especula con la redefinición de la democracia desnaturalizándola ya que formula un paradigma político que le es absolutamente ajeno: "Si por democracia se entiende una Constitución en la cual la Asamblea General de los ciudadanos hace directamente las leyes, está claro que la democracia no conviene más que a un estado pequeño. Pero si se entiende una Constitución en la que todos los ciudadanos, divididos en varias asambleas, eligen diputados encargados de representar y llevar la expresión general de la voluntad de sus comitentes a una Asamblea General que represente a la nación, se ve fácilmente que esta Constitución conviene a los Estados grandes"[66]

¿En qué consiste la democracia representativa? Esencialmente es el modelo roussoniano. Una forma política híbrida en la que el principio democrático tiene una mayor penetración en la estructura constitucional del Estado que el representativo. Parte de la premisa de la capacidad del pueblo de dotarse de su propia Constitución y de sus leyes, por lo que la representación nacional es deliberativa: los ciudadanos

---

65 CONDORCET, "Bosquejo de un cuadro humano de los progresos del espíritu humano", introducción y traducción revisada por Antonio Torres del Moral, Madrid, 2004, pp. LX y ss.

66 *Ibidem*, p. LXI.

mediante referéndum aprueban o no la Constitución y las proposiciones de ley elaboradas por la legislatura; el sufragio se define como un derecho y, por tanto, es universal y la revocación popular de los diputados es una consecuencia natural de la aptitud política del pueblo que le habilita para juzgar cabalmente la tarea desempeñada por sus mandatarios.

> "(...) si sólo hay una soberanía, única e inalienable, que es la del pueblo entero, mal se podrá hablar de poder legislativo de la asamblea. El poder legislativo también es del pueblo: la Asamblea sólo cumple una *función*, que el pueblo le delega sin abdicarla y que puede revocarle mediante expresa declaración (Condorcet, como tantos otros pensadores políticos de la época, no identificaba el nuevo tipo de mandato con la irrevocabilidad de los diputados. Fue más adelante cuando se añadió la nota de irrevocabilidad a la relación política de confianza, con lo que quedó consumada la enajenación de la tan enfáticamente proclamada soberanía popular o nacional)"[67].

En efecto, tal y como apunta Torres del Moral, otros constitucionalistas coetáneos –como el abate Sieyès– sostenían un paradigma representativo matizadamente divergente con el que finalmente se impuso en la Revolución. El poder atribuido a los mandatarios no es absoluto porque el pueblo no ha enajenado su voluntad o su poder legislativo al parlamento, sólo lo ha delegado. De modo que Sieyès establece una serie de condiciones e instituciones de control político de los representantes –revocación, radiación[68], prohibición de la reelección,

---

67 *Ibidem*, pp. LVII y LVIII.

68 Los comitentes de la asamblea primaria tienen el derecho de radiación, esto es, la facultad de expulsar o suprimir de la lista de elegibilidad a un ciudadano activo por pérdida de la confianza siempre que lo acuerde una mayoría de dos tercios. La radiación de un ciudadano activo que ha sido elegido para integrar

mandatos breves y renovación periódica de la asamblea[69]–, al objeto de conjurar el peligro de que la legislatura perjudique los intereses generales, convirtiéndose en una suerte de oligarquía que usurpe la soberanía de la nación.

> "(...) la comunidad se decide a conceder más confianza a sus mandatarios. Les dota de procuración a efecto de reunirse, de deliberar, de conciliar y decidir en común. Así, en lugar de simples portadores de votos, la comunidad pasa a disponer de verdaderos representantes. Pero subrayemos (...) que la misión dada a los representantes no puede implicar jamás una alienación. Esta misión es esencialmente libre, en efecto, pero constantemente revocable y limitada, a voluntad de los comitentes, tanto por lo que se refiere al tiempo, cuanto a la naturaleza de los asuntos a tratar"[70].

Condorcet, sin embargo, aceptó pragmáticamente que en el estado actual –finales del siglo XVIII– a causa de la precaria instrucción popular convenía configurar un modelo político intermedio o de transición como paso previo a la instauración de la democracia representativa, en el que predominara el principio representativo sobre el democrático: sufragio universal, principio democrático para la aprobación de la Constitución, pero representativa para las leyes y revocación de los diputados en orden a impedir la alienación o enajenación de la soberanía popular.

---

cualquiera de las asambleas, requiere necesariamente que previamente sea revocado del cargo público que ostenta.

69 "(...) la regeneración de la asamblea se realizará por tercios, el primero trascurridos dos años, el segundo transcurridos un año y el nuevo, que se beneficiará de la experiencia de sus antiguos colegas, les será útil a su vez a aquéllos, dándoles a conocer el estado último de opinión del pueblo" (SIEYÈS, *Ideas sobre los medios de actuación que podrán disponer los representantes de Francia* en 1789, III).

70 *Ibidem*, I.

> "Yo propongo, por esta vez, limitar dicho derecho individual [referéndum] tan sólo a los artículos de la Constitución; pero lo hago en la esperanza de que los progresos de la razón y el efecto que necesariamente producirán en los espíritus unas instituciones más legales y justas permitirán más adelante extender este mismo derecho a otras leyes hasta alcanzarlas a todas"[71].

Conviene precisar que Condorcet se aleja del concepto metafísico de nación y se sitúa en la línea de la soberanía popular de roussoniana, por lo que imponía un límite al mandato representativo de los procuradores, a saber, el contenido sustantivo de las leyes no podía ser ajeno a la voluntad nacional, sino que debía ser su reflejo o trasunto. Su independencia y libertad de criterio no eran plenas, pero tampoco tan precarias como en el Antiguo Régimen: el representante no creaba *ex nihilo,* ni por ensalmo, la voluntad nacional, sino que por medio del debate parlamentario debía descubrirla y declararla: "(...) cuando existe una representación general, es a quienes la configuran a los que, por la naturaleza misma de las cosas, corresponde el derecho no de constituir ni tampoco de interpretar la voluntad nacional, sino de declararla, después de haberla recogido y constatado"[72].

4. CONSIDERACIONES FINALES

La resistencia frente al tirano hunde sus raíces en la Antigüedad. Hay referencias en Platón, Sófocles, Aristóteles, Polibio, Eurípides o Cicerón. Durante Edad Media se forja propiamente la doctrina política sobre este derecho con las aportaciones doctrinales de Juan de Salisbury, Tomás de Aqui-

---

[71] CONDORCET, *op. cit.*, p. LVIII.

[72] *Ibidem*, p. LVI.

no, Bartolo de Sassoferrato, Salutati, Marsilio de Padua o Guillermo de Ockham. Sin embargo, la obra legislativa cumbre de nuestro derecho medieval, *Las Siete Partidas*, aunque caracteriza al tirano como "el Señor que se ha apoderado de algún Reino o tierra por fuerza, engaño o traición" (II, 1, 10), se muestra refractaria a esta corriente tiranicida que ya empezaba a significarse en Europa, en consonancia con la teoría política absolutista del derecho divino de los reyes que preconizan las propias Partidas: "Vicarios de Dios son los reyes cada uno en su Reino puestos sobre las gentes para mantenerlas en justicia y en verdad, cuanto en lo temporal, igual que el Emperador en su imperio (...) el rey es puesto en la tierra en lugar de Dios para cumplir la justicia y dar a cada uno lo suyo. Y por eso lo llamaron el corazón y el alma del pueblo" (II, 1, 5); aunque *Las Partidas* sí contemplan la posibilidad de amonestar al tirano por parte del confesor: "(...) merece especial atención el papel que Llull atribuye al clérigo como instrumento de denuncia de las desviaciones del poder, que podemos situarlo en un mismo plano que los profetas bíblicos, cuando corregían a los reyes que se desviaban de la ley de Dios, puesto que al igual que en el pueblo de Dios, el concepto de Justicia y de Derecho en el mundo medieval se identificaba con los mandatos divinos"[73].

Así las cosas, en modo alguno puede atribuirse a los *Magni Hispani* la paternidad del derecho de resistencia frente al tirano, sobre todo teniendo en cuenta que esta pléyade de teólogos españoles se nutre de la doctrina medieval, especialmente del egregio magisterio del Doctor Angélico, y de que existieron destacados monarcómacos protestantes que surgieron en el hervidero de confesiones religiosas que brotaron del tronco común de la Cristiandad, a causa de la reforma protestante del antisemita Martín Lutero.

---

73 PINA POLO, F. *op. cit.*, p. 90.

Entonces, ¿por qué el derecho de resistencia frente al tirano fue denominado la *doctrina de España*? Este calificativo provino allende los Pirineos e hizo fortuna en el convulso siglo XVII por razones geopolíticas y económicas: a) los enemigos del Imperio español –ingleses, holandeses y franceses– articularon una feroz propaganda de difamación contra España –la leyenda negra– que gravitaba sobre dos puntales literarios: *La brevissima historia de la destrucción de las indias* (1552), obra apologética –absolutamente desacreditada por la historiografía contemporánea– sobre la conquista y colonización española del Nuevo Mundo del Padre Las Casas, mitómano empedernido y enemigo de España, instrumentalizada por las potencias hostiles para apostrofar a nuestra patria con el injusto baldón de la barbarie; y *Artes de la Inquisición española,* publicada en 1567 bajo pseudónimo por Casidoro de la Reina y Antonio del Corro en la ciudad alemana de Heildelbeg, en la que exponen con elocuencia las ominosas prácticas del Santo Oficio al objeto de que las abominaciones del catolicismo tridentino contribuyeran a denigrar la grandeza y dignidad de España, como si las iglesias reformadas no hubieran sido igualmente campeonas de la intolerancia y no se hubiesen servido también de la violencia par uncir las conciencias bajo su yugo; b) los franceses y los ingleses prohibieron y condenaron a la pira las obras de Juan de Mariana, *Del Rey y de la Institucion real* (1599), y Francisco Suárez, *Defensor de la Fe* (1614) por alentar y justificar los tiranicidios de Enrique III (1589) y Enrique IV (1610) de Francia, asesinados de forma alevosa por Jacques Clément, fraile dominico, y François Ravaillac, sujeto oscuro y desequilibrado, respectivamente, y la *Conspiración de la Pólvora* (1604) contra Jacobo I de Inglaterra. Asimismo, la Compañía de Jesús quedó absolutamente desacreditada por tolerar que sus miembros cultivasen esta teoría política e incluso fue acusada, más no menos veladamente, de instigar la perpetración de actos ejecutivos contra estas autoridades monárquicas antagonistas del papado. Esta insidiosa imputación se reproducirá nuevamente contra los jesuitas con ocasión del Motín de Esquilache (1766) a causa de la manipulación de pruebas efectuada directamente por los capitostes del gobierno de Carlos III, con onerosas consecuencias personales y patrimoniales para la Orden[74].

La doctrina desarrollada por la Escuela de Salamanca sobre el derecho de resistencia frente al tirano era perfectamente conocida al otro lado del Canal de la Mancha, en la anglicana Inglaterra que llevaba asesinando sistemática a miles de católicos –*los mártires de la persecución inglesa* (1534-1681)– desde que Enrique VIII se divorció del papado (1534) y fundó su propia iglesia nacional, integrándose en la pluralidad de confesiones protestantes. De modo que no resulta sorprendente que John Locke, el ideólogo de la Gloriosa Revolución, la conociera y la incorporase a su teoría del Estado liberal, expuesta en el *Segundo Tratado sobre el Gobierno Civil* (1688) y caracterizada por los principios de separación de la Iglesia y el Estado, la división de poderes, legalidad y responsabilidad política (revocación del mandato) y jurídica de los representantes públicos, así como por los derechos de primera generación, que en ningún caso se cedían a los poderes constituidos en el contrato social, sino que estas esferas de libertad permanecían en el patrimonio jurídico de los ciudadanos.

El pensamiento político-constitucional de Locke se proyectó al otro lado del Atlántico y fue bien conocido por los liberales norteamericanos, que legitimaron el alzamiento armado de las Trece Colonias sobre el derecho de resistencia frente a la tiranía, como aparece perfectamente reflejado en la Declaración de Independencia de 4 de julio de 1776, donde se enumeran los agravios y abusos de naturaleza económica, comercial, política y fiscal que infligió el Parlamento británico a

---

74 Cfr. EGUÍA RUIZ, C., *Los jesuitas y el motín de Esquilache*, Madrid, 1947.

sus colonias americanas durante décadas. Así pues, junto con la libertad y la igualdad, se reconoce explícitamente este derecho de resistencia al conjunto de los ciudadanos del embrionario Estado Norteamericano. Por otra parte, el derecho a la tenencia y porte de armas –previsto en la Segunda Enmienda de la Constitución americana de 1787 e importado del *Bill of Rights* inglés de 1689, que se lo atribuía solo a los protestantes– se justifica en la institución de las milicias populares que deben estar armadas y dispuestas para defender al pueblo de la tiranía del gobierno (derecho de resistencia) y a la Nación de las potencias invasoras.

Es sobradamente conocido que los constituyentes norteamericanos pretendieron influir políticamente en la Francia revolucionaria, pero por razones políticas y sociales no pudieron exportar su modelo constitucional a la Europa continental, como queda evidenciado en la Constitución francesa de 1791, sin embargo, la pluma norteamericana impregna la Declaración de Derechos del Hombre y del Ciudadano (1789). A efecto de nuestra exposición, señaladamente el artículo segundo cuando reconoce "la libertad, la propiedad, la seguridad y la resistencia a la opresión", asimismo, el derecho de resistencia está presente en los artículos 11, 27 y 33 de la Declaración de los Derechos del Hombre y del Ciudadano de 1793, que integra el preámbulo de la Constitución *non nata* de ese mismo año.

¿En qué momento se domestica el derecho de resistencia? El constitucionalismo europeo es un movimiento ideológico que racionaliza el poder, esto es, lo confina en los estrictos límites constitucionales y legales y lo sujeta a unos instrumentos o mecanismos de control parlamentario de ejercicio cotidiano o extraordinario que fiscalizan la acción política, a través de una constitución normativa fundada en el principio democrático: "La Constitución implica la presencia de un instrumento jurídico que expresa el principio de autodeterminación política comunitaria, presupuesto del principio de limitación y control del poder (de forma que en puridad solo existe Constitución si esta es democrática); sigue siendo válido, por tanto, el concepto revolucionario de Constitución (art. 16 de la Declaración de Derechos de 1789)"[75].

El constitucionalismo encarna un proyecto de país que tiene como objetivo constituir un modelo de sociedad que gravite sobre la libertad y la igualdad. Para alcanzar esta ambiciosa y noble meta, la Norma Suprema se basa en unos principios fundacionales de corte nítidamente liberal (soberanía nacional, legalidad, responsabilidad y división de poderes), en el reconocimiento de los derechos fundamentales y en un complejo sistema de garantías que les dotan de un régimen de especial protección, entre los que se encuentran "aquellos mecanismos de protesta frente a las normas consideradas injustas, sin precedente en ningún sistema anterior que institucionalizan la resistencia: algunos derechos como la libertad de expresión, de prensa, de reunión y de asociación y algunos mecanismos jurídicos de garantía de los derechos, como el recurso de amparo, o del propio sistema constitucional, como el recurso de inconstitucionalidad"[76].

Resulta rotundamente antinómico que la Constitución de un Estado democrático y de Derecho reconozca, por medio de su positivización, el derecho natural a la resistencia frente a la opresión o la tiranía. Tamaño despropósito, materializado en la Ley Fundamental de Bonn de 1949 por razones obviamente históricas, supone "una contradicción entre el fundamento consensual del estado democrático, con la respectiva obliga-

---

75 UGARTEMENDIA ECEIZABARRENA, J. I. (1999). El derecho de resistencia y su «constitucionalización», *Revista de Estudios Políticos*, Nº 103, p. 229.

76 PECES BARBA, G (1993). "Desobediencia civil y objeción de conciencia" en *Derecho y derechos fundamentales*, Madrid, 1993, p. 377.

toriedad de observar el derecho, y una teoría que apela a la utilización de la violencia en diversos grados, hasta el tiranicidio como *ultima ratio* política para dirimir el conflicto social; significaría, además, la negación no sólo de la Constitución política o Ley Fundamental del Estado como expresión de una racionalidad política pactada, sino también la aceptación de la violencia como instrumento político"[77].

Así las cosas, al elenco de derechos y garantías constitucionales de los derechos fundamentales que "institucionalizan la resistencia", esto es, que promueven la participación política de los ciudadanos en los asuntos públicos de una manera constante y que absorben los tintes reactivos, reivindicativos y violentos del atávico derecho de resistencia para encauzarlos por la vía pacífica, democrática y reglada de los derechos y los instrumentos procesales habría que añadir, entre otras posibles incorporaciones, la institución de la revocación del mandato representativo. Constituye la más acabada traducción democrática que la dogmática constitucional ha podido acuñar para encauzar y articular políticamente el derecho de resistencia frente al tirano, de manera que encaje sin estridencias en el marco constitucional de un Estado democrático.

La revocación del mandato, denominada *recall* en el mundo anglosajón y revocatoria en Latinoamérica, es un "mecanismo de rendición de cuentas y control político que permite a los ciudadanos reaccionar frente a los representantes que han defraudado su confianza o incumplen su plan de gobierno impulsando la convocatoria de un consulta entre los electores que pueda conducir a la finalización anticipada del mandato y la sustitución de los mandatarios. La revocación del mandato se configura como un derecho complementario del derecho de

---

77 CARVAJAL, P., *op. cit.*, pp. 64-65.

los ciudadanos a elegir a sus autoridades, que se materializa mediante una nueva votación en la que estas pueden ser removidas de sus cargos antes del término de sus mandatos. (...) halla su fundamento en el principio de soberanía popular y se materializa mediante el voto, fuente de legitimidad de todo electo. Pero no implica que las elecciones y la revocación tengan la misma naturaleza. La elección es una técnica configurada para generar representación política; la revocación es la representación cuestionada. En la elección se otorga un mandato por un período de tiempo; en la revocación, en cambio, se pretende interrumpir ese mandato, dejándolo sin efecto"[78].

En la órbita europea, las revueltas proletarias mediados del siglo XIX marcan un punto de inflexión en el concepto burgués de representación política. Se desvanece la ficción liberal, prohijada por los parlamentos burgueses, de una sociedad "como lugar de encuentro y racionalización de los interés individuales, y donde las leyes de la competencia son capaces de convertir, según el eslogan de Mandeville, los egoísmos privados en intereses comunes (*privates vices public benefits*)"[79].

La irrupción de las ideologías materialistas fragmentaron este sedicente interés nacional en un abigarrado conjunto de intereses sociales particulares y antagónicos, confrontados mediante la lucha de clases y canalizados por los incipientes partidos políticos de masas y sindicatos proletarios, que marcan el tránsito de "una representación puramente individual, en la que desaparecen todas las agrupaciones intermedias, y en la que la relación representativa se producía solo entre el representan-

---

78 GARRIDO LÓPEZ, C., "La revocación del mandato en las democracias de América Latina", *Teoría y Realidad Constitucional*, Nº 47, 2021, pp. 323-324.

79 VEGA GARCÍA, P. de. "Significado constitucional de la representación política", *op. cit.*, p. 34.

te y la nación (...) a otra comunitaria de la representación"[80] que gravita sobre dos puntales, a saber, la extensión de la base sufragista con la universalización del derecho de voto activo y pasivo (si hay un pluralidad de intereses sociales, mediatizados por los partidos, todas la voces y sensibilidades ciudadanas han de tener su resonancia en forma de derechos políticos) y las organizaciones partidistas ligadas a una inflexión en el principio de soberanía nacional: ya no se residenciará en el parlamento, poder público creador de la voluntad de la Nación, sino en el pueblo, con lo que muta la relación representativa que se configurará entre los representantes, absorbidos y diluidos en los partidos políticos, y los ciudadanos.

En los países donde la democracia representativa es un binomio asimétrico con una clara preponderancia del elemento representativo respecto al autogobierno popular directo no hay una expectativa razonable de que la revocación del mandato sea una realidad porque el poder público está personificado en los partidos, que señorean la participación de los ciudadanos en la vida política. Resulta obvio que las estructuras partidistas que dirigen de modo oligárquico las sedicentes democracias no tienen ningún incentivo para desprenderse del poder político que atesoran para compartirlo con el genuino soberano: el pueblo. En efecto, el fundamento de la revocatoria radica en la relación directa y de confianza entre electores y electos, articulada por medio de los programas electorales "que han venido a ocupar el lugar de las instrucciones"[81], características del mandato imperativo medieval, de forma que el incumplimiento de las promesas personalísimas efectuadas durante la campaña electoral "defraudan las esperanzas de-

---

80 *Ibidem,* p. 35.

81 TORRES DEL MORAL, A., "Crisis del mandato representativo...", *op. cit.,* p. 17.

positadas en los diputados"[82]. Así pues, acreditada la quiebra del contrato político, los electores legítimamente podrían destituir o cesar a sus representantes públicos. Sin embargo, el modelo constitucional de democracia representativa encierra algunas aporías. Veamos.

De una parte, a) el artículo 1.2 de la Carta Magna establece que la soberanía nacional reside en el pueblo español del que emanan todos los poderes públicos; b) el artículo 6 de la Constitución, sin embargo, estatuye a los partidos políticos como piedra angular del sistema democrático, con lo que se convierten en estructuras mastodónticas de poder político que monopolizan y controlan la participación de los ciudadanos en la vida pública; c) la Ley Orgánica del Régimen Electoral General establece, con carácter general, un sistema de listas cerradas y bloqueadas, de modo que se entrega en bandeja de plata a los comités ejecutivos de los partidos la elección de los candidatos, mientras que el pueblo solo puede optar por unas candidaturas u otras, pero no elegir y d) la restricción constitucional y legislativa de los instrumentos de participación directa de los ciudadanos en la vida política. De otra, el art. 67 CE asume el principio medular de la representación liberal: la prohibición del mandato imperativo de los diputados y senadores, una garantía de la libertad política del representante, pensada para un sistema en el que la nación era una ficción política para que la soberanía radicase en los parlamentos burgueses de extracción censitaria, so pretexto de tutelar unos hipotéticos intereses comunes de la nación. Empero, después de más un siglo de vida política y parlamentaria mediatizada por los partidos políticos, inicialmente de masas e intensamente ideologizados y actualmente convertidos en empresas que maximizan votos, la independencia del representante, celosamente protegida

---

82 BURKE, E., *op. cit.*, p. 90.

por el liberalismo político, empalidece, a pesar de la resonante interdicción constitucional. Es sabido que las formaciones políticas continúan perpetrando la fechoría de sancionar a los diputados díscolos que no se someten a la disciplina del partido en las votaciones parlamentarias, con lo que no puede haber una verdadera relación de confianza entre electos y electores: no hay libertad de expresión ni de voto de los diputados en el Congreso, los candidatos no elaboran los programas electorales con su proyecto político, sino que son los *burós* de las organizaciones políticas los que, rodeados de expertos en *marketing* y comunicación electoral, utilizan criterios mercantiles en la elaboración de una gavilla de propuestas audaces para obtener el mayor número de votos, postergando principios y valores ideológicos.

Así las cosas, resulta evidente que los partidos lo son todo o casi todo en el sistema político y los representantes nada o casi nada, por lo que aquéllos carecen de acicates para cambiar ningún elemento del engranaje constitucional que incremente el poder político del pueblo cautivo en una sedicente democracia, cuya fisonomía se asemeja más a una suerte de absolutismo partitocrático, en el que las decisiones políticas no se toman en el hemiciclo ni en las comisiones legislativas –puro ornato democrático–, sino en los grandes despachos y en los reservados de los restaurante de lujo de la Villa y Corte…

Entonces, ¿dónde está vigente la revocación del mandato? Esta institución tiene dos vertientes o dimensiones, a saber, la individual cuando se dirige a remover autoridades singulares y específicas; y la colegiada, que tiene por objeto la disolución de una cámara parlamentaria o el cese del gobierno. La primera modalidad es la que tiene un mayor predicamento constitucional. Así, este derecho político cuenta con gran arraigo en EEUU. Fue inicialmente reconocido en un período de debilidad institucional tras la Guerra Civil entre el Norte y el Sur, que propició el surgimiento de movimientos populistas que exigían un mayor control popular sobre los representantes e inéditos mecanismos de participación. La revocación "no está regulada a nivel federal, pero sí en numerosos Estados federados. En la actualidad, cuarenta y dos Estados de la Unión prevén la revocación a iniciativa popular de autoridades locales; dieciocho Estados permiten la revocación de autoridades ejecutivas y legislativas estatales; doce Estados autorizan también la revocatoria de los jueces estatales y en cinco Estados sus constituciones regulan, incluso, la posible revocación de los senadores y los miembros de la Cámara de Representantes"[83].

En Latinoamérica, la revocatoria se ha prodigado notoriamente por el continente (Perú, Colombia, Bolivia, Venezuela, Ecuador, Argentina, México y Panamá) con distinto grado de intensidad o alcance sobre las estructuras de poder político: desde autoridades municipales hasta el presidente de la república. El auge de esta institución y de otras de naturaleza análoga fueron la respuesta constitucional a la astenia de las estructuras partidarias y a la crisis de legitimidad de la representación política clásica alentada por el neopopulismo liberal y socialista: una corriente ideológica de corte personalista que surge en América Latina a finales de la década de los ochenta y principios de los noventa en el marco del fin de la Guerra Fría y la caída del Muro de Berlín, como reacción al ominoso período de las dictaduras latinoamericana.

El neopopulismo preconiza un incremento de los poderes del Ejecutivo: *hiperpresidencialismo*, una suerte de mesianismo político que se erige en suprema expresión de la voluntad popular, postergando al poder legislativo y los demás cuerpos intermedios que vertebran la sociedad civil. Desconfía de las tradicionales instituciones políticas por su lentitud, corrup-

---

83 GARRIDO LÓPEZ, C., *op. cit.*, p. 324.

ción e inoperancia para arrostrar los acuciantes problemas de la nación. Este cambio en la forma de gobierno se articula jurídicamente mediante la apertura de un proceso constituyente que cincele la Norma Suprema para el nuevo tiempo político. Se constitucionalizan múltiples instituciones democráticas de participación activa y directa del pueblo en la vida política: referendos, iniciativa legislativa popular, revocación y remoción de autoridades, presupuestos participativos, etc. Savia regeneradora que corre el peligro de degenerar en mascadas democráticas al servicio del Presidente y su Consejo de Ministros para suplir al Parlamento cuando se oponga a las reformas e iniciativas gubernamentales. En orden a conjurar este riesgo es imprescindible que se alcance un equilibrio político entre las instituciones participativas y el Parlamento.

La vertiente colegiada o colectiva de la revocación del mandato se ha implantado en Suiza, desde mediados del siglo XIX, pero no a nivel federal sino cantonal. Así, aparece recogida en las constituciones de seis cantones suizos –Berna, Schaffhausen, Solothurn, Turgovia, Uri y el Tesino– para la disolución de los parlamentos federales y el cese de los gobiernos federales. Asimismo, recientemente, "las constituciones de varios Länder alemanes (Baden-Wurtemberg, Baviera, Berlín, Brandeburgo, Bremen y Renania-Palatinado) han incorporado un modelo similar al suizo de revocación colectiva bajo la forma de disolución anticipada de sus parlamentos producida a resultas de un referéndum revocatorio convocado a iniciativa popular"[84].

---

84 *Ibidem*, p. 324.

5. BIBLIOGRAFÍA

AQUINO, T., *Suma Teológica,* Biblioteca de Autores Cristianos, Madrid, 2001.

–: *Del gobierno de los príncipes,* en http://goo.gl/8KACmq

BATTAGLIA, F., *Marsilio di Padova e la filosofia politica del Medio Evo,* Firenze, 1928.

BODINO, *Los seis libros de la República,* Madrid, 1992.

BURDESE, A., *Manual de Derecho Público Romano,* Introducción, traducción y notas de Ángel Martínez Sarrión, Bosh, Barcelona, 1972.

BURKE, E., *Revolución y descontento,* edición, presentación y revisión de la traducción de Noelia Adánez González, Madrid, 2008.

CONSTANT, B., "*La libertad de los antiguos comparada con la libertad de los modernos*", en *Escritos Políticos,* estudio preliminar, traducción y notas de María Luisa Sánchez Mejía, Madrid, 1997.

CARVAJAL, P., "Derecho de resistencia, derecho a la revolución, desobediencia civil", *Revista de Estudios Políticos,* Nº 76, 1992.

CONDORCET., *Bosquejo de un cuadro histórico de los progresos del espíritu humano,* Introducción y traducción revisada por Antonio Torres del Moral, Centro de Estudios Políticos y Constitucionales, Madrid, 2004.

DUGUIT, L., *Las transformaciones del derecho público,* estudio preliminar de Adolfo Posada, Madrid, 1915.

: *Soberanía y libertad,* estudio preliminar de José G. Acuña, Madrid, 1924.

EGUÍA RUIZ, C., *Los jesuitas y el motín de Esquilache,* Madrid, 1947.

ESCUDERO, J.A., *Curso de Historia del Derecho,* Madrid, 1992.

GALÁN GUTIÉRREZ, E., *La filosofía política de Santo Tomás de Aquino,* Madrid, 1945.

GARRIDO LÓPEZ, C. (2021). "La revocación del mandato en las democracias de América Latina", *Teoría y Realidad Constitucional,* Nº 47, 2021.

HIGGS, H., *Los fisiócratas,* México, 1944.

HOBBES, *Leviatán,* Madrid, 1999

LISSARRAGUE, S., *La teoría del poder en Francisco de Vitoria,* Instituto de Estudios Políticos, Madrid, 1947.

MARIANA, J. de. *Del rey y de la institución real,* Madrid, 1981.

McILWAIN, C. H., *Constitucionalismo antiguo y moderno,* Madrid, 1991.

MILL, J. S., *El gobierno representativo,* traducción, prólogo y notas de Carlos Mellizo, Alianza Editorial, Madrid, 2001.

MONTESQUIEU, *El espíritu de las leyes,* Madrid, 2002.

MURILLO FERROL, F., *Saavedra Fajardo y la Política del Barroco,* Madrid, 1957.

-: "El pacto social en Suárez", *Archivo de Derecho Público,* Nº1, Granada, 1948.

NEGRO PAVÓN, D., "Derecho de resistencia y tiranía", *Logos: Anales del Seminario de Metafísica,* Núm. Extra, 1992.

ORTEGA Y GASSET, J., *Del Imperio Romano,* Madrid, 1941.

–:"Sobre la muerte de Roma (III)", *El Sol,* 2-IX-1926.

PECES BARBA, G., "Desobediencia civil y objeción de conciencia" en *Derecho y derechos fundamentales,* Madrid, 1993.

PINA POLO, F., "El tirano debe morir: el tiranicidio preventivo en el pensamiento político romano", *Actas y comunicaciones del Instituto de Historia Antigua y Medieval,* vol. 2, Nº1, 2006.

PIÑA HOMS, R., *Alfonso el Sabio y Ramón Llull: su concepción de la justicia y del orden social,* Palma de Mallorca, 1984.

PIO, B.,"Considerazioni sulla "lex regia de imperio" (secoli XI-XIII)", *Scritti di storia medievale offerti a Maria Consiglia de Matteis,* Spoleto, 2011.

ROUSSEAU, *Discurso sobre las ciencias y las artes, Discurso sobre el origen de la desigualdad entre los hombres y El contrato social,* Madrid, 2001.

SALAMONE, *De Principatu,* en D´ADDIO, M., *L'idea del contratto sociale dai sofisti alla riforma e il "De principatu" di Mario* Salamonio, Milán 1954, transcrito literalmente en el apéndice de SALAMONE, M. A., *La idea del contrato social en Mario Salamone de Alberteschi: sus vínculos con la escuela de salamanca y el constitucionalismo inglés,* Madrid, 2005, (tesis doctoral), http://goo.gl/qhGCBX

SIEYÈS, E-J., "Ideas sobre los medios de actuación que podrán disponer los representantes de Francia en 1789", en *El tercer estado y otros escritos,* edición y traducción de Ramón Máiz, Madrid, 1991.

SUÁREZ, F., *Defensa de la fe católica y apostólica contra los errores del anglicanismo,* Instituto de Estudios Políticos, Madrid, 1970.

-: *Tratado de las leyes y de Dios legislador,* Madrid, 2015

TAMAYO Y SALMORÁN, R., *Introducción al estudio de la Constitución,* México, 1998.

TORRES DEL MORAL, A., "Democracia y representación en los orígenes del Estado constitucional", *Revista de Estudios Políticos,* Nº 203, 1975.

: "Crisis del mandato representativos en el Estado de partidos", *Revista de Derecho Político,* Nº 14, 1982.

UGARTEMENDIA ECEIZABARRENA, J. I., El derecho de resistencia y su «constitucionalización», *Revista de Estudios Políticos,* Nº 103, 1999.

USUNÁRIZ, J. M., "El asesinato de Enrique IV de Francia y la publicística española del siglo XVII", *Bulletin Hispanique,* vol. 118, nº2, 2016.

VEGA GARCÍA, P. de "El principio de publicidad parlamentaria y su proyección constitucional", *Revista de Estudios Políticos,* Nº 43, 1985.

: "Significado constitucional de la representación política", *Revista de Estudios Políticos,* Nº 44, 1985.

VITORIA, F., *De la potestad civil y De la potestad de la iglesia,* Madrid, 1960.

Capítulo segundo

Implicaciones en la actualidad de la teoría de la potestad indirecta a la luz del pensamiento de Suárez

MARTA ASÍN
Profesora de Derecho Canónico y Eclesiástico del Estado
Universidad Francisco de Vitoria

1.- ANTECEDENTES HISTÓRICOS

A lo largo de la Historia, la relación Iglesia-Estado ha sufrido una enorme evolución y no podemos comenzar el estudio del tema que nos ocupa, sin antes referirnos al llamado "Dualismo Gelasiano".

Cuando el cristianismo se convirtió en la religión oficial del Imperio, los emperadores comenzaron a intervenir en asuntos propiamente eclesiales (convocar concilios, resolver pleitos disciplinares eclesiásticos, inmiscuirse en cuestiones dogmáticas, dar leyes en materia eclesiástica, etc.)[1], dando lugar al modelo denominado "Cesaropapismo".

Frente al cesaropapismo, en el que el César se arrogaba competencias que eran propias del Papa, la Iglesia tuvo que intervenir presentando una doctrina que desarrollaría los argumentos para reivindicar su independencia.

Así fue como el Papa Gelasio I (492-496) envió una carta al Emperador de Oriente, Anastasio I, formulando las primeras exposiciones oficiales del dualismo cristiano, esto es, de la distinción evangélica entre las cosas que son del César y las que son de Dios[2], estableciendo el principio de la existencia de dos poderes: el poder temporal y el poder espiritual, autónomos cada uno en su orden.

Decía así: "Dos principios hay, Emperador Augusto, por los que se rige este mundo: la sacra autoridad de los pontífices y la potestad real [...] aunque tu dignidad te sitúe a la cabeza del género humano, tú mismo te inclinas devoto ante los encargados de las cosas divinas, y sabes que, para recibir los celestiales sacramentos, que ellos disponen como conviene, debes, según manda la religión, someterte antes que dirigir. Pues sabes que dependes del juicio de ellos, no quieras someterlos a tu voluntad... Pues en lo que atañe a la disciplina del orden público, los jefes religiosos reconocen que el imperio te ha sido dado por una disposición superior, y ellos mismos, obedeciendo a

---

1 LOMBARDÍA, P, *Derecho Eclesiástico del Estado español,* EUNSA, Pamplona, 1980, p.45.

2 "Dad a César lo que es del César y a Dios lo que es de Dios" (Mt 22, 21; Mc 12, 17; Lc 20, 25.)

tus leyes, no quieren, en las cosas de este mundo, parecer ir contra tus decisiones"[3].

Tal y como indica Martín de Agar "El mundo que gobierna esos dos poderes según Gelasio es el Imperio cristiano: Imperio e Iglesia vienen a coincidir en el espacio y en sus miembros; el mismo emperador es miembro de la Iglesia a la que el Señor dio, sobre todo en el Papa, la potestad de atar y desatar en la tierra y en el cielo (Mt 16,19; cf. Mt 18,18)"[4].

Esta formulación propone que el Emperador, que es cristiano, se someta al Papa en materia religiosa y el Papa, súbdito del Emperador, obedezca a las justas leyes civiles.

Entrando ya en los primeros siglos de la Edad Media y como consecuencia de la caída del Imperio Romano, se inició un proceso en el cual la Iglesia fue adquiriendo un protagonismo extraordinario en Occidente (siglos XII y XIII), entre los pontificados de Gregorio VII (1073-1085) y Bonifacio VIII (1294-1303).

Si el Cesaropapismo suponía la injerencia del poder temporal en el espiritual, el modelo que surgió en esta etapa fue el denominado "Hierocratismo", modelo en el que el Pontificado alcanza su máxima superioridad sobre el poder secular.

Se trata de un modelo basado en la competencia de la Iglesia sobre materias temporales, permitiendo, al Papa, erigirse en Juez supremo de la cristiandad, "pues cuanto la vida espiritual es más digna que la terrena y el espíritu más que el cuerpo,

---

3 (PL, 59, 42), citado por MARTÍN DE AGAR, J.T, "Derecho y Relaciones Iglesia-sociedad civil", *Ius Ecclesiae,* XXXII, Núm. 1, 2020, pp. 17-68.

4 MARTÍN DE AGAR, J.T, cit. p. 32.

tanto la potestad espiritual precede en dignidad y honor a la potestad terrena o secular"[5].

Supone una relación Iglesia-Estado en la que el poder temporal queda subordinado al eclesiástico pues es el máximo responsable de la salvación de toda la cristiandad.

La supremacía del papado sobre la cristiandad medieval tiene su punto álgido con la Bula "Unam sanctam", (1302), que Bonifacio VIII lanza contra Felipe el Hermoso. En ella se resume toda la doctrina referente a la relación de los dos poderes, proclamando la superioridad del poder espiritual.

El contenido de esta Bula puede resumirse en los siguientes principios programáticos:

> "a) A la Iglesia, en cuanto órgano universal y necesario de salvación, pertenecen las dos espadas, la espiritual y la temporal; la diferencia radica en la forma como sean usadas;
>
> b) Si por este capítulo se reconoce una distinción entre el poder civil y el eclesiástico, se da, sin embargo, una subordinación de aquel a este;
>
> c) Tal subordinación tiene lugar en que 1) la autoridad secular tiene su origen en la Iglesia; 2) debe conducirse por indicación y consentimiento del sacerdote; 3) la potestad espiritual juzga los actos de la potestad temporal"[6].

---

5 SAN VÍCTOR, H, *De Sacramentis christianae fidei*, Migne L, CCXVII, (1096-1141), col. 418.

6 RETAMAL, F, "El ejercicio del poder en la iglesia", en *Teología y Vida*, Vol. XLV, 2004, p. 329.
Para profundizar: REINA, V, "Los términos de la polémica Sacerdocio-Reino", en *Ius Canonicum*, Vol 6, Núm. 11, 1966, pp. 153-199.

De este modo, se expresa una doctrina sobre la cual:

- Dentro de la Iglesia existen dos poderes: uno es utilizado por la Iglesia y el otro en favor de la Iglesia
- Esta subordinación es necesaria, dado que ambos poderes proceden de Dios y ello habilita al poder espiritual a juzgar al poder temporal, mientras que el poder espiritual sólo puede ser juzgado por Dios.
- Sólo dentro de la Iglesia y sometido a la Iglesia (a la autoridad del Papa) es posible alcanzar la salvación.

Esta supremacía de la Iglesia fue sufriendo un enorme debilitamiento a partir del siglo XIV, y culminó con la crisis que supuso el Cisma de Occidente (1378-1417)[7] y la Reforma Protestante. Esta nueva etapa supondrá el punto de partida del afianzamiento progresivo del poder temporal sobre el poder espiritual, asumiendo el protagonismo la monarquía absoluta y confesional del Estado moderno.

Tras la Reforma, el Emperador Carlos V intentó, sin éxito, lograr una conciliación entre los católicos y los miembros de las distintas iglesias reformadas, primero en la Dieta de Spira (1529) y luego en la de Augsburgo (1530).

Después de estos intentos frustrados, los príncipes protestantes, ante la amenaza de una guerra contra el emperador, se unieron mediante la Liga de Smalcalda (1530) y se aliaron con el rey de Francia, Francisco I. En la guerra, que se inició en 1547, aunque Carlos V obtuvo la importante victoria de Mühl-

---

7 "Durante el que dos e incluso tres presuntos Papas simultáneos llenarían de perplejidad a una Europa que disputaba por la identificación misma de su cabeza espiritual": LOMBARDÍA, P, Síntesis histórica, en AAVV, *Derecho Eclesiástico del Estado Español,* EUNSA, Pamplona, 1980, p. 41.

berg (1547), finalmente se vio obligado a aceptar la Paz de Augsburgo de 1555[8].

La Guerra de los Treinta años (1618-1648) y la Paz de Westfalia (1648) puso fin al conflicto, pero dio lugar a la división de Europa en Estados independientes, absolutistas y confesionales, (católicos o protestantes) que, en el aspecto religioso, se regían por el principio Cuius regio, eius religio, establecido por la Paz de Augsburgo y que suponía el derecho de cada príncipe de elegir la religión de su preferencia para el Estado y para ser adoptada por sus súbditos[9]. Así es como nace el Derecho Eclesiástico, diferenciándose del Derecho Canónico.

Tras esta división, el Estado católico, por considerarse protector de la Iglesia Católica y garante de la fe de sus súbditos, se arrogó el poder de organizarla, así como de controlar la jerarquía eclesiástica.

Aunque inicialmente su fundamentación fue justificada con argumentos histórico-jurídicos de concesión pontificia o eclesial, con el tiempo, dicha fundamentación se basó en el conocido "derecho divino de los reyes".

---

8 "Mediante la paz de Augsburgo (1555), acordada entre los Estados del Imperio y el Emperador, los protestantes que se acogieron a la Confesión de Augsburgo fueron equiparados jurídicamente a los católicos; calvinistas, baptistas, etc., quedaban excluidos. La libertad de elegir la fe no estaba reconocida a cada individuo, sino exclusivamente al gobernante de cada Estado; cuyo ius reformandi significa el derecho de fijar la religión de sus súbditos de modo obligatorio: cuius regio eius religio. (…) Esto significaba, ante todo, la jurisdicción en materia religiosa de los gobernantes de cada Estado. Estos podían optar entre la Iglesia tradicional o la Confesión de Augsburgo": STARCK, C, "Raíces históricas de la libertad religiosa moderna", *Revista Española de Derecho Constitucional,* Año 16, Núm. 47, 1996, p.11.

9 LOMBARDÍA, P, "Síntesis histórica…", cit, pp. 66-67.

La base sobre la que se fundamenta doctrinalmente este poder se denominó Regalismo.

"La "Regalía" es en sí misma un derecho de la Corona, un derecho regio, algo que corresponde al rey por el simple hecho de serlo. En el presente caso se trata de los derechos de los monarcas en el terreno eclesiástico, pero no en virtud de concesiones pontificias sino en base a su propia condición de soberanos. Mientras el patronato es una institución eclesiástica y el vicariato una institución eclesiástica y civil, la regalía, en cambio, es una institución meramente civil; ni su origen ni su contenido proceden de concesiones papales, tales derechos son fijados por la misma jurisprudencia que crea la teoría"[10].

Los derechos que se arrogaron los monarcas fueron, entre otros, los siguientes:

> "1°) de tuición, por el cual los tribunales civiles del Reino pueden entender en las causas eclesiásticas por su intrínseca naturaleza o por ventilarse entre eclesiásticos; 2°) la presentación de candidatos para las dignidades eclesiásticas –ius nominandi–, reservándose el papa la nominación, y a él y a los obispos la colación canónica; 3°) de honor de colocar el escudo regio en las fundaciones patronales, aun en los hospitales, seminarios y colegios; 4°) de obediencia de los obispos al rey, no por el mismo beneficio –que es espiritual– ni por razón de los bienes materiales anejos, sino por el dominio que ejercen los obispos sobre lugares y bienes meramente temporales, como otro cualquier señor que cuenta con vasallos; 5°) de los espolios episcopales o derecho de intervenir en la materia por corresponder a la catedral del difunto prelado, en defensa de la misma en contra de los fiscales y colectores pontificios; 6°) de veto a los extranjeros en la adjudicación de beneficios in-

---

10 DURÁN, J.G, "El regalismo borbónico en vísperas de la revolución de mayo. Condicionamientos ideológicos en el episcopado rioplatense (1803–1809)", *Teología: Revista de la Facultad de Teología de la Pontificia Universidad Católica Argentina*, Tomo XLIX, N° 107, 2012, p.13.

dianos; 7º) de protección de la vida regular en los conventos, por tanto, de examinar sus visitadores, capítulos y apelaciones; 8º) el de punición contra los eclesiásticos insolventes de sus obligaciones, procediendo no por vía contenciosa, sino gubernativa, quedando así exentos los ministros regios de las censuras contenidas en la bula In cena Domini; y, finalmente, 9º) la previa autorización real para poder publicar las actuaciones eclesiásticas provenientes de Roma o de las curias locales, praxis obligatoria incluso en el caso de definiciones dogmáticas, cuestiones de disciplina o reforma, dispensas de romanas, jurisdicción para la confesión, concesiones de honores y distinciones, etc. –nihil obstat civil"[11].

2.- TEORÍA DE LA POTESTAD INDIRECTA Y BIEN COMÚN EN EL PENSAMIENTO DE SUÁREZ

Todo comienza con la controversia que versaba sobre la licitud del juramento que Jacobo I impuso a sus súbditos tras la "conjuración de la pólvora" (1606). Los súbditos del monarca debían suscribir que Jacobo I era el rey legítimo y que nadie tenía jurisdicción para interferirse en el gobierno del Estado ni para liberar a sus súbditos del deber de obediencia[12]. Su Apología (Jacobo I) implicaba un llamado a la desobediencia de ciudadanos y nobles a la Iglesia Romana.

Ante tales hechos, el Papa Pablo V encargó a S. Roberto Belarmino (1542- 1621) y Francisco Suárez (1548-1617) que deslegitimaran dicha exigencia y son quienes desarrollan finalmente la teoría de la potestad indirecta.

---

11 Idem, p. 14.

12 OSUNA, A, "El poder temporal de la Iglesia, de Vitoria a Suárez", *Cuadernos Salmantinos de Filosofía*, Vol. 7,1980, p.84.

Dicha teoría afirma que la Iglesia no tiene jurisdicción directa en los asuntos temporales, pero sí indirecta, en la medida en que esos asuntos temporales estén en relación con los espirituales[13].

Tras la primera refutación de Belarmino, Jacobo I replicó con una segunda edición de la Apología (1609) en defensa del derecho divino de los reyes, exhortando a formar un frente común contra Roma.

La Santa Sede, tras conocerla, encomendó a Francisco Suárez escribir en defensa del catolicismo frente al ataque anglicano, y así es como profundizó sobre la doctrina de la potestad indirecta a través de la Defensio fidei (1613), donde aborda la cuestión del origen y límites del poder de la monarquía frente a la teoría del origen divino de los reyes.

La teoría de la potestad indirecta pasó, de este modo, a ser la doctrina comúnmente enseñada y elemento principal de la construcción escolástica del derecho público eclesiástico desde sus inicios, a mitad del s. XVIII, hasta el Concilio Vaticano II.

---

[13] Para profundizar sobre el concepto y naturaleza de la potestad indirecta, se puede estudiar: SÁNCHEZ DE LAMADRID, R, *El Derecho público de la Iglesia Católica*, Granada, 1940; SOTILLO, L.R, "Algunas notas sobre la denominación, origen. naturaleza y existencia real .de la Potestad indirecta de la Iglesia", en *Miscelánea Comillas: Revista de Ciencias Humanas y Sociales*, Vol. 9, Núm. 16, 1951, pp. 33-54. También, MOYA, R, "Naturaleza de la potestad de la Iglesia en materia temporal", en *Angelicum*, 1960, pp. 53-69; REINA, V, "La teoría de la "potestas indirecta": precisiones", *en Ius Canonicum*, Vol. VII, 1967, pp. 107-118; BELLINI, P, "Sui caratteri essenziali della "potestate Ecclesiae circa temporalia", *en Ius canonicum*, Vol. X, Núm. 1, 1970, pp. 209-257; GONZÁLEZ DEL VALLE, J.M, "La autonomía en lo temporal. Delimitación de su dimensión institucional y personal", *en Ius canonicum*, Vol. 12, Núm. 24, 1972, pp. 13-37.

Defensio fidei consta de un prólogo y seis libros, cuyo contenido básico es el siguiente[14]:

- Analiza los errores de la religión anglicana, afirmando que no es la verdadera Iglesia de Cristo.
- Presenta el argumento y extensión del poder indirecto del Papa.
- Compara el poder de los príncipes con el poder del Pontífice: el Papa puede privar a un príncipe de ejercer su poder por salvar las almas de quien pueda estar en peligro; puede excomulgarle; autorizar a los cristianos a que le nieguen la obediencia; puede otorgar licencia de levantamiento armado contra él; conceder a un rey de otra nación la facultad de invadir los dominios del reino; etc.

Desde un profundo análisis, Suárez presenta a la Iglesia y al Estado como sociedades distintas y soberanas, cada una de ellas con un fin específico y una autoridad independiente, de modo que no cabe una subordinación directa de uno hacia otro. Ahora bien, dado que el fin espiritual es objetivamente superior al temporal y puesto que el hombre es un ser de naturaleza corpóreo-espiritual, cuya misión es alcanzar la salvación eterna, la Iglesia tiene un poder indirecto sobre asuntos temporales en tanto que éstos sean susceptibles de afectar a lo espiritual y por tanto a la salvación de las almas. El argumento se basa en la potestad sobre las cuestiones temporales ratio peccati.

Martínez Tapia, lo explica de la siguiente manera: "Su objeto es lo temporal, pero en cuanto que está conectado de alguna forma con algo espiritual, por lo que no tiende ni se dirige

---

14 FERNÁNDEZ SUÁREZ, J.R, "La primera actuación del Conde de Gondomar en Inglaterra: la Defensio fidei de Suárez (1613-1614)", *Revista de filología inglesa,* Núm. 5, 1975, pp. 48-50.

a él atraída por su aspecto temporal sino por el espiritual. (...) El poder indirecto se ejerce, pues, sobre los objetos temporales, no por razón de la entidad y naturaleza de éstos, sino a causa de la relación que los mismos -cosas o personas o situaciones- tienen con algo que les es extrínseco y ajeno a su propia naturaleza y que en concreto no es sino la relación, positiva o negativa, al fin espiritual y sobrenatural del hombre. Es la "ratio peccati", es decir, la vertiente moral de lo temporal lo que justifica esa extensión o ampliación"[15].

Así justificaba Suárez en la Defensio fidei la potestad indirecta: "Pero algunas veces tiene algo de común con la materia de la ley canónica por razón del contenido sujeto a ambas leyes, por ejemplo, las leyes sobre los matrimonios, sobre los funerales, sobre los piadosos legados [legata pia]. [...] Pues bien, cuando las leyes civiles son de esta segunda clase, no solo indirecta, sino también directamente pueden ser enmendadas y anuladas por el poder espiritual, porque entonces la materia o es directamente espiritual o es del fuero mixto [misti fori], y por consiguiente el poder espiritual alcanza a ésta directamente"[16].

Y continúa: "Suele distinguirse una doble sujeción, a saber, directa e indirecta. Se llama directa la que se mantiene dentro del fin y de los limites de un mismo poder; indirecta la que solamente nace de la orientación a un fin que es más alto y que pertenece a un poder superior y más excelente. En efecto, el poder civil propiamente dicho de suyo sólo se ordena directamente a la conveniente situación y a la felicidad temporal del

---

15 MARTÍNEZ TAPIA, R, "La "Relectio in cap. Novit de iudiciis" de M. de Azpilcueta y la doctrina de la "potestad indirecta", *Estudios Eclesiásticos, Revista de investigación e información teológica y canónica,* Núm. 71, 1996, pp.410-411.

16 SUAREZ, F, *Defensio Fidei,* III, 30, 6, vol. III, p. 370.

Estado humano para el tiempo de la vida presente y por eso también se llama poder temporal.

Pero como la felicidad temporal y civil debe ordenarse a la espiritual y eterna, puede suceder que la materia misma del poder civil deba ser dirigida y gobernada en orden al bien espiritual de distinta manera como parecería pedirlo la sola razón de Estado. Entonces, aunque el príncipe temporal y su poder en sus actos no dependa directamente de otro poder que sea del mismo orden y que mire al mismo fin solamente, sin embargo, puede suceder que necesite ser dirigido, ayudado o corregido en su materia por el poder superior que gobierna a los hombres en orden al fin más excelente y eterno: en ese caso esa dependencia se llama indirecta, porque ese poder superior a veces se ocupa de las cosas temporales no directamente o por razón de ellas mismas, sino -como quien dice- indirectamente y por razón de otra cosa"[17].

Según Suárez, tal y como recoge Osuna, "el Papa, además, tiene poder para corregir, modificar o derogar cuantas leyes salgan de un príncipe cristiano, anular sentencias injustas o avocar a sí causas temporales, imponer a los reyes la defensa de la religión con las armas, etc., pues en todo ello está en juego la defensa de la justicia humana, del bien moral de los cristianos y de la implantación del reino de Dios"[18].

Para Suárez, el fundamento de dicha teoría radica en la doctrina de Santo Tomás, recogida ya en su momento por Francisco de Vitoria[19], para el cual, partiendo de su influencia

---

17 SUAREZ, F, *Defensio Fidei* III, 30, 4, vol. III, p. 369.

18 OSUNA, A, "El poder temporal de la Iglesia, de Vitoria a Suárez", *Cuadernos Salmantinos de Filosofía,* Vol. 7, 1980, p. 89.

19 FAZIO FERNÁNDEZ, M, "Francisco de Vitoria: una secularización more Aristotélico", *Sapientia.* 52 (202), 1997. Disponible en: https://repositorio.uca.edu.ar/handle/123456789/12874.

aristotélica, distinguía entre el orden natural y el sobrenatural y entre la naturaleza y la gracia, afirmando que el poder temporal se encuentra sometido al espiritual en lo referente a la salvación de las almas.

Partiendo de la antropología, analiza la noción de *zoon politikón*, estableciendo el carácter natural de la sociedad y la consecuente necesidad de un poder político que dé unidad a los lazos sociales, dado que el hombre, además de tener necesidades materiales, necesita ayuda mutua para desarrollar sus capacidades intelectuales y morales, con la finalidad de cumplir con sus propios fines. Suárez argumenta, de este modo, la causa final del poder político: el bien común y la perfección del hombre en sociedad.

Con su obra, Suárez confirma la tesis aristotélica conforme a la cual la sociabilidad es un hecho natural y la potestad política viene exigida por la necesidad del cumplimiento del fin de la polis.

De este modo, se presentan Iglesia y Estado, como decíamos, independientes, pero sabiendo que el fin de la sociedad política es condición para lograr el fin último del hombre, que se identificará con su fin sobrenatural.

Osuna, siguiendo el pensamiento de Suárez, afirma que "el bien común o fin de la sociedad temporal tiene razón de medio para el fin último, absoluto y sobrenatural del hombre. El orden sobrenatural ejerce, por consiguiente, lo específicamente humano, pero subordinado al fin absolutamente último de la sociedad. Tenemos así que el fin sobrenatural se convierte en motivo formal último de todo el orden político humano. Y la sociedad espiritual que es la Iglesia, instituida precisamente con la misión de conducir a los hombres y a los pueblos al reinado sobrenatural de Cristo, se convierte, como consecuencia, en motora e impulsora de todo lo humano en cuanto subsumible en su cometido espiritual. Y la causalidad impulsora del orden político no es otra cosa que la autoridad soberana. El Papa, pues, ejerce verdadera autoridad sobre los príncipes, aunque ni él recibiera directamente tal poder de Cristo, ni tampoco lo temporal se identifique esencialmente con lo espiritual y divino. La autoridad se ejerce de hecho y eficazmente, pero su vinculación con el poder peculiar del Papa es sólo indirectamente y se ejerce sólo como una mediación necesaria para los propósitos del poder espiritual *(propter aliud)*"[20].

En cuanto a la responsabilidad del Rey, Suárez afirma que debe estar sometido absolutamente a exigencias del derecho natural como condición ineludible para la moralidad y juridicidad de sus actos de gobierno y para la legitimidad en la tenencia y uso de los poderes de que está investido[21]. Por ello, se le exige estar sometido a las exigencias del bien común y la estricta observancia de las instituciones, leyes y normas consuetudinarias, naturales o pactadas[22].

Font, en una secuencia más general, interpreta la teoría política de Suárez desde el siguiente círculo cerrado: Democracia-Obediencia-Pacto-Bien común-Limitaciones del poder político-Resistencia-Responsabilidad política (indirecta)-Participación democrática[23].

---

20 OSUNA, A, cit. p.89.

21 ZEROLO DURÁN, A, "*La ley natural en Suárez. El estaticidio o el anacronismo de la tiranía*", en AAVV, En la frontera de la modernidad. Francisco Suárez y la ley natural, CEU Ediciones, Madrid, 2010, pp.143-144.

22 En este mismo sentido es interesante: PEREÑA VICENTE, L, "*Francisco Suárez. De iuramento fidelitatis*", Estudio preliminar: conciencia y política, Consejo Superior de Investigaciones Científicas, Madrid, 1979.

23 FONT, P, "La doctrina de F. Suárez sobre la resistencia y el tiranicidio", *Pensamiento: Revista de investigación e Información filosófica,* Vol.

Suárez afirmaba que el soberano solo puede emplear el poder en servicio del bien común del Estado, y el pueblo tiene un derecho natural a proceder contra éste cuando se aparte de su fin.

Cuando el ejercicio de poder se aparta de dicho bien común y se ejerce buscando el propio interés, para Suárez, estamos ante un caso de tiranía y ante tal situación surge la necesidad de deponerlo. Por tal motivo, deben respetarse las exigencias de la ley natural y del bien común, así como el pacto de traspaso[24].

La doctrina de la resistencia de Suárez surge en respuesta ante el abuso de poder y cuando el gobierno se aparta del fin para el cual la comunidad le trasladó su poder. Así es como el monarca se convierte en tirano[25].

Es precisamente por este motivo que queda justificada, además, la intervención del Papa en asuntos civiles, con la intención de evitar la condena del pueblo: "todo lo que de alguna manera es sagrado en la vida humana, todo lo que pertenece a la salvación de las almas y al culto de Dios, sea por su propia naturaleza, sea en virtud del fin a que está referido, todo ello cae bajo el dominio y autoridad de la Iglesia"[26].

Suárez afirma que el Papa, como consecuencia de ello, "puede actuar como juez ("anular una sentencia injusta"), como árbitro entre dos soberanos ("avocar a si una causa temporal [...]

69, núm. 260, 2013, p. 518.

24 JURI, Y.E, "Poder político, tiranía y bien común en Francisco Suárez, Diferencias y semejanzas con el origen del concepto de soberanía en Jean Bodin", *Isonomía: Revista de teoría y filosofía del derecho,* Núm. 50, 2019, p.126.

25 SUÁREZ, F, Defensio fidei, III, 5, 1.

26 LEÓN XIII, Immortale Dei, 1885, n.6.

entre quienes no reconocen superior en lo temporal") y como corrector de una legislación desviada y anular todas aquellas leyes que, aunque versen sobre una materia temporal, puedan ser ocasión de pecado"[27].

Es importante tener en cuenta que ante esta actuación "el hecho de que sea el Papa quien decida qué es material y qué espiritual lo convierte en el único soberano, al menos en los casos conflictivos"[28].

Las ideas de Suárez tuvieron un impacto significativo, pues contribuyeron a despertar el espíritu crítico y a consolidar un conjunto de ideas sobre la potestad, la soberanía del pueblo, y la eventualidad de la desobediencia civil, siempre y cuando el monarca no cumpliera debidamente su función social para con el pueblo al que está dirigiendo.

3.- IMPLICACIONES DE LA TEORÍA DE LA POTESTAD INDIRECTA EN LA ACTUALIDAD

Algunos autores eclesiásticos consideraron la teoría de la potestad indirecta, hasta el Concilio Vaticano II, como la única verdadera en materia de relación Iglesia-Estado.

El pontificado de Juan XXIII abrió una nueva etapa en lo referente a la relación Iglesia-Estado. En la Encíclica Pacem in terris, el Papa proclamaba que "en toda convivencia humana bien ordenada y provechosa hay que establecer como fundamento el principio de que todo hombre es persona, esto es, na-

---

27 SARALEGUI, M, "La conciliación de lo político y lo religioso. Suarez y Hobbes sobre la potestad indirecta", *Anuario Filosófico*, Vol. 50, Núm. 2, 2017, p. 308.

28 Idem, p. 311.

turaleza dotada de inteligencia y de libre albedrío, y que, por tanto, el hombre tiene por sí mismo derechos y deberes, que dimanan inmediatamente y al mismo tiempo de su propia naturaleza. Estos derechos y deberes son, por ello, universales e inviolables y no pueden renunciarse por ningún concepto"[29].

Así, traída a nuestros días la teoría de la potestad indirecta, teniendo en cuenta nuestra naturaleza corpóreo-espiritual y la libertad de la que disponemos al actuar en todo lo que acontece en nuestra vida, no parece que pueda desligarse de manera tajante lo temporal de lo espiritual. El hombre es un ser de fines y su libertad supone el don de poder elegir su mayor bien y perfección. Por ello, podría decirse que, salvo en casos concretos, siempre estaría justificada la intervención de la Iglesia.

Esta reflexión, en la actualidad y de acuerdo con la doctrina del Concilio Vaticano II, a tenor del contenido de la Constitución Gaudium et Spes, argumenta la actuación de la Iglesia del siguiente modo: "La Iglesia, que por razón de su misión y de su competencia no se confunde en modo alguno con la comunidad política ni está ligada a sistema político alguno, es a la vez signo y salvaguardia del carácter trascendente de la persona humana.

La comunidad política y la Iglesia son independientes y autónomas, cada una en su propio terreno. Ambas, sin embargo, aunque por diverso título, están al servicio de la vocación personal y social del hombre. Este servicio lo realizarán con tanta mayor eficacia, para bien de todos, cuanto más sana y mejor sea la cooperación entre ellas, habida cuenta de las circunstancias de lugar y tiempo. El hombre, en efecto, no se limita al solo horizonte temporal, sino que, sujeto de la historia humana, mantiene íntegramente su vocación eterna"[30].

---

29 Pacem in Terris, 1963, n.9.

30 Constitución Gaudium et Spes, n.76.

Con otras palabras, el Decreto Ad Gentes afirma que: "La Iglesia, con todo, no pretende mezclarse de ninguna forma en el régimen de la comunidad terrena. No reivindica para sí otra autoridad que la de servir, con el favor de Dios, a los hombres con amor y fidelidad"[31].

Podemos indicar, por tanto, que no se aprecia en la actualidad intervención por parte de la Iglesia, entendida como ejercicio de una potestad indirecta. Otro tema es que la Iglesia, dada su naturaleza y misión, pueda ejercer su derecho a dar un juicio moral en todos los asuntos, incluso los temporales (políticos), cuando se relacionen con derechos fundamentales de la persona y/o la salvación de las almas.

Así lo expresa el canon 747.2 del Código de Derecho Canónico: "Compete siempre y en todo lugar a la Iglesia proclamar los principios morales, incluso los referentes al orden social, así como dar su juicio sobre cualesquiera asuntos humanos, en la medida en que lo exijan los derechos fundamentales de la persona humana o la salvación de las almas".

La fórmula del "juicio moral"[32] se consagra a partir del Concilio Vaticano II y supone, tras la teoría de la potestad indirecta, una nueva forma de entender la tradicional cuestión sobre las relaciones Iglesia-Estado.

Estas relaciones quedan a partir de ese momento en el terreno "moral", y no en el de la "potestad".

---

31 Decreto Ad Gentes, n. 12.

32 Esta doctrina se encuentra fundamentalmente en los siguientes textos: Constitución Gaudium et Spes, "Sobre la Iglesia en el mundo actual", n.76, y el Decreto Apostolicam Actuositatem, "Sobre el Apostolado de los laicos", nn. 2, 4, 5, 6, 7 y 24, recogida en el vigente CIC. Para profundizar, se recomienda: LASANTA, P.J, *La Iglesia frente a las realidades temporales: el juicio moral,* (Colección Canónica), EUNSA, Pamplona, 1992.

Este juicio moral, que va dirigido a todos los hombres y Estados, supone una evidente autoridad vinculante para los católicos. Se trata de entender ese juicio moral como misión de la Iglesia, como su "obligación" a la hora de orientar moralmente los asuntos humanos cuando se trata de la salvación de las almas, así como la protección y garantías de los derechos fundamentales de la persona.

El mencionado canon 747.2 podría complementarse a su vez con el 227 al afirmar que "Los fieles laicos tienen derecho a que se les reconozca en los asuntos terrenos aquella libertad que compete a todos los ciudadanos; sin embargo, al usar de esa libertad, han de cuidar de que sus acciones estén inspiradas por el espíritu evangélico, y han de prestar atención a la doctrina propuesta por el magisterio de la Iglesia, evitando a la vez presentar como doctrina de la Iglesia su propio criterio, en materias opinables".

No obstante, parece interesante resaltar el contenido del c. 1401, pudiéndose observar cierta reminiscencia de la potestad indirecta al expresar: "La Iglesia juzga con derecho propio y exclusivo:

las causas que se refieren a cosas espirituales o anejas a ellas;

La violación de las leyes eclesiásticas y de todo aquello que contenga razón de pecado, por lo que se refiere a la determinación de la culpa y a la imposición de penas eclesiásticas".

Clara es la distinción entre Jurisdicción y Magisterio, al igual que entre Autoridad y Potestad. De este modo, posiblemente, la clave esté en saber si en la actualidad, la potestad (para poder seguir hablando de potestad indirecta) es entendida como jurisdicción o como autoridad.

La autoridad siempre va ligado al reconocimiento de la excelencia y, por ello, implica "la idea de superioridad, de mayor perfección o bondad que aquello que le está sometido. (...)

Dado que, en la subordinación por autoridad, el superior busca el bien del súbdito"[33].

En este sentido, son claras las sugerencias que indica D'ORS, A: "(…) El Papa, también tiene potestad y autoridad, pero la potestad del Papa se refiere al gobierno de la Iglesia, en tanto su autoridad es general. Lo que parte de la doctrina ha llamado "potestad indirecta" del Papa sobre el gobierno civil es, en realidad, un aspecto de su autoridad"[34].

Por este motivo, parece lógico confirmar que se trata de autoridad, dado que la Iglesia no tiene potestad (entendida como jurisdicción) como para derogar o modificar normas promulgadas por el poder legislativo que tengan un impacto negativo en la trascendencia del hombre.

Martínez Tapia, analiza la teoría de la potestad indirecta y, siguiendo su argumento, se entiende que hoy solo podamos hablar potestad "moral", y de juicio moral: "La potestad indirecta es, además, estricta potestad de jurisdicción. No es una clase de jurisdicción especial, sino la misma jurisdicción general de la Iglesia, pero tampoco se trata de una mera potestad moral, que se reduce a emitir juicios morales sobre los hechos y realidades temporales -el moderno "juicio moral"-, sino de una verdadera potestad de gobierno, de una potestad jurídica de la Iglesia sobre lo temporal, que, consecuentemente, debe ser coactiva, pues una potestad que carezca de jurisdicción coactiva no es potestad"[35].

---

33 BOFILL, J, "Autoridad, jerarquía, individuo", *Revista de Filosofía,* 5, Instituto Luis Vives, 1943, p. 364.

34 D'ORS, A, *Una introducción al estudio del Derecho,* Rialp, Madrid, 1963, p. 63.

35 MARTÍNEZ TAPIA, R, "La "Relectio in cap. Novit de iudiciis" de M. de Azpilcueta y la doctrina de la "potestad indirecta", *Estudios Ecle-*

Parece coherente también la reflexión que aporta al respecto Osuna: "Hay que sustituir la doctrina del poder indirecto de la Iglesia en el orden temporal por la doctrina del valor y significado que tiene la fe como llamada a la justicia política humana y una condenación de todo abuso de la autoridad humana. (...) Hoy gran parte de las actuaciones de la Iglesia en los asuntos humanos, y ciertamente las más controvertidas y replicadas, son sus enseñanzas en temas que son específicos de ética cristiana, pero que ella enfoca desde la perspectiva de la fe cristiana. Piénsese, por ejemplo, en los temas de la justicia social, de la resistencia al poder injusto, de la planificación familiar, de las libertades políticas, de la defensa de los derechos humanos, de la legislación civil sobre el divorcio, de la sexualidad, etc. (...) Pues bien, la justificación de un magisterio eclesial que alcanza y se pronuncia sobre problemas y cuestiones, se fundamenta en la unidad del fin último del hombre. El argumento es la mediación de todo el orden humano respecto a la salvación sobrenatural que anuncia la Iglesia"[36].

Por este motivo, la Iglesia considera en la Gaudium et Spes "de suma importancia, sobre todo allí donde existe una sociedad pluralística, tener un recto concepto de las relaciones entre la comunidad política y la Iglesia y distinguir netamente entre la acción que los cristianos, aislada o asociadamente, llevan a cabo a título personal, como ciudadanos de acuerdo con su

---

siásticos, Revista de investigación e información teológica y canónica, nº 71, 1996, p. 411. Para complementar se recomienda: DE LA HERA, A, DE LA HERA, A, "Posibilidades actuales de la teoría de la potestad indirecta", *Revista Española de Derecho Canónico*, Vol. 19, Núm. 57, 1965, pp. 775-800.

36 OSUNA, A, cit, pp. 103-104.

conciencia cristiana, y la acción que realizan, en nombre de la Iglesia, en comunión con sus pastores"[37].

Esta consideración, supone otra reflexión: el modelo adoptado de "juicio moral", no sólo supone un cambio en las relaciones Iglesia-Estado (ya mencionado), sino el reconocimiento de un pluralismo ideológico y religioso, que la Iglesia respeta, teniendo en cuenta la libertad de la persona a la hora de actuar conforme a su conciencia. Otro tema es que aconseje sobre la moralidad de los actos que se puedan llevar a cabo en el orden temporal, con un impacto directo en la dignidad de todo hombre (católico o no) y la protección de unos derechos fundamentales que son inherentes a toda persona. La Iglesia ya no interviene jurídicamente (como en la actuación propia de la potestad indirecta), sino moralmente en un mundo global y no solamente católico.

Así, la línea que sigue el Concilio Vaticano II es precisamente dirigirse a un mundo global, diverso, como resultado del ejercicio de reflexión sobre la naturaleza y auténtica misión de la Iglesia en el mundo.

De este modo, la Iglesia comienza a predicar su misión: anunciar el mensaje de Cristo y perfeccionar el orden temporal con el espíritu evangélico: "La obra de la redención de Cristo, que de suyo tiende a salvar a los hombres, comprende también la restauración incluso de todo el orden temporal. Por tanto, la misión de la Iglesia no es sólo anunciar el mensaje de Cristo y su gracia a los hombres, sino también el impregnar y perfeccionar todo el orden temporal con el espíritu evangélico. Por consiguiente, los laicos, siguiendo esta misión, ejercitan su apostolado tanto en el mundo como en la Iglesia, lo mismo en el orden espiritual que en el temporal: órdenes que, por

---

37 Gaudium et Spes, n. 76.

más que sean distintos, se compenetran de tal forma en el único designio de Dios, que el mismo Dios tiende a reasumir, en Cristo, todo el mundo en la nueva creación, incoactivamente en la tierra, plenamente en el último día. El laico, que es a un tiempo fiel y ciudadano, debe comportarse siempre en ambos órdenes con una conciencia cristiana"[38].

De este mensaje late la idea de comenzar, como decíamos, un nuevo modelo de relación Iglesia-Estado llamado al diálogo, teniendo en cuenta la enorme diversidad cultural, política, religiosa, en la que hoy en día nos encontramos.

Asimismo, el capítulo II del Decreto Apostolicam Actuositatem (n. 7), indica la clara misión de la Iglesia en lo temporal: "Todo lo que constituye el orden temporal, a saber, los bienes de la vida y de la familia, la cultura, la economía, las artes y profesiones, las instituciones de la comunidad política, las relaciones internacionales, y otras cosas semejantes, y su evolución y progreso, no solamente son subsidios para el último fin del hombre, sino que tienen un valor propio, que Dios les ha dado, considerados en sí mismos, o como partes del orden temporal: "Y vio Dios todo lo que había hecho y era muy bueno" (*Gén.*, 1,31). Esta bondad natural de las cosas recibe una cierta dignidad especial de su relación con la persona humana, para cuyo servicio fueron creadas".

Esa misión, ya no implica una potestad-jurisdicción sobre lo temporal, sino una autoridad que permite emitir un juicio de valor moral sobre las realidades temporales que acontecen en nuestro mundo y que la Iglesia pretende orientar hacia su perfección[39].

---

38 Apostolicam Actuositatem, n. 5.

39 LOMBARDÍA, P, "El Derecho Público eclesiástico según el Vaticano II", *Escritos de Derecho canónico,* Vol. V, EUNSA, 1991, (351-431).

Belda Iniesta lo argumenta de la siguiente manera: "Tenemos que ver también el hecho de que, por recibir el encargo de Dios, la Iglesia no sólo posee la suficiente autoridad para transmitir el Evangelio, sino también el poder para fijar tal enseñanza y el modo de trasmisión de la buena nueva con la autoridad propia de quien ha recibido tal encargo"[40].

Así lo corrobora la Constitución Gaudium et spes, al afirmar que "la misión propia que Cristo confió a su Iglesia no es de orden político, económico o social. El fin que le asignó es de orden religioso"[41].

Se trata, por tanto, de la autoridad por parte de la Iglesia, para orientar y dar consejos sobre la dimensión moral de cuestiones temporales[42], como consecuencia de la misión que le es propia y sin la pretensión de vincular la conciencia con la fuerza propia de un mandato.

La familia, la educación de los hijos, el matrimonio, la defensa de la vida, la igualdad, la libertad, la paz, distribución de la riqueza, etc., son valores y bienes que el Estado debe promover y garantizar, y la Iglesia no puede quedar al margen de ello[43].

---

40 BELDA INIESTA, J, "La iurisdictio episcopalis entre el imperio y la christianitas: Aproximación histórico-canónica a la aparición de la potestas sacra", *Ius Romanum*, 2, 2015, p. 11.

41 Gaudium et spes, n. 42.

42 Para profundizar, se recomienda: GUTIÉRREZ, J.L, "La Iglesia ante el orden temporal. Textos del Concilio Vaticano II", en AAVV, *Las relaciones entre la Iglesia y el Estado. Estudios en memoria del profesor Pedro Lombardía*, Madrid, 1989.

43 Sobre este aspecto, ORREGO S, C, "La encíclica Evangelium Vitae, acto magisterial y jurídico-político. La Jerarquía católica posee potestad jurídico-política sobre cuestiones temporales", en AAVV, "*Evangelium Vitae" e Diritto, Acta Symposii Internationalis in Civitate Vaticana*, Librería Editrice Vaticana, Cittá del Vaticano 1996, pp. 569-598.

Ese es el motivo por el que se denomina "juicio moral", porque la misión de la Iglesia no pertenece al orden temporal. Así, "al buscar su propio fin de salvación, la Iglesia no sólo comunica la vida divina al hombre, sino que además difunde sobre el universo mundo, en cierto modo, el reflejo de su luz, sobre todo curando y elevando la dignidad de la persona, consolidando la firmeza de la sociedad y dotando a la actividad diaria de la humanidad de un sentido y de una significación mucho más profundos"[44].

Ya Pío XI en la Encíclica Quadragessimo Anno, indicó que "la Iglesia (...) no puede en modo alguno renunciar al cometido, a ella confiado por Dios, de interponer su autoridad, no ciertamente en materias teóricas, para las cuales no cuenta con los medios adecuados ni es su cometido, sino en todas aquellas que se refieran a la moral. En lo que atañe a estas cosas, el depósito de la verdad, a Nos confiada por Dios, y el gravísimo deber de divulgar, de interpretar y aun de urgir oportuna e inoportunamente toda la ley moral, somete y sujeta a nuestro supremo juicio tanto el orden de las cosas sociales cuanto el de las mismas cosas económicas"[45].

Si nos ceñimos al Magisterio del Concilio Vaticano II, es importante mencionar que este juicio siempre corresponderá a la Jerarquía, es decir, el Papa, Obispos y Conferencias episcopales. La Declaración Apostolicam Actuositatem habla precisamente de Jerarquía eclesiástica: "El oficio de la Jerarquía eclesiástica es enseñar e interpretar auténticamente los principios morales que hay que seguir en los asuntos temporales; tiene también derecho, bien consideradas todas las cosas, y sirviéndose de la ayuda de los peritos, a discernir sobre la conformidad de ta-

---

44 Gaudium et Spes, n. 40.

45 Encíclica Quadragessimo Anno, n. 41.

les obras e instituciones con los principios morales y decidir cuanto se requiere para salvaguardar y promover los bienes del orden sobrenatural"[46].

Tal y como afirma Martín de Agar "la novedad de esta formulación se cela más bien en lo que ya no se dice: no se habla de sociedades perfectas y supremas cada cual en su género, sino de dos instituciones cada una con su propio campo (no orden), ni que obedeciendo esta dualidad a una precisa voluntad divina, Dios mismo habría puesto el género humano bajo el gobierno de ambas, subordinándolas entre sí (sus poderes) en razón de su respectivo origen, naturaleza y fines (sobrenatural, espiritual y eterno la una; natural, terreno y temporal la otra). Ahora el ámbito de referencia no es ya el *mundo* y aún menos la Iglesia entendida como *orbe cristiano* o *christianitas*, dentro de la cual se darían esas relaciones. Parece claro que el ámbito de competencia de la autoridad eclesiástica es la comunidad eclesial (no la política), y el del poder político la sociedad civil (no la eclesial)"[47].

La independencia y autonomía propias de la Iglesia en este modelo de relación, tal y como se indica en la Declaración Dignitatis Humanae, se conciben como el espacio necesario para el cumplimiento de su misión religiosa, un espacio de libertad que no pertenece al Estado sino a la Iglesia: "Entre las cosas que pertenecen al bien de la Iglesia, más aún, al bien de la misma sociedad temporal, y que han de conservarse en todo tiempo y lugar y defenderse contra toda injusticia, es ciertamente importantísimo que la Iglesia disfrute de tanta libertad de acción, cuanta requiera el cuidado de la salvación de los hombres. Porque se trata de una libertad sagrada, (...) tan propia de la Iglesia, que quienes la impugnan, obran contra

---

46 Declaración Apostolicam Actuositatem, n. 24.

47 MARTÍN DE AGAR, J.T, cit. p. 50.

la voluntad de Dios. La libertad de la Iglesia es un principio fundamental en las relaciones entre la Iglesia y los poderes públicos y todo el orden civil.

La Iglesia reivindica para sí la libertad en la sociedad humana y delante de cualquier autoridad pública, puesto que es una autoridad espiritual, constituida por Cristo Señor, a la que por divino mandato incumbe el deber de ir por todo el mundo y de predicar el Evangelio a toda criatura. Igualmente reivindica la Iglesia para sí la libertad, en cuanto es una sociedad de hombres, que tienen derecho a vivir en la sociedad civil según las normas de la fe cristiana"[48].

En este marco de libertad, un aspecto esencial que debe ser amparado, garantizado y protegido tanto por Estado como por la Iglesia, es el derecho a la libertad religiosa. Así lo corrobora de nuevo la Declaración Dignitatis Humanae: "donde rige como norma la libertad religiosa, (...) logra la Iglesia la condición estable, de derecho y de hecho, para una necesaria independencia en el cumplimiento de la misión divina, independencia que han reivindicado con la mayor insistencia dentro de la sociedad las autoridades eclesiásticas. Y al mismo tiempo los fieles cristianos, como todos los demás hombres, gozan del derecho civil a que no se les impida vivir según su conciencia. Hay, pues, concordancia entre la libertad de la Iglesia y aquella libertad religiosa que debe reconocerse como un derecho a todos los hombres y comunidades y sancionarse en el ordenamiento jurídico"[49].

Hervada concibe esta libertad como ámbito de autonomía "en cuya virtud el fiel cristiano no puede ser objeto de medidas de coacción por parte de la jerarquía eclesiástica a causa de sus opciones eclesiásticas; a la vez, corresponden a la responsabilidad y

---

[48] Declaración Dignitatis Humanae n.13.

[49] Idem.

a la autonomía personales del cristiano las opciones temporales, respecto de las cuales la jerarquía eclesiástica es incompetente"[50].

Y por parte del Estado, el respeto a la libertad religiosa "es un signo del respeto a los demás derechos humanos fundamentales, porque es el reconocimiento implícito de la existencia de un orden que supera la dimensión política de la existencia, un orden que nace de la esfera de la libre adhesión a una comunidad de salvación anterior al Estado"[51].

4.- CONCLUSIONES

Es un hecho el interés que a lo largo de la Historia ha suscitado el estudio de las relaciones Iglesia-Estado.

Desde los primeros siglos de la Edad Media y como consecuencia de la caída del Imperio Romano, comenzó un proceso en el cual la Iglesia alcanzó una enorme supremacía frente al poder temporal, mediante un sistema denominado Hierocratismo. A partir del siglo XIV esta supremacía se fue debilitando hasta culminar con la crisis que para la Iglesia supuso el Cisma de Occidente y la Reforma Protestante.

La paz de Westfalia, aunque supuso el fin al conflicto provocado por la guerra de los treinta años, provocó la división de Europa, dando lugar a creación de una serie de Estados absolutistas y confesionales. Como consecuencia de ello, los Estados católicos, por considerarse protectores de la Iglesia católica se

---

[50] HERVADA, J, "Elementos para una teoría fundamental de la relación Iglesia-mundo", en AAVV, *Vetera et Nova II, Cuestiones de Derecho Canónico y afines,* (1958-1991), Pamplona, EUNSA, 1991, p. 1122.

[51] JUAN PABLO II, *Discurso del Santo Padre a los miembros del cuerpo diplomático acreditado ante la Santa Sede,* n. 6.

arrogaban el poder de organizarla. Los Estados no católicos, del mismo modo, asumieron un absolutismo que, bajo el principio Cuius regio, eius religio imponían profesar a sus súbditos la religión que considerase el Monarca.

Frente a este Absolutismo, teólogos y juristas católicos de los siglos XVI y XVII, entre ellos, Francisco de Vitoria (1492-1546) y Suárez (1548-1617), defendieron un nuevo modelo de relación Iglesia-Estado basado en un nuevo planteamiento doctrinal: la "Teoría de la potestad indirecta". Esta teoría afirmaba que la Iglesia no tiene jurisdicción directa en los asuntos temporales, pero sí indirecta, en la medida que esos asuntos guarden relación directa con los espirituales que sí son asumidos por el poder eclesiástico.

Dicha teoría ha estado vigente hasta el Concilio Vaticano II que, aunque un sector de la doctrina afirma que sigue "viva", la realidad, es que la "potestad indirecta" que suponía una injerencia real y jurídica en el plano temporal, hoy en día se trata más bien de un juicio moral, propio de la autoridad de la Iglesia y fruto de su misión, sobre el peligro que supone para la dignidad del hombre, las garantías de sus derechos fundamentales o la salvación de las almas, determinados asuntos de carácter temporal, que la Iglesia no sólo no debe mantenerse al margen, sino que debe desde su Magisterio iluminar las conciencias de los hombres.

La realidad actual es, de este modo, la que presenta a la Iglesia y al Estado de modo autónomo e independiente, cada uno en su ámbito de competencia, dado por su naturaleza y misión propias. Ambas están dirigidas por vocación al bien común y el servicio a la sociedad. Cuanto mejor sea el diálogo entre ambos, más sana será su relación de cooperación y con mayor eficacia desempeñarán su misión[52].

---

52 *Gaudium et spes*, n. 76.

Aunque vivimos en un mundo material, la naturaleza del hombre es además espiritual y por ello, tiene vocación trascendente, ante lo cual la Iglesia se erige como autoridad ("moral") responsable de su salvación ante un mundo plural y cambiante, siempre desde la libertad. Una libertad que implica respetar la realidad política existente, al igual que la libertad del hombre para actuar en conciencia sobre asuntos temporales.

De igual modo, la Iglesia puede, con autoridad, emitir juicios morales, también con auténtica libertad, sobre todo cuanto acontece en el mundo, incluso en asuntos de orden político, especialmente cuando sean referidos a los derechos fundamentales de las personas y la salvación de sus almas.

La defensa de los valores morales en nuestra realidad social justifica la libertad en su juicio moral, pero no como planteamiento de potestad indirecta, sino como exigencia ante su misión, respetando la libertad del hombre e impidiendo su sometimiento a la jurisdicción de la Iglesia.

El poder político, como consecuencia de su vocación de servicio, debe respetar las exigencias morales, es decir, respetar y favorecer la dignidad de todo ser humano, ajustándose a lo que le es propio por su naturaleza humana: "El bien común de la sociedad, que es la suma de aquellas condiciones de la vida social mediante las cuales los hombres pueden conseguir con mayor plenitud y facilidad su propia perfección, consiste sobre todo en el respeto de los deberes y derechos de la persona humana"[53].

Por ello, y en virtud de su autoridad, pero sin interferir en la regulación jurídico-política del poder civil, la Iglesia emitirá los juicios morales (en una serie de Documentos como Ense-

---

[53] *Declaración Dignitatis Humanae,* n. 6.

ñanza Social de la Iglesia), que al respecto considere, con la intención de iluminar las conciencias de los hombres, respetando su libertad y responsabilidad política.

Con otras palabras, la Iglesia "no puede ni debe sustituir al Estado. Pero tampoco puede ni debe quedarse al margen en la lucha por la justicia"[54].

Por ello reiteramos, a tenor del modelo de "juicio moral", el mensaje sobre que la Iglesia tiene el derecho y el deber "de enseñar su doctrina sobre la sociedad, ejercer su misión entre los hombres sin traba alguna y dar su juicio moral, incluso sobre materias referentes al orden político, cuando lo exijan los derechos fundamentales de la persona o la salvación de las almas"[55].

"La Iglesia proclama los derechos del hombre y reconoce y estima en mucho el dinamismo de la época actual, que está promoviendo por todas partes tales derechos. Debe, sin embargo, lograrse que este movimiento quede imbuido del espíritu evangélico y garantizado frente a cualquier apariencia de falsa autonomía. Acecha, en efecto, la tentación de juzgar que nuestros derechos personales solamente son salvados en su plenitud cuando nos vemos libres de toda norma divina. Por ese camino, la dignidad humana no se salva; por el contrario, perece"[56].

---

[54] *Encíclica Deus caritas est*, n. 28.

[55] *Gaudium et spes*, n. 76.

[56] Idem, n. 41.

5.- BIBLIOGRAFÍA

BELDA INIESTA, J (2015), "La iurisdictio episcopalis entre el imperio y la christianitas: Aproximación histórico-canónica a la aparición de la potestas sacra", *Ius Romanum,* 2, 2015, 1-27.

BELLINI, P (1970), "Sui caratteri essenziali della "potestate Ecclesiae circa temporalia", *lus canonicum X,* Núm. 1, 209-257.

BENEDICTO XVI (2005), Encíclica Deus Caritas Est, a los obispos a los presbíteros y diáconos a las personas consagradas y a todos los fieles laicos sobre el amor cristiano, «https://www.vatican.va/content/benedict-xvi/es/encyclicals/documents/hf_ben-xvi_enc_20051225_deus-caritas-est.html», (consulta: 23/11/2023).

BOFILL, J, "Autoridad, jerarquía, individuo", *Revista de Filosofía,* 5, Instituto Luis Vives, 1943, 363-375.

DE LA HERA, A, "Posibilidades actuales de la teoría de la potestad indirecta", *Revista Española de Derecho Canónico,* Vol. 19, Núm. 57, 1965, pp. 775-800.

D'ORS, A, *Una introducción al estudio del Derecho,* Rialp, Madrid, 1963.

DURÁN, J.G, "El regalismo borbónico en vísperas de la revolución de mayo. Condicionamientos ideológicos en el episcopado rioplatense (1803–1809)", *Teología: revista de la Facultad de Teología de la Pontificia Universidad Católica Argentina,* Tomo XLIX, Núm. 107, 2012, 9-32.

FAZIO FERNÁNDEZ, M, "Francisco de Vitoria: una secularización more Aristotélico", *Sapientia.* Volumen 52 (202), 1997. En: «https://repositorio.uca.edu.ar/handle/123456789/12874», (consulta: 23/11/2023).

FERNÁNDEZ SUÁREZ, J.R, "La primera actuación del Conde de Gondomar en Inglaterra: la Defensio fidei de Suárez (1613-1614)", *Revista de filología inglesa,* Núm. 5, 1975, 43-68.

FONT, P, "La doctrina de F. Suárez sobre la resistencia y el tiranicidio", *Pensamiento: Revista de investigación e Información filosófica,* Vol. 69, Núm. 260, 2013, 493-521.

GONZÁLEZ DEL VALLE, J.M, "La autonomía en lo temporal. Delimitación de su dimensión institucional y personal", *lus Canonicum,* Vol. 12, Núm. 24, 1972, 13-37.

GUTIÉRREZ, J.L, "La Iglesia ante el orden temporal. Textos del Concilio Vaticano II", en *Las relaciones entre la Iglesia y el Estado. Estudios en memoria del profesor Pedro Lombardía,* Madrid, 1989.

HERVADA, J, "Elementos para una teoría fundamental de la relación Iglesia-mundo", *Vetera et Nova II, Cuestiones de Derecho Canónico y afines, (1958-1991),* Pamplona, EUNSA, 2005, 427-453.

JUAN XXIII, Encíclica Pacem in Terris, (1963), «https://www.vatican.va/content/john-xxiii/es/encyclicals/documents/hf_j-xxiii_enc_11041963_pacem.html », (consulta: 23/11/2013).

JUAN PABLO II, Discurso del Santo Padre a los miembros del cuerpo diplomático acreditado ante la Santa Sede, (1989), «https://www.vatican.va/content/john-paul-ii/es/speeches/1989/january/documents/hf_jp-ii_spe_19890109_corpo-diplomatico.html», (consulta: 23/11/2023).

JURI, Y.E, "Poder político, tiranía y bien común en Francisco Suárez, Diferencias y semejanzas con el origen del concepto de soberanía en Jean Bodin", *Isonomía: Revista de teoría y filosofía del derecho,* Núm. 50, 2019, 116-133.

LASANTA, P.J, *La Iglesia frente a las realidades temporales: el juicio moral,* (Colección Canónica), EUNSA, Pamplona, 1992.

LEÓN XIII, Immortale Dei, (1885), «https://www.vatican.va/content/leo-xiii/es/encyclicals/documents/hf_l-xiii_enc_01111885_immortale-dei.html», (consulta: 23/11/2023).

LOMBARDÍA, P, *Derecho Eclesiástico del Estado español,* EUNSA, Pamplona, 1980.

-:, "Síntesis histórica, Reseña histórica de las relaciones entre poder temporal y poder espiritual", en AAVV, *Derecho Eclesiástico del Estado Español,* EUNSA, Pamplona, 1980, 39-147.

-:, "El Derecho Público eclesiástico según el Vaticano II", *Escritos de Derecho Canónico,* Vol. V, EUNSA, 1991, 351-431.

-:, *Lecciones de Derecho Canónico,* Madrid, Tecnos, 1991.

MARTÍN DE AGAR, J.T, "Derecho y relaciones Iglesia-sociedad civil", *Ius Ecclesiae,* Vol.XXXII, Núm. 1, 2020, 17-68.

MARTÍNEZ TAPIA, R, "La "Relectio in cap. Novit de iudiciis" de M. de Azpilcueta y la doctrina de la "potestad indirecta", *Estudios Eclesiásticos, Revista de investigación e información teológica y canónica,* Núm. 71, 1996, 397-423.

MOYA, R (1960), "Naturaleza de la potestad de la Iglesia en materia temporal", *Angelicum,* 53-69.

ORREGO S, C, "La encíclica Evangelium Vitae, acto magisterial y jurídico-político. La Jerarquía católica posee potestad jurídico-política sobre cuestiones temporales", *Evangelium Vitae e Diritto, Acta Symposii Internationalis in Civitate Vaticana, Librería Editrice Vaticana, Cittá del Vaticano,* 1997, 569-598.

OSUNA, A, "El poder temporal de la Iglesia, de Vitoria a Suárez", *Cuadernos Salmantinos de Filosofía,* Vol. 7, 1980, 81-106.

PABLO VI, Decreto Ad Gentes, sobre la actividad misionera de la iglesia, (1965), «https://www.vatican.va/archive/hist_councils/ii_vatican_council/documents/vat-ii_decree_19651207_ad-gentes_sp.html», (consulta: 23/11/2023).

-:, Constitución *Gaudium et Spes,* sobre la Iglesia en el mundo actual, (1965), «https://www.vatican.va/archive/hist_councils/ii_vatican_council/documents/vat-ii_const_19651207_gaudium-et-spes_sp.html», (consulta: 23/11/2023).

-: Decreto Apostolicam Actuositatem, sobre el Apostolado de los laicos, (1965), «https://www.vatican.va/archive/hist_councils/ii_vatican_council/documents/vat-ii_decree_19651118_apostolicam-actuositatem_sp.html», (consulta: 23/11/2023).

-: Declaración Dignitatis Humanae, (1965), «https://www.vatican.va/archive/hist_councils/ii_vatican_council/documents/vat-ii_decl_19651207_dignitatis-humanae_sp.html», (consulta: 23/11/2023).

PEREÑA VICENTE, L, *"Francisco Suárez. De iuramento fidelitatis",* Estudio preliminar: conciencia y política, Consejo Superior de Investigaciones Científicas, Madrid, 1979.

PÍO XI, Encíclica Quadragessimo Anno, sobre la restauración del orden social en perfecta conformidad con la ley evangélica, (1931), «https://www.vatican.va/content/pius-xi/es/encyclicals/documents/hf_p-xi_enc_19310515_quadragesimo-anno.html», (consulta: 23/11/2023).

REINA, V, "Los términos de la polémica Sacerdocio-Reino", *Ius Canonicum,* Vol. 6, Núm. 1, 1966, 153-199.

-:, "La teoría de la "potestas indirecta": precisiones", *lus Canonicum,* Vol. VII, Núm. 13, 1967, 107-118.

RETAMAL, F, "El ejercicio del poder en la iglesia", *Teología y Vida,* Vol. XLV, 2004, 318-352.

SAN VÍCTOR, H, *De Sacramentis christianae fidei,* Migne L, CCXVII, (1096-1141).

SÁNCHEZ DE LAMADRID, R, *El Derecho público de la Iglesia Católica,* Granada, 1940.

SARALEGUI, M, "La conciliación de lo político y lo religioso. Suarez y Hobbes sobre la potestad indirecta", *Anuario Filosófico,* Vol. 50, Núm. 2, 2017, 297-321.

STARCK, C, "Raíces históricas de la libertad religiosa moderna", *Revista Española de Derecho Constitucional,* Año 16, Núm. 47, 1996. 9-27.

SUÁREZ, F, *Defensio Fidei,* Instituto de Estudios Políticos, Madrid, 1970.

SOTILLO, L.R, "Algunas notas sobre la denominación, origen. naturaleza y existencia real de la Potestad indirecta de la Iglesia", *Miscelánea Comillas: Revista de Ciencias Humanas y Sociales,* Vol. 9, Núm. 16, 1951, 33-54.

ZEROLO DURÁN, ARMANDO (2010): "La ley natural en Suárez. El estaticidio o el anacronismo de la tiranía", en AAVV, *En la frontera de la modernidad. Francisco Suárez y la ley natural,* CEU Ediciones, Madrid, pp. 139-151.

Capítulo tercero

La cuestion tributaria en el marco de la escolástica. Proyección en las doctrinas de ayer y de hoy[1]

CECILIA FONT DE VILLANUEVA
Profesora adjunta de Historia Económica
Universidad Francisco de Vitoria

SUMARIO: 1. Introducción. 2. Doctrina Escolástica. 3. Consideraciones finales. 4. Bibliografía.

1 Este trabajo ha sido elaborado en el marco del Proyecto de investigación "Salvación, política y economía. El comercio de ideas entre España y Gran Bretaña en los siglos XVII y XVIII" (Programa de generación de conocimiento 2021, referencia: PID2021-122994NB-I00), financiado por el Ministerio de Ciencia e Innovación, la Agencia Española de Investigación (AEI) y el Fondo Europeo de Desarrollo Regional (FEDER)"

1. INTRODUCCIÓN

Los autores escolásticos pertenecientes a la denominada Escuela de Salamanca[2] desarrollaron un completo núcleo teórico que dio respuesta a los principales interrogantes que la cuestión económica planteó cuando, tras el descubrimiento de América, se produjo un considerable aumento en la actividad económica[3].

Todos los autores de la Escuela de Salamanca trataron los asuntos económicos a la luz de la justicia, tomando como punto de partida los escritos de Santo Tomás de Aquino por lo que la influencia de Aristóteles es también muy notable. Siguiendo las enseñanzas de Francisco de Vitoria, demostraron una gran preocupación por la cuestión de la justicia al considerar que, a través de ella, se logra el bien común de la sociedad.

Dentro de la justicia distinguieron la justicia general o legal de la particular y dentro de esta última diferenciaron dos especies, la distributiva y la conmutativa.

Según Aquino, la justicia general se deriva de la naturaleza social del hombre mientras que la justicia particular ordena la actividad del hombre, y tiene una doble vertiente, por una parte, las relaciones que tienen lugar entre el hombre y la comunidad y por otro las que se dan entre una persona privada y

---

2 La Escuela de Salamanca ha sido objeto de numerosos y muy variados estudios a lo largo de la historia. Una síntesis muy completa de la bibliografía sobre este particular puede consultarse en Cendejas Bueno (2020). Además, mencionamos como obras de referencia Pena González (2008) y Barrientos (2011) entre otras.

3 La bibliografía sobre este capítulo de la historia es muy amplia. Para una mejor comprensión de la situación económica que se generó tras el descubrimiento de América consultar Hamilton (1934 y 1947), Nadal (1959), Munro (2003), Motomura (1994), Font (2005), García de Paso (2000 y 2003) y Cendejas y Font (2015) entre otros.

otra. Estas dos especies de justicia particular son denominadas justicia distributiva y conmutativa respectivamente[4].

Entre los asuntos económicos que requirieron la atención de los doctores destaca la cuestión fiscal que fue objeto de numerosos análisis. La cuestión tributaria hace referencia al reparto de los bienes comunes por tanto corresponde al ámbito de la justicia distributiva y como tal fue considerada.

Vitoria observó, de la misma manera que antes lo habían hecho Santo Tomás y Aristóteles y como luego lo harían Soto, Molina y Mariana, que la responsabilidad de administrar la justicia distributiva residía en el Príncipe. A él le correspondía la responsabilidad de repartir los bienes públicos conforme al principio general de dar a cada uno lo suyo.

A lo largo de estas páginas pretendemos mostrar la influencia que estas aportaciones tuvieron en su momento y como aún hoy son consideradas de actualidad. Para ello, tras una breve descripción de la doctrina escolástica sobre este particular, mostraremos su influencia inmediata a través del estudio de un interesante memorial del Marqués de Varinas en el que se refiere a los impuestos como una de las principales causas de los males que atraviesa la Corona y muestra la responsabilidad que el rey tiene en esta materia. Finalizaremos el estudio con una breve referencia a la actualidad de estas ideas.

2. DOCTRINA ESCOLÁSTICA

Como se ha mencionado en la introducción, los maestros salmantinos se preocuparon de las cuestiones tributarias en la medida en que plantearon problemas relacionados con la justi-

---

4 Santo Tomás de Aquino. *Summa Theologica,* 2.2. q. 61, a. 7.

cia. Su principal aportación sobre esta cuestión, como puso de manifiesto Gorosquieta (1972), consiste en la articulación de una doctrina coherente que ponía de manifiesto los principios generales que se debían seguir al establecer un impuesto para que este pudiera ser considerado equitativo.

Entre los diversos autores[5] que trataron cuestiones fiscales destacó Pedro Ledesma. Sus aportaciones a este respecto están recogidas en su *Suma de Moral*, publicada en 1598, donde, de acuerdo con las consideraciones realizadas por Francisco de Vitoria en los *Comentarios a la secunda secundae de Santo Tomás*, estableció los principios que debían observarse para que los impuestos pudieran ser considerados justos conforme a la justicia distributiva:

1. En primer lugar Ledesma consideró como el tributo debía ser impuesto por una autoridad que se considerara legítima y tuviera capacidad para establecerlos. Entre las autoridades legítimas para este particular Ledesma reconoció al Papa, al Concilio, al Emperador, al Rey y a las autoridades de las Repúblicas y a los señores que no tuvieran superior en lo temporal.

2. En segundo lugar contempló que la causa final para la que se imponía el tributo debía ser justa y estar orientada hacia la consecución del bien y la utilidad del República. Por causa justa se entendía toda aquella que estuviera orientada hacia el Bien Común, de manera que los impuestos no podían ser impuestos para satisfacer necesidades particulares del rey o la corona.[6]

---

5 Martín de Azpilcueta, Domingo de Soto y Juan de Mariana, entre otros, se refirieron a cuestiones relacionadas con el asunto tributario.

6 Esta cuestión de los intereses reales a la hora de filar los impuestos será ampliamente tratada por Juan de Mariana al respecto de las manipulaciones monetarias llevadas a cabo durante el reinado de Felipe III que

3. En tercer lugar debía tenerse en cuenta que la cuantía de los tributos debía mantener una proporción que fuera conforme con su causa final y además asegurar que el destino de lo recaudado fuera el adecuado. Lo recolectado debía gastarse en aquellas cosas por las que se impuso.
4. Además el tributo debía imponerse sobre una materia que fuera justa y decente.
5. Por último estableció que debía guardarse una proporción adecuada en el poder de los tributos atendiendo a las circunstancias concretas que atravesaran los vasallos y la situación de su capacidad de pago, la cual debía tenerse en cuenta no sólo por el bien de las personas concretas sino en la medida en que este bien particular afectaba al bien de la nación.

Ledesma también observó como el Rey y las autoridades competentes tenían también capacidad para imponer exenciones. Los autores escolásticos consideraron la exención de nobles y clérigos en el pago de determinados impuestos con causa justificada, pero no incluyeron esta exención entre los principios generales del impuesto.

En definitiva, la doctrina escolástica consideraba que la justicia distributiva obligaba a la autoridad la responsabilidad de llevar a cabo la distribución. En este sentido Martín de Azpilcueta afirmó en 1554, en su *Comentario Resolutorio de Cambios,* que los gobernantes atentaban contra ella cuando cobraban impuestos injustos. Si se daba esta situación el gobernante tenía la obligación de restituir a los perjudicados lo que hubiera sido recaudado injustamente. Especialmente relevante resulta también el punto quinto en lo que hace referencia a la pro-

---

el jesuita de Talavera de la Reina trató en profundidad en su escrito *De monetate mutatione* publicado en Colonia en 1609. (Font 2022 y 2022).

porción del impuesto que debía estar en consonancia con la capacidad real de pago de los vasallos.

A lo largo de todo el siglo XVII la apurada situación que atravesó la Hacienda castellana motivó que la cuestión fiscal adquiriera un protagonismo singular. La cuestión impositiva fue objeto de múltiples análisis que excedieron el ámbito teórico desde el que lo abordaron los maestros salmantinos. Así, al margen de estos escritos académicos, existió también un nutrido volumen de escritos arbitristas referidos a la cuestión fiscal que más allá de cuestiones teóricas se ocuparon de situaciones y circunstancias concretas y específicas del momento que afectaron al particular. Por tanto, podemos considerar que, además de la interesante fuente de información sobre la situación de la época que estos escritos suponen, lo relevante de este grupo es que estos escritos tratan asuntos concretos con innegable influencia escolástica y revelan una clara percepción acerca de lo elevado de la carga impositiva, nivel que atentaba directamente contra la proporción que los principios generales del impuesto establecían.

Los escritos arbitristas[7] suponen por tanto un claro y revelador ejemplo de la influencia que tuvo la doctrina escolástica, que no sólo se transmitió en el circuito académico, sino que transcendió esa frontera y se extendió por los escritos divulgativos. En la literatura arbitrista es muy frecuente encontrar argumentos escolásticos empleados para analizar políticas o situaciones concretas que afectaban a la actividad cotidiana de los ciudadanos.

---

7 El fenómeno del arbitrismo ha sido tratado con profundidad en la literatura. Consultar en la bibliografía Domínguez Ortiz (1960), Vilar Berrogain (1973) Vilar (1974), Gutiérrez Nieto (1988), Alvar Ezquerra (1994 y 1998), García Guerra (2003), Perdices de Blas (1992) o Sánchez Belén (1992) entre otros.

En general los autores arbitristas no criticaron la cuestión fiscal en sí misma: de sus escritos se deduce que todos comprendían y eran conscientes de la necesidad de mantener y financiar a la Real Hacienda y por tanto la necesidad que los vasallos tenían de pagar impuestos. Con lo que no estaban de acuerdo, tal y como se aprecia como tónica general en estos escritos, era con lo elevado de la carga, de ahí la crítica a la presión fiscal que se sintetiza en cuatro aspectos muy concretos que aparecen reiteradamente en la literatura. Estos aspectos hacen referencia a la enorme variedad de impuestos, a su elevado importe, al desigual reparto de la carga y por último a la arbitrariedad en la que a menudo incurría la autoridad fiscal al imponerlos.

Como ejemplo de esta presencia de argumentos escolásticos en los escritos arbitristas del siglo XVII vamos a detenernos en un interesante documento firmado por el Marqués de Varinas que lleva por título: *Manifiesto al Rey para elevar al reino de su estado de miseria*, en el cual podemos identificar, al tratar la cuestión fiscal, clara influencia tanto de la doctrina fiscal de los maestros escolásticos como de la teoría política de Juan de Mariana y por tanto fundamentos vitorianos. Varinas dirigió este manuscrito al Rey Carlos II en julio de 1682, cuando la situación económica que atravesaba el reino no era muy optimista. En este escrito, en el que el autor analiza con detalle la situación económica que atraviesa la nación, nos vamos a detener más concretamente en el análisis que realiza sobre los aspectos relacionados directamente con la cuestión fiscal.

De acuerdo con su título, el escrito del Marqués de Varinas constituye una propuesta para mejorar la situación financiera del Reino que actualmente se encontraba sumido en la miseria. Tras una pormenorizada descripción de la realidad, Varinas desarrolló todo un programa concreto que podría contribuir a aliviar la situación. Su escrito es por tanto un escrito propositivo, que no se limita a describir, sino que, tras llevar a cabo una exhaustiva descripción, propone pormenorizadamente un remedio concreto detallando a la vez el efecto práctico que puede tener si se lleva a cabo.

En el primer párrafo de su escrito Varinas expuso como en el mismo centro de las causas de la miseria que sumían al reino se encontraba con un papel destacado el asunto fiscal. El autor consideraba que la situación que atravesaba la real Hacienda se constituía como una de las principales responsables de la miseria que se padecía. Esta situación se había agravado tan dolorosamente en los últimos años que resultaba difícil reconocer el papel que España desempeñó antaño en el panorama internacional:

> "No hay Príncipe, ni esforzado en toda Europa, a quien no cause admiración el estado, fuerzan imperio que llegó a tener esta monarquía, porque era de quien todos recibían la ley, que la que ayer mirarían envidiosa de su soberanía, hoy la atienden despreciable".[8]

Varinas consideró que esta situación era tremendamente dolorosa para el reino, pero sobre todo y principalmente porque afectaba directamente a los vasallos, que son quienes sufrían más gravemente esta situación y la padecían en primera persona:

> "El mayor escozor de su infelicidad lo padecen sus vasallos, que es donde carga el insoportable peso de las desdichas, así por lo que padecen, como por el dolor de no poder acudir a Vuestra Merced con lo que quisieran".[9]

En su análisis Varinas fue muy claro al atribuir a la presión fiscal un papel muy relevante en este entorno, consideró que la presión de la carga fiscal era tan elevada que no permitía a los vasallos salir de esta situación. Y no sólo cuestionó lo elevado

---

8 DE VARINAS, Manifiesto al Rey para elevar al reino de su estado de miseria, Códice BNM, mss. 1001. 1682 fol. 3

9 *Ibidem*, fol. 4.

de la carga sino la variedad y dispersión de ella y lo que era aún más grave: la desconfianza generalizada en la capacidad del gobierno por remediar esta situación, ya que a lo largo del periodo se habían propuesto muchas soluciones que ni siquiera se habían intentado llevar a cabo:

> "Por estar tan oprimidos de las cargas que abultan tantos tributos como tienen, y aunque en la Corte, y en diferentes tiempos se han propuesto a Vuestra Merced y sus ministros algunos alivios, no se han ejecutado por desgracia o por castigo, apelando solo al recurso que debemos buscar en la misericordia divina, solicitando moverla por las lágrimas que lloran los vasallos con el desconsuelo"[10].

Una vez expuesta la situación general del reino con respecto a la cuestión tributaria el propósito de Varinas era muy práctico y, de acuerdo con el esquema general de los escritos arbitristas que tienen un carácter eminentemente aplicado,[11] dedicó gran parte de su escrito a la exposición de la que el consideraba la mejor de las posibles soluciones.

Podemos considerar interesante y acertado el ofrecimiento del Marqués de Varinas. Como hemos comentado, en frecuentes ocasiones las propuestas de los arbitristas fueron objeto de sátira ya que se proponían remedios absurdos, de ahí la connotación peyorativa que a veces implica su referencia. Otras veces esta burla se producía no por lo absurdo de las proposiciones sino porque las mismas eran simplemente irrealizables por no

---

10 *Ibidem*, fol. 5.

11 La historiografía ha puesto ya de manifiesto el propósito práctico de estos escritos. El esquema generalmente se repite y tras la exposición de un problema los arbitristas proponen una solución. Por este lado suelen venir sus carencias, ya que en muchas ocasiones estas propuestas distan mucho de ser realistas o existir posibilidad de llevarse a cabo.

tenerse en cuenta las circunstancias reales u obviar las capacidades de la Corona para poder llevarlas a buen término.

En el caso que nos ocupa la solución propuesta es interesante por un doble motivo. En primer lugar, nuestro autor no se limitó simplemente a exponer una proposición, sino que desarrolló un detallado y completo plan para implementarla. Para ello expuso minuciosamente los pasos que estimaba necesarios para poner en marcha su idea y además presentó una estimación de los posibles resultados que sobre la presión fiscal resultarían en el caso de que efectivamente se llevase a cabo la medida.

Por otra parte, hay que destacar que la solución propuesta por Varinas revelaba una profunda comprensión tanto del mecanismo de funcionamiento de la actividad económica como del origen de la fuente de los ingresos fiscales y por ello iba directamente al origen de la dificultad. Nuestro autor no se contentó con proponer una solución estándar que pasaría por plantear una mera rebaja en la carga fiscal, que hubiera tenido un efecto transitorio y difícil de mantener. Una rebaja puntual en la carga fiscal podría contribuir a aliviar momentáneamente la presión fiscal de los ciudadanos, pero no atajaría el verdadero origen de la ineficiencia del sistema fiscal que había sido organizado a lo largo de todo el siglo XVII con visión cortoplacista en función de los agobios de la Real Hacienda y no de acuerdo con la capacidad de pago. Varinas, tal y como muestran sus palabras, comprendió a la perfección esta situación:

> "La primera medicina que dispone fácil las dificultades es tener opulencia de medios, y porque hoy está el Real Patrimonio tan necesitado como se sabe, además de tener sobre sí las deudas de más de doscientos millones de ducados, que no deja de ocasionar mucho cuidado su satisfacción".[12]

---

[12] DE VARINAS, *op. cit.* 1682, fol. 6.

El Marqués, de acuerdo con este análisis, propuso emprender un remedio profundo que tuviera efectos duraderos. Consideró que para aliviar la excesiva presión fiscal que padecían los súbditos lo más efectivo resultaba actuar directamente sobre el objeto de gravamen en lugar de hacerlo sobre la cuantía del impuesto. Muy gráficamente afirma que la riqueza *por sí sola desvanece todas las contradicciones*[13]

Para ello, para salir de los agobios financieros consideraba necesario fomentar el desarrollo de la actividad económica, tanto la agricultura como las manufacturas, y la capacidad de transporte:

> "Es preciso que se confiese que la mayor opulencia nace de la agricultura y manufactura de los géneros que necesita nuestra humanidad. Y en estas aplicaciones consiste el mayor poder y grandeza de los monarcas, y si a ella se uniese el tráfico de la navegación fija, que es la cadena que eslabona más provincias con otras, será el más esencial medio de ponerse cualquiera en la más elevada riqueza, porque gozan de su utilidad todos los vasallos".[14]

Por esta vía considera Varinas que aumentarían las rentas de los ciudadanos y la carga fiscal resultaría proporcionalmente menos gravosa sin necesidad de aplicar rebajas en los impuestos. Incluso en el medio plazo el desarrollo de la actividad económica supondría un incremento sustancial en la recaudación por el aumento de recaudación por los impuestos proporcionales. Es además destacable la preocupación del Marqués por los vasallos al observar cómo mejorarían su situación al aumentar la riqueza.

En la práctica el proyecto consistía en crear una compañía comercial, similar a las existentes en Holanda y Gran Bretaña

---

13 *Ibidem*, fol. 7.

14 *Ibidem*, fol. 8.

en esa época, que contribuyera a fortalecer tanto el desarrollo de la actividad económica como el transporte de mercancías:

> "La senda más segura de encontrarle es y será imitar el ejemplo que nos da Francia, Inglaterra, Holanda y otras naciones pues por el gozan óptimas conveniencias, porque sean del más seguro para ellas, por haberse hecho dueños del comercio, y para serlo Vuestra Merced con más ventajas y firme permanencia que otro alguno, debe Vuestra Merced formar en sus reinos una Compañía Real, que por medio de ella se restituirá a la mayor exaltación"[15]

Varinas es un autor concienzudo, a lo largo de su escrito detalló detenidamente como debería ponerse en marcha la compañía especificando detalles concretos, pero también es realista y enumeró todas las posibles dificultades que podría entrañar su propuesta tanto en el aspecto práctico como en el financiero.

Para demostrar la viabilidad de su plan el Marqués remató su propuesta resolviendo todas las dificultades que pudieran objetarse y mostrando, a través del cálculo de los beneficios que de implementarse podrían obtenerse, la rentabilidad de la misma.

3. CONSIDERACIONES FINALES

Como conclusión del análisis que hemos llevado a cabo podemos afirmar que la propuesta de Varinas resulta interesante y completa. Sus argumentos no se limitaron a proponer una rebaja en la carga de la presión fiscal, sino que revelaron una sólida comprensión del sistema económico que le lleva a la defensa de la necesidad de impulsar un fortalecimiento de la actividad económica con el objeto de financiar el gasto público y poder superar los reiterados agobios fiscales de la Corona.

---

15 *Ibidem*, fol. 9

De acuerdo con Perdices de Blas[16] es de destacar el hecho de que los arbitristas fueran capaces de establecer adecuadamente la relación entre impuestos y dinamismo económico poniendo de manifiesto la necesidad del fomento de la actividad económica del Reino para su correcta financiación. Varinas pertenece al grupo de autores que, de acuerdo con las tesis de Martínez de la Mata, sostuvieron que, si existían problemas de recursos fiscales, era porque el país era pobre.

Del escrito de Varinas, además del análisis de la excesiva carga fiscal o la proposición de creación de una compañía comercial, aspectos ambos muy relevantes pero que con algunos matices están también presentes en otros memoriales del periodo, es necesario resaltar la concepción que Varinas tuvo del papel que el rey desempeñaba en esta cuestión. Tal y como hemos visto a lo largo del estudio, Varinas, en sintonía con las ideas políticas de Mariana, atribuyó al Monarca un papel esencial en el diseño de la política económica. Ambos autores consideraron que la misma debía orientarse hacia la búsqueda del remedio a los males de los vasallos, situando los intereses de estos por encima de los beneficios concretos de la nación.

En este contexto Vitoria había considerado que el fin de la sociedad política debía estar ordenado a la consecución de una felicidad terrenal y había manifestado como era responsabilidad de la autoridad política guiar a los hombres hacia ella, teniendo en cuenta que, dentro de la República, en la tierra, sólo se podía alcanzar la felicidad natural o inmanente.

Siguiendo la línea vitoriana que Mariana ya había empleado, en el escrito de Varinas también encontramos referencias explícitas al interés de los vasallos, cuestión que en otros me-

---

16 PERDICES DE BLAS L. "La economía política de la decadencia de Castilla en el siglo XVII". *Síntesis, Madrid.* 1996.

moriales quedaba desdibujada pareciendo anteponerse los intereses de la nación a los de los vasallos, ciudadanos según la teoría política de Mariana, quedando patente como el interés general debía velar ante todo por el bien de los súbditos.

En definitiva, nos encontramos ante un memorial de gran interés en el que podemos identificar fundamentos escolásticos no sólo en torno a la cuestión impositiva, sino que además incluye claras y acertadas referencias a la teoría política escolástica de Juan de Mariana.

Terminamos estas líneas comentando la actualidad de estas ideas. Si atendemos al panorama actual podemos identificar claramente como todas estas cuestiones fiscales son de rabiosa actualidad, actualmente se habla tanto de la elevada variedad de impuestos existente como de lo excesivo de la presión fiscal o del desigual reparto de la carga y la arbitrariedad de la autoridad fiscal al imponerlos.

Y en los problemas van las soluciones que tampoco son nada nuevo y deben ir en la línea de las propuestas realizadas en la época moderna.

Así tal vez algunos problemas fiscales pudieran solucionarse hoy en día si los gobiernos atendieran a estos principios básicos esbozados por los autores escolásticos y diseñaran sus sistemas fiscales atendiendo a los cinco principios generales de impuesto buscando en su diseño el interés de las personas por encima de intereses políticos particulares, y con ello contribuiríamos a hacer posible esa felicidad terrena de la república que puede ser un paso para conseguir la felicidad definitiva.

4. BIBLIOGRAFÍA

ALVAR EZQUERRA, A. "Dar ideas, informar y conocer para el rey: el arbitrismo en tiempos de Felipe II. Torre de los Lujanes", *Boletín de la Real Sociedad Económica Matritense de Amigos del País,* (35), 1998, 87-108.

-:., "Arbitrismo y nobleza. Torre de los Lujanes", *Boletín de la Real Sociedad Económica Matritense de Amigos del País,* (28), 1994, 89-118.

BARRIENTOS, J. Repertorio de moral económica (1536–1670). La Escuela de Salamanca y su proyección. Pamplona: Eunsa. 2011

CENDEJAS, J. L. "Síntesis bibliográfica del pensamiento económico de la escolástica española". *Revista Fe y Libertad,* (3),2020, 331-358.

CENDEJAS, J. L. y FONT, C. "Convergence of inflation with a common cycle: estimating and modelling Spanish historical inflation from the 16th to the 18th centuries". *Empirical Economics,* v. 48, n. 4, 2015, pp. 1643-1665

DE AQUINO, T. *Summa Theologica*

DE VARINAS, Manifiesto al Rey para elevar al reino de su estado de miseria, Códice BNM, mss. 1001. 1682

DOMÍNGUEZ ORTIZ, A. *Política y hacienda de Felipe IV (Vol. 1).* Editorial de derecho financiero. 1960.

FONT VILLANUEVA, C. "El poder del soberano para manipular el dinero: Juan de Mariana y John Locke". En *Anales del seminario de historia de la filosofía,* Vol. 39, No. 2, 2022a, pp. 523-535.

-:. "Monetary Alterations in the Sixteenth and Seventeenth Centuries in Castile and England: Juan de Mariana and John Locke". En *Projections of Spanish Jesuit Scholasticism on British Thought.: New Horizons in Politics, Law and Rights. Brill.*2022B. pp. 291-313.

-:. "Política monetaria y política fiscal en Castilla en el siglo XVII: un siglo de inestabilidades". *Revista de Historia Economica-Journal of Iberian and Latin American Economic History* 23, S1. 2005. 329-347.

GARCIA GUERRA, E. M. *Moneda y arbitrios: consideraciones del siglo XVII (Vol. 56).* Editorial CSIC-CSIC Press. 2003

GARCIA PASO, J.I. "La estabilización monetaria en Castilla bajo Carlos II," *Revista de Historia Economica-Journal of Iberian and Latin American Economic History* 18.1. 2000. Pp. 49-77.

-: "La política monetaria castellana de los siglos XVI y XVII," in *La moneda en Europa: de Carlos V al euro,* ed. M. Valera y J.J. Durán, Madrid, Pirámide 2003.101-136.

GOROSQUIETA REYES, J. "El sistema de ideas tributarias de los teólogos y moralistas principales de la Escuela de Salamanca: siglos XVI y XVII". *Hacienda Pública Española/Review of Public Economics*, (17),1972, 131-150.

GUTIERREZ NIETO, J. I. *El pensamiento económico, político y social de los arbitristas. En El siglo del Quijote (1580-1680)* 1993, Espasa Calpe. pp. 331-465.

HAMILTON, E.J., *War and Prices in Spain, 1651-1800.* Vol. 81. Cambridge, Harvard Univ, 1947.

-:. *American Treasure and the Price Revolution in Spain, 1501- 1650.* Nueva York: Octagon Books. 1934.

MOTOMURA, A. "The best and worst of currencies: seigniorage and currency policy in Spain, 1597–1650," *The Journal of Economic History 54* no. 1, 1994, 104-127.

MUNRO, J. H. *The Monetary Origins of the 'Price Revolution': South German Silver Mining, Merchant Banking, and Venetian Commerce, 1470–1540.* 2003.

NADAL, J. "La revolución de los precios españoles en el siglo XVI", *Hispania,* XIX, n. 76. 1959. 503-29.

PENA GONZÁLEZ, M. A. "Aproximación bibliográfica a la(s) "Escuela(s) de Salamanca". *Salamanca: Universidad Pontificia de Salamanca.*2008

PERDICES DE BLAS L. "El florecimiento de la Economía Aplicada en España: arbitristas y proyectistas (siglos XVI, XVII y XVIII)" (No. 92-04). *Universidad Complutense de Madrid, Facultad de Ciencias Económicas y Empresariales.*1992

-: "La economía política de la decadencia de Castilla en el siglo XVII". *Síntesis, Madrid.* 1996

SÁNCHEZ BELÉN, J. A. "Arbitrismo y reforma monetaria en tiempos de Carlos II". *Espacio, tiempo y forma. Serie IV, Historia moderna,* (5), 1992. 135-176.

VILAR BERROGAIN J. "Literatura y economía: la figura satírica del arbitrista en el Siglo de Oro". *Revista de Occidente.* (Vol. 48). 1973.

VILAR, P. Oro y moneda en la historia [1450-1920] (No. 330.09 V5).1974.

Capítulo cuarto

Origen del pensamiento económico en materia de política fiscal y tributaria

MARÍA GOENECHEA DOMÍNGUEZ
Profesora de Dirección Financiera
Universidad Francisco de Vitoria

En el presente estudio se pretende analizar de dónde surgen los principios en los que se debe basar la fiscalidad moderna según la doctrina. Para ello se ha buceado en el pensamiento de los autores de la Escuela de Salamanca, así como en otras fuentes doctrinales históricas.

1. IDEAS BÁSICAS SOBRE EL PENSAMIENTO DE LOS AUTORES DE LA ESCUELA DE SALAMANCA

Como es bien sabido por todos, el legado del pensamiento de los autores que formaban parte de la Escuela de Salamanca ha llegado hasta nuestros días aportando ideas tanto en el ámbito jurídico como en el económico. Tanto es así que se considera que son la base del pensamiento económico actual.

No obstante, hay que recordar que el objetivo de los autores de la Escuela de Salamanca se centraba en la salvación de las almas y la misma se buscaba a través del comportamiento moral; por eso, los autores de la Escuela de Salamanca analizaban los temas jurídicos y económicos siempre buscando la manera justa y moral de actuar.

Ellos analizaban los temas candentes del momento desde el punto de vista de la moral o de la ética, dando lugar a planteamientos teóricos y prácticos que han llegado hasta nuestros días. Así, se analizaba la subida de precios provocada por la entrada de metales preciosos desde el Nuevo Mundo recién descubierto, los tipos de cambios entre monedas de diferentes países, los intereses pagados por préstamos, la justificación de los impuestos, el precio justo, el precio de bienes de primera necesidad, los monopolios controlados por el estado y temas similares. Basándose en esos temas, se analizaban cómo funcionar en conciencia, fundamentalmente sobre la base de la Suma Teológica, y como consecuencia de dichos planteamientos, surgieron una serie de principios económicos.

De hecho, a principios del siglo XX surgieron autores norteamericanos entre los que destacan el profesor James Brown Scott de la Universidad de Columbia que resaltaron la importancia del pensamiento de Francisco de Vitoria y sus discípulos como el nacimiento del Derecho Internacional actual. A mediados del siglo XX se amplió esa idea al campo de la economía. Así, se extendió la hipótesis de cuánto había aportado el pensamiento de los autores de la Escuela de Salamanca en las teorías económicas después desarrolladas por Adam Smith y otros autores del liberalismo económico. En este sentido se pronunciaron Schumpeter (2006) and Marjorie Grice-Hutchinson (1983)

En esta línea es lo que ocurría en materia fiscal donde ninguno de los autores pretendía hacer un estudio específico sobre estos temas, sino que eran otros sus objetivos al tratar sobre los impuestos. En realidad, el fin era dar consejos a fieles y confesores sobre ciertas conductas y al analizar las mismas, realizaron valiosísimas aportaciones al mundo sobre este tema.

2. PRINCIPIOS BÁSICOS QUE DEBEN INSPIRAR LOS SISTEMAS TRIBUTARIOS EN EL PENSAMIENTO DE LOS AUTORES DE LA ESCUELA DE SALAMANCA

En base a lo anterior, de cara a analizar el origen de los principios que deben inspirar los sistemas fiscales modernos, se ha pretendido indagar en primer lugar en las teorías de dichos autores de la denominada Escuela de Salamanca para determinar cómo, según ellos, debería ser la fiscalidad desde un punto de vista de la justicia y de la moralidad.

Antes que nada, es importante recordar que, con independencia de la discusión sobre si la Escuela de Salamanca es realmente una escuela económica, hay unas ideas centrales, aunque algunos autores puedan no compartirlos.

En concreto, el autor Francisco Suárez escribió sobre tributación en su tratado *De Legibus* en 1612 donde recogía una serie de capítulos dedicados a la moralidad de la fiscalidad. En concreto, los capítulos 13 a 18 del libro V.

Dicho autor en sus escritos siguió la práctica de su antecesor, Francisco Suarez, de realizar comentarios a la *Summa Theologiae* escrita por Santo Tomás de Aquino en el siglo XIII. Al tratar las secciones de la segunda parte sobre justicia, dichos autores enlazaban con temas de precios, tipos de cambio, usura y tributación.

Los capítulos dedicados a la justicia en la Suma Teológica eran directamente aplicables a temas como la restitución, la acepción de personas, el hurto y el robo, la propiedad y la posesión, la compra y la venta, la usura. Suarez analiza dichos temas desde la perspectiva de la justicia distributiva la cual afecta a las relaciones económicas de forma distinta dependiendo si las reglas que son de aplicación ponen el foco en el individuo o en la comunidad. En este sentido, el tema de la fiscalidad está directamente enfocado en hacer prevalecer las reglas de la comunidad.

Ya anteriormente Francisco Suarez había revolucionado el estudio de la Suma Teológica en sus clases ofreciendo una sistematización y orden específico. Aunque su trabajo no fue nunca publicado, se ha tenido noticias del mismo a través de los apuntes tomados de sus lecciones.

La forma de explicar la doctrina de Santo Tomas posteriormente cambió con el autor Domingo de Soto cuando dejó de escribir comentarios sobre la Suma para inaugurar un nuevo tratado sobre la Justicia y la Lay publicado en 1553. En dicho escrito realiza importantes reflexiones sobre la recaudación de impuestos entre temas relacionados con la justicia distributiva tales como el dominio, la propiedad, la división de la propiedad, la transmisión de la misma, la restitución en determinadas circunstancias, etc.

Más tarde fue cuando Francisco Suarez publicó su tratado *De Legibus* donde analiza la cuestión de la ley en general, y hace una aproximación a la fiscalidad.

Uno de los primeros estudios sobre las ideas tributarias de los autores de la Escuela de salamanca se realizó por el profesor Javier Gorosquieta en los años setenta del siglo XX. En dicho trabajo se realiza una visión general sobre el pensamiento económico de la Escolástica de Salamanca y específicamente sobre la problemática fiscal.

En el análisis que hace Hernández Fradejas (2017) sobre el pensamiento de Francisco Suárez lo considera como defensor de la monarquía absoluta en vigor en el momento en la medida en que considera que el mismo se separa de la corriente de pensamiento del resto de autores del momento que defienden el control de los impuestos por parte del parlamento.

Esta idea es matizada por Amezúa (2017) cuando establece que, aunque Suárez reconoce la soberanía para la implantación de los impuestos, en la medida en que, según él, los mismos debían ser justos, morales y proporcionales, se alejaba de los principios del absolutismo.

En cualquier caso, cabe destacar, tal y como establece Lacano (2013), a Francisco Suárez como pionero en ideas sobre política Fiscal.

Las ideas fundamentales de Francisco Suárez analizadas en su tratado *De Legibus* en materia fiscal tratan fundamentalmente sobre los siguientes aspectos:

A. Si las leyes sobre imposición fiscal son criminales (capítulo 13)

B. Requisitos para que la norma fiscal sea considerada justa (capítulo 14)

C. Razonabilidad y necesidad de que haya una causa para la imposición fiscal por razones de justicia (capítulo 15)

D. Forma y manera que tienen que ser observadas en leyes fiscales (capítulo 16)

E. Si hay otras condiciones requeridas para que la norma fiscal sea justa (capítulo 17)

F. Si la ley fiscal es obligatoria en conciencia incluso si el pago no es demandado (capítulo 18)

Además de Francisco Suárez, otros autores de la Escuela de Salamanca, analizan también los temas fiscales. En concreto, No sólo Francisco de Vitoria y Domingo de Soto como ya hemos dicho anteriormente, sino también Bartolomé de las Casas, Martín de Azpilcueta, Fernando Vázquez de Menchaca, Diego de Covarrubias, Juan Blas Navarro, Luis de Molina, Juan de Mariana, Pedro de Aragón, Pedro de Valencia y Juan de Lugo. Todos estos autores, aunque no hicieron un estudio específico de los temas fiscales puesto que eran otros sus objetivos, hicieron valiosas aportaciones sobre los sistemas fiscales y tributarios que han llegado hasta nuestros días.

De estas aportaciones, según de Blas y López (2011), las ideas fundamentales lanzadas por dichos autores sobre esta materia podrían resumirse en los siguientes puntos:

1°) Parte de la consideración general por todos del hombre como ser social que necesita un poder público para organizarlo en torno al bien común, el cual es otorgado por el pueblo.

A este respecto hay diferencias entre autores que consideran que el poder civil proviene del derecho natural como Francisco de Vitoria, Pedro de Aragón, Diego de Covarrubias y Francisco Suárez; y otros que no lo consideran, como Fernando Vázquez de Menchaca. Algunos autores como Juan de Mariana, Fernando Vázquez de Menchaca o Pedro Aragón consideran que se puede cesar por el pueblo en caso de tiranía.

También hay diferencias de opiniones entre los autores sobre la capacidad de expropiar bienes privado puestario.

2°) Otra idea fundamental es la obligación en conciencia al pago de impuestos si estos son justos. Dicha idea es defendida tanto por Francisco de Vitoria como por la opinión generalizada de los autores. De hecho, Francisco de Vitoria considera que no cumplir con la obligación de pago podría constituir pecado mortal. En el mismo sentido se pronuncian Juan Blas Navarro y Diego de Covarrubias y pensar que dicha obligación es en conciencia también lo establecen Domingo de Soto, Martín de Azpilcueta, Luis de Molina, Pedro de Valencia, Francisco Suárez y Juan de Lugo. Basándola en el Derecho Natural lo establecen Luis de Molina y Francisco Suárez. Por esto, no impide que se pueda imponer una pena si no se cumple tal y como establecen Diego de Covarrubias y Francisco Suarez.

Si el impuesto no es justo, no había obligación de pagarlo, tal y como establecen Martín Azpilcueta, Diego de Covarrubias y Francisco Suárez; e incluso si se había pagado, se debería devolver lo cobrado. El problema estaría cuando hay dudas sobre su justicia, en cuyo caso, si es fundada, se determina que no hay obligación de pagarlo.

3º) En cuanto a las condiciones que debe cumplir un impuesto para ser justo, se establecen las siguientes consideraciones:

a. Que sea establecido por la autoridad con poder para ello. En este sentido, hay acuerdo en que la autoridad competente será la máxima autoridad en cada territorio y por eso, dependerá de cada territorio, el poder competente establecido en el mismo.

b. Que su fin sea el bien común. A este respecto, se señala que debe basarse en la defensa, la justicia y la búsqueda de la prosperidad.

c. Que sea general y proporcional para que sea justo. A este respecto, se considera general, aunque se establezcan excepciones para la nobleza y para el clero, cuando sean legítimas; y para los pobres en todo caso.

Para la nobleza, se considera legítimo que no pagaban, salvo por negocios, dado que contribuían a la defensa; y para el clero que sólo pagaban cuando realizaba actos mercantiles, dado que contribuían a la salvación de las almas.

Se consideraban proporcional siempre que se adaptase a la capacidad de pago y siempre que los impuestos indirectos no cargasen bienes de primera necesidad.

Una minoría de la doctrina añadía que los impuestos sirviesen para la función distributiva que debía tener el sistema tributario en vigor; que sea consentido por el pueblo y que no se graven indirectamente bienes de primera necesidad familiar y bienes agrícolas

3. IDEAS BÁSICAS DEL PENSAMIENTO DE LOS AUTORES DE LA ESCUELA DE SALAMANCA TRASLADADAS A SISTEMAS TRIBUTARIOS MODERNOS

Estos principios recogidos por los autores de la conocida como Escuela de Salamanca se han trasladado a los sistemas tributarios modernos según Neumark (1994). En concreto, en principio, en cuanto a la suficiencia, generalidad y la capacidad de pago que rigen en la actualidad.

En cuanto a la suficiencia, ya lo establecían los autores de la Escuela de Salamanca cuando recogían que fuera necesario para el sostenimiento del gobierno y de la sociedad. De hecho, Juan de Mariana proponía también como requisito el equilibrio presupuestario y el reducir los gastos públicos al mínimo, para que los tributos fueran los mínimos para cubrir dichos gastos.

En cuanto a la generalidad del sistema tributario o que todos deban contribuir al sostenimiento de las cargas públicas, ya lo establecían Luis de Molina, Pedro de Valencia y Bartolomé de las Casas.

Esta generalidad no implica que no haya excepciones para los pobres, el clero y la nobleza como se ha descrito anteriormente

En cuanto a la capacidad de pago, ya venía establecido por Juan Blas Navarro, Domingo de Soto, Luis de Molina y Francisco Suárez, aunque todos estaban de acuerdo en que no se cumpliría la justicia distributiva si no pagaban más los que más posibilidades económicas tenían. A este respecto, eran conscientes de que no siempre se conseguía con la imposición indirecta.

La función distributiva la recogen expresamente Pedro de Aragón, Juan de Mariana y Pedro de Valencia, aunque mientras Pedro de Aragón se basa en el Derecho Natural como fundamento de esta función, Juan de Mariana se focaliza más en cómo conseguirlo: gravando menos a bienes de primera necesidad e incrementándolo en bienes de lujo. Y por último, Pedro de Valencia insiste en no gravar bienes agrarios por no cargar más a los pobres y matiza que los tributes afecten cuanto menos posible a la producción (recomendando no gravar el vino, aceite y/o la harina) como posteriormente recomendaría Neumark.

También hay coincidencias entre ideas de Neumark en la Escuela de Salamanca en cuanto que el sistema tributario deba favorecer el crecimiento económico y la prosperidad, así como en la continuidad y economicidad del sistema tributario.

Esto es, se establece que el sistema tributario establecido se deba mantener en el tiempo; esto es, que tengan continuidad, si están funcionando correctamente para así dar estabilidad y no estar cambiándose continuamente, sino que haya cierta estabilidad.

En cuanto a la economicidad en la recaudación, también hicieron mucho hincapié los discípulos de Francisco de Vitoria, así como recomendaron que se vigile a encargados de dicha recaudación. En este sentido, vuelve a ser Juan de Mariana uno de los más estrictos.

4. IDEAS BÁSICAS SOBRE PRINCIPIOS QUE DEBEN INSPIRAR LOS SISTEMAS TRIBUTARIOS SEGÚN EL PENSAMIENTO DE OTROS AUTORES RECONOCIDOS

Al margen de los autores de la Escuela de Salamanca, ha habido otros autores que también han trabajado sobre estos temas. En concreto, cabría destacar a Adam Smith que recogió una serie de características o exigencias que debía cumplir un sistema tributario para ser considerado "bueno". Dichas características o exigencias serían: a) Que produzca una recaudación suficiente; b) Que haya equidad en el reparto de la carga; c) Que se minimice el efecto sobre la eficiencia del mercado; d) Que se favorezca la estabilidad y crecimiento del sistema; e) Que sea un sistema justo y comprensible; f) Que haya economicidad en la gestión Tributaria.

En la segunda mitad del siglo XIX otro autor llamado Adolf Wagner expuso nueve principios que debía respetar todo sistema tributario. Dichos principios eran: suficiencia; flexibilidad; selección de las fuentes sobre las que se aplica el impuesto; elección del tipo de tributo; generalidad; equidad; certeza; comodidad y economicidad

Recogiendo y ampliando todos los criterios anteriores, Frizz Newmark publicó en 1970 sus principios de la imposición donde recoge los principios sobre los que debe regir un sistema tributario. En concreto, son cinco: justicia, eficiencia, estabilidad, desarrollo económico, eficacia de la técnica tributaria,

En conclusión, se podrían considerar los pilares de un sistema tributario: suficiencia, generalidad, evitar dirigismo fiscal, congruencia y sistematización

5. CONCLUSIONES

No hace falta exponer la importancia que los sistemas fiscales y tributarios tienen en la economía y en la sociedad, así como en los individuos, no sólo porque se van a ver afectados por el sistema en vigor sino porque van a influir en las decisiones que se tomen. De ahí la importancia de analizar los principios generales que debe iluminar el sistema tributario a aplicar.

Como se ha podido comprobar a lo largo del presente trabajo, la mayor parte de los principios que se consideran fundamentales en los sistemas tributarios modernos han sido ya establecidos por la mayoría de los autores a lo largo de la historia y, en concreto, por los autores de la denominada Escuela de Salamanca.

En base a todo lo anterior, cabe reconocer la gran aportación del pensamiento de los autores de la Escuela de Salamanca en cuanto a los principios que deben iluminar los sistemas tributarios.

De hecho, no sólo debe reconocerse su gran aportación, sino que, una vez más puede considerarse a dichos autores como el origen del pensamiento económico actual también en lo que a materia fiscal se refiere.

6. BIBLIOGRAFÍA CONSULTADA

AMEZÚA, L. C. "La Potestad Tributaria en Francisco Suárez (Francisco Suárez on the Taxing Power)". En *Anales de la cátedra Francisco Suárez*, No. 51, July, 2017, pp. 209-231.

DE BLAS, L. P., & LÓPEZ, J. R. "Mercado y fiscalidad: los principios tributarios modernos y la Escuela de Salamanca". *Esic Market*, *42*(138),2011, 117-143.

GRICE-HUTCHINSON, M. Los economistas españoles y la historia del análisis económico de Schumpeter. *Papeles de economía española*, (17), 1983, 172-185.

HERNÁNDEZ-FRADEJAS, F. *Derecho de propiedad privada y fiscalidad en Francisco Suárez*. 2017

LASCANO, M. R. "Las ideas precursoras de Francisco Suárez en materia fiscal". *Cultura Económica, 31*(86), 2013, 38-42.

NEUMARK, F., ROCA, J. A. G., QUINTANA, E. F., & ANDRÉS, L. G. *Principios de la imposición*. Instituto de Estudios Fiscales.1994

SCHUMPETER, J. A. *History of economic analysis*. Routledge. 2006

Capítulo quinto

El concepto alternativo de derecho subjetivo en la segunda escolástica.

RAMÓN DE MEER CAÑÓN
Profesor de Filosofía del Derecho
Universidad Francisco de Vitoria

1. INTRODUCCIÓN

El objetivo del presente escrito es analizar el origen del concepto de derecho subjetivo de la Segunda Escolástica, conectándolo y comparándolo tanto con la tradición escolástica aristotélico-tomista, como con los elementos heredados del voluntarismo y nominalismo de la Universidad de París. Siendo conscientes de que las raíces de esta escuela de pensamiento sobre la justicia y el derecho son diversas, y en momentos contradictorias, no es baladí afrontar el reto de rastrearlas comprendiendo la Segunda Escolástica como un intento de fusión o síntesis de ambas corrientes.

Como parte de ese esfuerzo, surge la pregunta ineludible por la importancia o irrelevancia de la subjetivación del derecho, de cara a su conjugación con el concepto de lo justo. En ese sentido, dicho estudio es la clave para entender las divergencias y similitudes entre las dos grandes corrientes iusnaturalistas: clásica y moderna. El desarrollo del citado concepto de derecho subjetivo torna así vital para la comprensión de lo que entendemos por justicia, derecho y ley a partir del siglo XVI.

Los autores estudiados consisten, para asegurar la diversidad del estudio, en dos dominicos (Francisco de Vitoria y Domingo de Soto), dos agustinos (Pedro de Aragón y Miguel Bartolomé Salón), y un jesuita (Luis de Molina). Del conjunto de sus definiciones del derecho concluiremos si, como defienden algunos autores, la Segunda Escolástica representa la recuperación del pensamiento jurídico clásico; o si, por el contrario, suponen la consolidación y blanqueamiento de la teoría jurídica nominalista emanada de París.

Comenzamos, en este respecto, transcribiendo una cita en que el famoso filósofo del derecho francés, Michel Villey, a la hora de describir la Segunda Escolástica en su obra *El derecho y los derechos del hombre*, dice lo siguiente:

> "Pero que estos españoles hayan seguido la línea de Santo Tomás, es extremadamente contestable. Es falso que se hayan adherido a la mayor parte de sus ideas, en el sector que nos interesa. Usando un método dialéctico muy deformado, asociaron a los textos de la *Suma* los de otras «autoridades» de moda. El resultado es una mixtura, un compromiso entre escotismo, nominalismo y teología de Santo Tomás. Un cajón de sastre. Poco les importa ser incoherentes. Son pragmáticos: influyentes, escuchados por los príncipes, tienden a un objetivo práctico. Acomoda- ron a Santo Tomás a la causa del restablecimiento de un orden monárquico y romano y, traicionando el espíritu de búsqueda que caracterizaba la

> *Suma,* pusieron en su lugar un sistema dogmático rígido, creando el «tomismo»"[1].

Es una cita dura, sobre todo teniendo en cuenta que juzga de manera generalizada al conjunto de los autores españoles de este siglo, reduciendo las diferencias a cuestiones meramente accidentales, y dictaminando una común divergencia respecto de la enseñanza tomista[2]. Esto se plasma, por ejemplo, en cómo desarrolla Pérez Luño que una de las principales características de la teoría jurídica española es la de equiparar la *lex* a la categoría del *ius*, cuando Tomás de Aquino las había distinguido en partes de la *Summa*, e incluso en virtudes distintas[3]. Frente a una naturaleza específica del derecho en tanto que objeto de la justicia, la escuela moderna rescata el sentido legalista de la *Torah*, que aplicado al derecho natural tiene consecuencias moralizantes y positivistas[4]. El objetivo

---

1 VILLEY, M., *El derecho y los derechos del hombre,* Marcial Pons, Madrid, 2019, p.123.

2 Puede profundizarse en VILLEY, M., *La formation de la pensée juridique moderne,* Montchrestien, París, 1968, pp.353 ss.; VILLEY, M., "*La promotion de la loi et du droit subjectif dans la Seconde Scolastique*", en *La Seconda Scolastica nella formazione del Diritto privato moderno,* Giuffrè, Milán, 1973, pp.53 ss.; VILLEY, M., "*Saint-Thomas d´Aquin et Vitoria*", *Le Supplément (Revue d´Ethique & Théologie Morale),* N.160 (número monográfico *Las Casas et Vitoria*), marzo de 1987, 93-100.

3 El derecho, en tanto que objeto de la justicia, se trata en el apartado de dicha virtud, en la *Summa Theologiae,* II-II, cuestión LVII; mientras que trata de la ley en un apartado específico y mucho más extenso, en la I-II, entre la cuestión XC y la CVIII, tratando la ley humana específicamente en las cuestiones XCV a XCVII.

4 "El iusnaturalismo clásico español contribuyó decisivamente a sustituir la noción clásica grecorromana de derecho -como *dikaion* o *ius,* es decir, como el arte de lo justo que establece de manera indi-

del presente capítulo es plantearse si, en línea con esta crítica, la presentación de estos autores del concepto de *ius* provoca también una confusión respecto de su definición subjetivada propia del nominalismo parisino. En definitiva: ¿subjetiva la Segunda Escolástica el *ius* desposeyéndolo de su principal categoría como "lo justo"?

2. EL DERECHO EN SANTO TOMÁS DE AQUINO

Para delimitar la respuesta y comprobar si, en efecto, la Segunda Escolástica española cae en una ilegítima amalgama de santo Tomás de Aquino y el posterior nominalismo, dividiremos la exposición argumental en tres partes: primero, la

---

cativa una proporción en las relaciones entre los hombres- por la *Torah* de la tradición judeocristiana, entendida como una ley moral imperativa de conducta. Mientras Tomás de Aquino aspiraba a restaurar el sentido autónomo del derecho como *dikaion* o *ius*, los escolásticos españoles se dedicaron a la 'infiltración de la teología en el derecho', asumiendo las posiciones del agustinismo jurídico. La Escuela del Derecho Natural representó la sistematización de una versión de la Escolástica española, pero el proceso que iniciaron, de secularización de las categorías jurídicas, fue sólo aparente. La concepción moralizante y teológica del derecho sobrevive en Grocio, Hobbes y Locke. A partir de ahí, se producirá una escisión entre el derecho existente, influido por el *Corpus iuris civilis*, y que tiende a responder a necesidades prácticas, y la teoría del derecho desarrollada por filósofos mal informados de las realidades jurídicas. Locke, Rousseau, Thomasius, Wolff, Kant, en quienes se inspiraron los pandectistas... son herederos de la Escolástica española. Llevando sus especulaciones historiográficas al extremo y hasta la paradoja, Villey concluye que los discursos de Windscheid y del propio Kelsen proceden del linaje teológico-jurídico de Suárez". CONTRERAS PELÁEZ, F.J. y PÉREZ LUÑO, A.E., "Michel Villey et l'Espagne", *Droit et société*, N.71, 2009, 47-68, p.59 [traducción propia].

delimitación de la teoría jurídica de Aquino, expuesta en su *Summa Theologiae.* En segundo lugar, la definición del derecho emanada del nominalismo a que fueron expuestos los autores tratados; y, en tercer lugar, la síntesis realizada por la Segunda Escolástica, examinando especialmente sus raíces en ambas escuelas, y la posibilidad de explicarla sin que, como dice Villey, suponga una incoherencia voluntarista.

Comenzando con el Aquinate, un primer apunte a realizar es su radical distinción entre el ámbito jurídico y el legal, perteneciente el segundo a un apartado específico de la *Prima secundae* (cuestiones XC a CVIII), y el primero a la virtud de la justicia, y tratado en la *Secunda secundae* entre las cuestiones LVII a CXXII, y especialmente en las cuatro primeras, LVII (*de iure*), LVIII (*de ipsa iustitia*), LIX (*de iniustitia*), y LX (*de iudicio*). El compendio de ideas presentadas es una síntesis del pensamiento jurídico clásico, usando como fuentes a Aristóteles, las *Etimologías* de san Isidoro de Sevilla, el *De Moribus* de san Agustín, el *De officiis* de Cicerón, y el *Digesto.*

Para el autor dominico, lo propio y definitorio de la justicia "es ordenar al hombre en las cosas que están en relación con el otro"[5]. En ese sentido, es la única de las virtudes que perfeccionan al hombre no en aquellas cosas que convienen a uno mismo, sino al otro. Una virtud a la que cabe aplicar el apelativo de social, en tanto se dice de ella que está referida siempre a otro, a una ajenidad respecto del sujeto que la ejerce[6].

---

5 "*Iustitiae proprium est inter alias virtutes ut ordinet hominem in his quae sunt ad alterum*". AQUINO, T., *Summa Theologiae,* II-II, q.LVII, a.I (en https://www.corpusthomisticum.org).

6 "*iustitia est solum circa ea quae sunt ad alterum*". AQUINO, T., *Summa Theologiae,* II-II, q.LVIII, a.II.

Por eso, en primer lugar, cabe decir de la virtud de la justicia que, dado que las virtudes se definen por su objeto, éste debe hacer referencia a un elemento extrínseco al sujeto ejerciente, a lo suyo de cada uno que debe repartirse según justicia. A ese objeto, "lo suyo", se le llama "lo justo", a que consagra el Aquinate el primer artículo de la cuestión LVII: "*utrum ius sit obiectum iustitiae*". Concluye positivamente, citando a san Isidoro, que "*ius dictum est quia est iustum*"[7], que el derecho equivale nominal y sustancialmente a lo justo.

A aquella percepción del *ius* como "lo suyo (de cada uno)" consagra Aquino el artículo XI de la cuestión LVIII, sentenciando que dicha expresión hace referencia tanto a una deuda, considerada como la parte correspondiente de un reparto preordenado[8]; como a una obligación ejercida en base a una cierta igualdad: lo que a uno se le debe según igualdad de proporción[9].

A raíz de ello, en segundo lugar, y específicamente en el artículo I de la cuestión LVII, santo Tomás de Aquino hace referencia a cómo el derecho es eminentemente "lo igual", en tanto es una acción adecuada a otro según un cierto criterio o modo de igualdad[10]. En el resto del artículo, demostrará el Aquinate cómo dicha relación es la que caracteriza

---

7 AQUINO, T., *Summa Theologiae*, II-II, q.LVII, a.I.

8 "*quod unicuique debetur quod suum est. Dicitur autem esse suum alicuius, quod ad ipsum ordinatur; sicut servus est domini, et non e converso; nam liberum est quod sui causa est*". AQUINO, T., *Summa Theologiae*, I, q.XXI, a.XI, ad.III.

9 "*Hoc autem dicitur esse suum uniuscuiusque personae quod ei secundum proportionis aequalitatem debetur*". AQUINO, T., *Summa Theologiae*, II-II, q.LVIII, a.XI.

10 "*Ius, sive iustum, est aliquod opus adaequatum alteri secundum aliquem aequalitatis modum*". AQUINO, T., *Summa Theologiae*, II-II, q.LVII, a.II.

la esencia del derecho; lo que implica que, puesto que la igualdad requiere de una ajenidad frente a que compararse, dado que no se puede medir igualdad frente a uno mismo, existe un elemento relacional necesario en el derecho. Así, el derecho exige definitoriamente una necesaria alteridad y una necesaria bilateralidad.

Por último, Tomás de Aquino rescata la noción romana del derecho como *res*, como cosa o realidad externa al sujeto que lo esgrime. El derecho es propiamente *aliquid*[11], lo que obliga a considerarlo no como equivalente al propio agente, ni al sujeto, ni siquiera al objeto repartido, sino como una cosa en sí misma, formalmente relacional, y vinculada indisolublemente a los términos de dicha relación: no existen derechos autónomos, desvinculados de una situación concreta de justicia, y de un objeto y sujeto concretos: el derecho es "*ipsam rem iustam*"[12].

Por eso precisamente no cabe confundir derecho con ley, que se define como un objeto externo, abstracto e independiente. A ello se debe que Aquino los trate en lugares distintos de la *Summa*. Pero tampoco cabe relacionar esta noción jurídica tomista con la del derecho subjetivo moderno. Como argumenta Lachance, el derecho es relación de débito e igualdad entre dos personas, y consecuentemente obligación de respeto. Ese sentido negativo es, precisamente, lo opuesto de la supues-

---

11 "*Sic igitur iustum dicitur aliquid, quasi habens rectitudinem iustitiae, ad quod terminatur actio iustitiae, etiam non considerato qualiter ab agente fiat. Sed in aliis virtutibus non determinatur aliquid rectum nisi secundum quod aliqualiter fit ab agente. Et propter hoc specialiter iustitiae prae aliis virtutibus determinatur secundum se obiectum, quod vocatur iustum. Et hoc quidem est ius. Unde manifestum est quod ius est obiectum iustitiae*". AQUINO, T., *Suma Teológica*, II-II, q.LVII, a.I.

12 "*nomen ius primo impositum est ad significandum ipsam rem iustam*". AQUINO, T., *Suma Teológica*, II-II, q.LVII, a.I.

ta definición positiva del derecho como facultad o poder, centrada en el agente beneficiado en lugar de en quien entrega lo suyo a cada uno[13]. Además, como señala Sagüés, el derecho

> "es en sí mismo un objeto u *objectum secundum se*, es un *medium rei*, una medida o rectitud real y objetiva, entre lo más y lo menos (...). Si se concibe el derecho como regla o medida de uno mismo, o *medium rationis*, o respeto del bien propio, entonces no se distinguen la justicia y su objeto el derecho, y se separan ambos para siempre. Pues el derecho mira a las personas y sus exigencias, sus derechos y deberes, y mide lo que es debido entre deudor y acreedor, pero en las otras virtudes morales que no son la justicia, lo debido a sí mismo y a los demás debe hacerse desde las necesidades personales, porque las medidas interiores dependen de cada cual"[14].

En definitiva, aunque en santo Tomás encontremos a un necesario sujeto del derecho, no cabe concebirlo facultativamente como ejercicio en favor propio[15], o al menos no como su nota fundante y definitoria. Comparten este diagnóstico muy diversos estudiosos del Aquinate, entre otros los frailes dominicos Léonard Lehu O.P, en su obra *Philosophia Moralis et socialis* (París, 1914), y Louis Lachance O.P, en *Le concept de droit selon Aristote et saint Thomas* (Montreal, 1933), Paul Van Overbeke O.P, *La Loi naturelle et le droit naturel selon s. Thomas*, Pedro Lumbreras O.P, *De iustitia* (Roma, 1938), y el padre Léon Bouvier

---

13 LACHANCE, L., *El derecho y los derechos del hombre*, Rialp, Madrid, 1979, pp.194-201.

14 SAGÜÉS SALA, F. J., "El derecho subjetivo en Francisco de Vitoria", *Revista Española de Derecho Canónico*, N.74, 2017, 237-268, p.242, cita 8.

15 "Santo Tomás, fiel en eso a la tradición aristotélica, jamás concibió el derecho al modo de los subjetivistas pasados o contemporáneos. Mantuvo, sin duda, que había un sujeto; que el derecho, necesariamente, era el derecho de alguien, y que todos los hombres tenían derechos; pero también mantuvo que tales derechos representaban lo que les era objetivamente debido". LACHANCE, L., *op. cit.*, p.201.

S.J, en *Le précepte de l'aumône chez saint Thomas d'Aquin* (Montréal, 1935)[16]. Como expresa el benedictino dom Odon Lottin:

> "En ninguna parte se ve este último significado subjetivo en la literatura de los siglos XII y XIII. Para los decretistas y teólogos, incluido Santo Tomás, el término *ius* siempre representa el sentido primitivo y objetivo ... Cuando Santo Tomás da los diferentes significados de la palabra *ius*, presenta el significado objetivo como significado primero, pero ni siquiera se plantea poner el significado subjetivo entre los sentidos derivados de *ius*"[17].

El referido desglose de los significados derivados, sito en la respuesta a la primera objeción del primer artículo de la cuestión LVII, no incluye entre ellos la facultad o potestad subjetiva[18]. En definitiva, solamente tres parecen ser los elementos definitorios del derecho: justeza, necesaria alteridad y bilateralidad, y objetividad (*res*). Sin elemento facultativo (siendo la palabra usada para referirse a esa realidad "*potestate*"[19]) carecemos

---

16 FOLGADO FERNÁNDEZ, A., *Evolución histórica del derecho subjetivo,* Pax Iuris, San Lorenzo de el Escorial, 1960, p.93.

17 LOTTIN, O., *Le Droit Naturel, chez saint Thomas et ses prédécesseurs,* Charles Beyaert, Brujas, 1931, p.97: "*Or on ne voit nulle part ce dernier sens subjectif dans la literature de XII et du XIII siècle. Pour les décrétistes et les théologiens y compris S. Thomas, le term ius représente toujours le sens primitif, objectif... Quand S. Thomas donne les different sens du mot jus, il donne le sens objectif comme sens primitif mais il ne songe même pas à ranger le sens subjectif pami les sens derivés*".

18 "*Ita etiam hoc nomen ius primo impositum est ad significandum ipsam rem iustam; postmodum autem derivatum est ad artem qua cognoscitur quid sit iustum; et ulterius ad significandum locum in quo ius redditur, sicut dicitur aliquis comparere in iure; et ulterius dicitur etiam ius quod redditur ab eo ad cuius officium pertinet iustitiam facere, licet etiam id quod decernit sit iniquum.*". AQUINO, T., *Summa Theologiae,* II-II, q.LVII, a.I, ad.I.

19 En diversas ocasiones (por ejemplo, la edición castellana de la *Summa* de la BAC [Madrid, 2001], o la edición online https://hjg.com.ar/sumat/), se traduce por derecho lo que santo Tomás denomina

del equivalente del derecho subjetivo en los escritos de santo Tomás de Aquino, no solamente en su desarrollo teórico, sino también en un mero uso del término con esa orientación[20].

3. LA EVOLUCIÓN DEL DERECHO EN LA DISPUTA FRANCISCANA

Ahora bien, el concepto de derecho que desarrolla la Segunda Escolástica está incardinado no solamente en textos e ideas tomistas, sino cronológicamente en las enseñanzas im-

---

potestas, dado que lo usa en sentido de facultad o poder individual. Por ejemplo, en II-II, q.CLXXXVII, a.III, ad.V, en que se traduce "*non usus est potestate quam habebat vivendi de Evangelio*" por "no hizo uso del derecho de vivir del Evangelio". O en otra ocasión, en II-II, q.CLXXXVII, a.IV, en que se traduce "*habent potestatem vivendi de sumptibus fidelium*" por "que tienen derecho a vivir a expensas de los fieles". Un tercer ejemplo, en II-II, q.CLXXXVII, a.V, arg.III, en que "*intelligat quod necessaria sumere ab eis in quibus laborat, non est mendicitas, sed potestas*" se traduce por "tomar lo necesario de aquellos para los cuales trabaja no es mendicidad, sino un derecho".

20 En las citadas versiones de la *Summa* en castellano, se traduce también por derecho lo que en el latín original son, por ejemplo, deuda, potestad o algún *iura* específico. Así, en el primer caso, tenemos pasajes como I-II, q.CXIV, a.I, en que algunos traducen *retribuetur* por "derecho a retribución"; o II-II, q.XX, a.I, en que traducen *non est debitum adipisci* por "no tiene derecho a obtener"; o en II-II, q.CXLV, a.I, con *debitum honoris* por "derecho al honor". En el tercer caso, tenemos la traducción inexacta por derecho de instituciones concretas, como la herencia (I-II, q.CV, a.II, con *successio* por *derecho de heredar*). A su vez, muchas veces se traduce de manera inexacta derecho desde *auctoritas,* como en II-II, q.LXXI, a.II, arg. III; *potestas,* como en II-II, q.LXXXVII, a.I, ad.V, y en II-II, q.XC, a.I; licitud, en II-II, q.XXXII, a.VII, o II-II, q.C, a.VI, ad.III; o uso, en II-II, q.XXXII, a.VIII.

portadas de la Universidad de París, en concreto de sus cátedras voluntaristas y nominalistas. Por eso, frente a las tres claves del Aquinate que acabamos de estudiar, no cabe obviar que hay una raigambre nominalista, o al menos una influencia, en las definiciones jurídicas de los autores españoles estudiados.

El giro nominalista de la definición de derecho tiene su origen en la disputa franciscana entre los siglos XIII y XIV[21], en concreto sobre la diferencia o equiparación ética y jurídica del dominio con el uso de las cosas. Partiendo del enfrentamiento entre san Buenaventura, General de la Orden Franciscana, y Guillermo de Saint-Amour[22], la cuestión central de la disputa consistía en dilucidar si una perfecta pobreza evangélica, en

---

21 Como demuestra Brien Tierney (véase en TIERNEY, B., *The Idea of Natural Rights*, William B. Eerdmans Publishing Company, Grand Rapids, 2001), el uso de la palabra derecho con sentido potestativo es previa a Ockham, pero la fundamentación filosófica que al derecho-facultad le dan Gerson y Summenhart, estableciendo dicha definición como el sentido principal y primero del *ius*, es voluntarista, y emanada por tanto de los escritos de Escoto, y posteriormente de Ockham.

22 Como cita CASTILLO CÓRDOVA, G., "Dominio y Uso en la noción de Pobreza de San Buenaventura en la *Apología Pauperum*", *Cauriensia*, N.11, 2016, 141-156, p.142, cita 1: "Una breve y concisa presentación del problema puede encontrarse en en Josep Ignasi Saranyana, *La filosofía medieval: desde sus orígenes patrísticos hasta la escolástica barroca* (Pamplona: Eunsa, 2011), 243-248; quien se remite a Michel Marie Dufeil, *Guillaume de Saint-Amour et la polémique universitaire parisienne 1250-1259* (Paris: Picard, 1972). Cfr. asimismo Francisco León Florido, *Las filosofías en la Edad Media. Crisis, controversias y condenas* (Madrid: Biblioteca Nueva, 2010). También responde a esta polémica el propio Tomás de Aquino, quien como afirma J. D. Jones, "St. Thomas Aquinas and the Defense of Mendicant Poverty", *American Catholic Philosophical Association Proceedings* 70 (1996): 179-191; 179, la defensa tomista de la pobreza mendicante (en los dos trabajos: *Contra impugnantes Dei cultum et religionem* y *Contra pestiferam*

su máximo grado, podía darse ajena al derecho, mediante un mero uso de las cosas sin connotación jurídica alguna.

Con posterioridad, en 1279, el papa Nicolás III asienta la doctrina con su bula *Exiit qui seminat*; en que rescata la explicación de san Buenaventura sobre la relación entre hombres y cosas[23], y las divide en cinco: *proprietas, possessio, usufructus, ius utendi*, y *simplex usus facti*[24]. Los cuatro primeros, por una parte, pueden ser considerados *dominium*, pues en todos existe algún elemento que puede ser objeto de disposición *ad libitum* por un agente; mientras que el último, en tanto que solo incluye el consumo de la cosa por parte del agente, no puede serlo[25]. Subyace, por supuesto, una vinculación necesaria entre dominio y posibilidad de alienación y comercio[26]. Por ello, mientras que el religioso renuncia a los primeros[27], y tiene prohibido todo derecho de propiedad[28], debe usar del último por ser necesario e indispensable para la vida.

Esta relación entre dominio, derecho y disposición sobre la cosa es la raíz de la noción dispositiva y potestativa del derecho. La radicalización de esta postura desde la doctrina franciscana,

---

doctrinam retrahentium homines a religione ingressu) utiliza argumentos semejantes a los de San Buenaventura".

23 FOLGADO FERNÁNDEZ, A., *op. cit.*, p.104, cita 35.

24 "*Non autem talem abdicationem proprietatis omnimode renuntiationem usus rerum cuiquam videatur inducere; nam cum in rebus temporalibus sit considerare precipuum proprietatem, possessionem, usum fructum, jus utendi et simplicem facti usum*". NICOLÁS III, *Exiit qui seminat* (1279), VIII (https://www.papalencyclicals.net/paul06/exiit-l.htm).

25 TUCK, R., *Natural rights theories: Their origin and development*, Cambridge University Press, Cambridge, 1979, p.20.

26 TUCK, R., *op. cit.*, p.21.

27 FOLGADO FERNÁNDEZ, A., *op. cit.*, p.104.

28 GREGORIO IX, *Quo elongati* (1230).

a raíz de los enfrentamientos entre el General de la Orden, fray Miguel de Cesena, junto al fraile Guillermo de Ockham, contra el papa Juan XXII[29], dará lugar a la consolidación entre esta relación, cada vez más intensa e indistinguible, entre derecho y facultad de disposición. Contra el giro papal en la consideración natural del dominio, Ockham escribirá en 1333 su *Opus Nonaginta dierum*. En ella se cimentará una teoría del derecho de raigambre voluntarista e individualista que será fundamento indispensable del futuro desarrollo de la materia[30].

En la citada obra de Ockham se consolidan definiciones del derecho vinculadas al poder de la voluntad sobre el objeto manipulado, alterando el eje de gravitación de la definición del *ius*: si antes la primacía estaba en el otro, sujeto principal en tanto receptor del acto justo, pasa a estar en uno mismo, como sujeto principal actuante y sede de la disposición o facultad que define el *ius*. Así, Ockham propone, contra la definición tomista, una percepción individualista del derecho. No es de extrañar que, estando la filosofía nominalista centrada en una primacía de una voluntad irrestricta[31], y deseando distinguir

---

29 Véase las constituciones de Juan XXII: *Ad conditiorem canonum*, en 1322; *Cum inter*, en 1323; *Quia quorundam*, en 1324; y la bula *Quia vir reprobus* del 16 de noviembre de 1329.

30 Para una mayor profundización en el tema, véase CASANOVA GUERRA, C., "Guillermo de Ockham y el origen de la concepción nominalista de los derechos subjetivos", *Cuariensia*, N.11, 2016, 113-140; y RIVERA MATURANO, G. M., "La propiedad privada y la situación de *extrema necessitatis* en la obra de Ockham", *Controvérsia*, Vol.12, N.2, mayo-agosto de 2016, 130-136.

31 "la voluntad es, en sí misma, indeterminada, lo que significa que su opción para actuar no es única y necesaria sino múltiple y contingente: puede realizar este acto volitivo o su contrario". PÉREZ-ESTÉVEZ, A., "La Libertad en Duns Escoto", *Revista Española de Filosofía Medieval*, N.11, 2004, 97-117, p.101. Esta voluntad es ema-

el uso del dominio y la licencia del derecho, se acerque a una noción de *ius* como "poder lícito – de obrar, usar, disponer, dispensar, ordenar...- del que nadie debe ser privado contra su voluntad si no existe culpa o causa razonable, con facultad, si lo fuese injustamente, de defenderlo y vindicarlo"[32]. Frente a ese poder, los frailes mendicantes solamente usan con licencia, con remoción de impedimentos para el uso sin atribución de una facultad de disposición.

Así, el derecho se define como "*omni licita potestate*"[33]; tanto el *ius poli* como el *ius fori* se definen como "*potestate*", diferenciándose en su origen[34]; el derecho de uso (*ius utendi*) es

---

nación de la Voluntad divina, de la que afirma Escoto: "*Responsio, est quaedam indetermmatio insufficientiae, sive ex potentialitate et defectu actualitatis, sicut materia non habens formam est indeterminata ad agendum actionem formae. Est alia superabundantis sufficientiae, quae est ex illimatatione actualitatis, vel simpliciter, vel quodammodo*", ESCOTO, D., *Quaestiones subtilissimae in Libraes Metaphysicorum Aristotelis,* tomo VII, Edición Wadding-Vivès, París, 1891, p. 610, col.1 (IX, q.XV, n.V). Porque lo externo a la voluntad es radicalmente contingente, el protagonismo a la hora de examinar las relaciones entre sujeto y objeto pasan a estar centradas en torno al sujeto y su poder extrínseco. Siguiendo la imagen divina, como explica Leonardo Polo, "en Ockham la voluntad divina es omnipotente absolutamente por encima de todo contenido (en otro caso quedaría subordinada a su propio contenido). El arbitrismo y el contingentismo de Ockham son la salvaguarda de la supremacía de la voluntad divina". POLO, L., *Curso de teoría,* tomo III, EUNSA, Pamplona, 1984, p.204.

32 FOLGADO FERNÁNDEZ, A., *op. cit.*, p.116.

33 OCKHAM, G., *Opus Nonaginta dierum,* VI, en *Opera politica,* tomo I, University of Manchester, Manchester, 1940, p.365.

34 OCKHAM, G., *Opus Nonaginta dierum,* LXV, en *Opera politica,* tomo II, University of Manchester, Manchester, 1963, p.579.

definido como "*potestas licita utendi res extrinseca*"[35], y en otro lugar como "*licitam potestatem et auctoritatem uti rebus alienis*"[36]; y hablando de los posesivos, dice de ellos que "*talia vocabula important licitam potestatem utendi re aliqua vel usum rei*"[37].

La común noción compartida y definitoria ya no es lo justo, ni el reparto, sino la potestad o poder. Queda así introducido, filosóficamente fundado, y consolidado como definición jurídica, la noción de derecho como poder, como movimiento activo del titular a la cosa u objeto del derecho, incardinando en el sujeto actuante lo que antes, en santo Tomás, era un objeto relacional extrínseco.

4. LA CONSOLIDACIÓN VOLUNTARISTA DEL DERECHO

Estos cimientos del derecho subjetivo serán posteriormente desarrollados por el canciller de la Universidad de París, Jean de Gerson (1363-1429), discípulo de Pierre d'Ailly, que a su vez se había opuesto a Richard Fitzralph, arzobispo de Armagh, en defensa de las tesis franciscanistas de Ockham y contra la propuesta opuesta del irlandés, plasmada en su famoso *De Paupere Salvatoris*. La genealogía del pensamiento de Gerson puede ser trazada, por esta vía, para justificar cómo su definición de derecho emana de la vinculación entre *ius* y *potestate* desarrollada por Ockham.

---

35 OCKHAM, G., *Opus Nonaginta dierum*, II, en *Opera politica*, tomo I, *op. cit.*, p.304.

36 *Idem*, p.303.

37 *Idem*, p.312.

Gerson da una definición de derecho en su *Tractatus de potestate ecclesiastica et de origine iuris et legum*[38], así como en su *De vita spirituali animae*[39], en que se define el derecho como "*ius est potestas vel facultas propinqua conveniens alicui secundum dictamen prima iustitia / rectae rationis*". El derecho es, en primer lugar, potestad o facultad, como género próximo de lo definido, como poder de acción inmediata[40]. A su vez, se entiende como *propinqua,* pues esta facultad debe comprenderse como disposicional, no como mera capacidad[41]; y emanada de la divina justicia o razón, lo que implica, por un lado, su remisión a un origen divino, muy posiblemente en Su Voluntad[42], y por otro, la radical naturalidad del derecho, desprovisto ya de una nota de necesaria alteridad: llamamos derecho a todo lo que le está atribuido divinamente a un ser, por lo que todo lo que tenga entidad, y por tanto bondad, tendrá derecho[43].

---

38 GERSON, J., *Tractatus de potestate ecclesiastica et de origine iuris et legum,* XIII consideratio, en el manuscrito de Martin Crantz y Michael Friburger, de 1473, conservado en Heidelberg, p.29b.

39 GERSON, J., *De vita spirituali animae,* lectio II, VII, en *Opera Omnia,* Tomo III, Sumptibus Societatis, Amberes, 1706, p.26.

40 VARKEMAA, J., "Summenhart's Theory of Rights", en *Transformations in Medieval and Early-Modern Rights Discourse,* Springer, Dordrecht, 2006, p.131.

41 Así, por ejemplo, un pecador tiene la capacidad de ameritar la vida eterna, pero no tiene la actual facultad disposicional de ameritarla, por lo que no tiene *ius* sobre ella: "*ut existens actualiter in peccato mortali habet facultatem seu potestatem merendi vitam aeternam, non tamen propinquam, vel ut dici solet, non secundum praesentem iustitiam*". GERSON, J., *De vita spirituali animae,* lectio II, VII, en *op. cit.*, p.26.

42 "*recta ratio et dictamen suum, est primo, originaliter et essentialiter in Deo, et an sit idem omnino quod voluntas ejus, remitto ad difficultatem de formalitatibus*". *Idem.*

43 "*Sic in quaelibet re tantumdem est de iure, quantum de entitate: habet enim res quaelibet ius seu titulum idhabendi, quod habet ex dictamine rec-*

El derecho se constituye así en una tendencia existencial hacia todo lo que naturalmente corresponde al sujeto[44], no por naturaleza objetiva sino por mandato divino. A su vez, queda radicalmente vinculado el concepto de *ius* al de título[45], subrayando una vez más su naturaleza dispositiva y radicada en quien actualiza el título, su poseedor. Más adelante, Conrado Summenhart[46] (~1450-1502), decano de la Facultad de Teología de Tubingia, asentará en la *quaestio prima* de su obra *De contractibus licitis atque illicitis tractatus* las dos definiciones de Gerson, consolidando la consideración del *ius* como *facultas*, pero no ya como alternativa al *iustum*, sino al *iuris* entendido como *lex*[47].

No obstante, Summenhart patentiza que el derecho es formal y entitativamente una relación, en el sentido de que solo hay derecho cuando un objeto está subordinado a un sujeto[48]: tener derecho es tener poder sobre una cosa, ergo, potestad[49]. Esta definición de derecho como relación es cla-

---

tissimo primae Iustitiae". GERSON, J., *Tractatus de potestate ecclesiastica..., op. cit.*, p.29a.

44 TUCK, R., *op. cit.*, p.26.

45 "*Videtur autem hoc nomen, facultas, dictum a fas congruentius esse hoc nomine, potestas, ut hic loco generis statuatur, et haec potestas seu facultas, aliter titulus iuris vocaretur*". GERSON, J., *De vita spirituali animae*, lectio II, VII, en *op. cit.*, p.26.

46 Puede profundizarse su teoría jurídica en VARKEMAA, J., *Conrad Summenhart's Theory of Individual Rights*, Brill, Leiden, 2012.

47 SUMMENHART, C., *De contractibus licitis atque illicitis tractatus*, edición de Bernadum Iuntam, Venecia, 1580, p.1, col.1 (Tract.I, q.I).

48 FOLGADO FERNÁNDEZ, A., *op. cit.*, pp.162-163.

49 "*Nam prima clausula est potestas vel facultas, et illa ponitur pro genere, quoniam ius formaliter est potestas vel facultas, quod patet. Nam aliquem esse habentem ius in aliqua re est, eum posse aliquid in illam rem, vel in illa re; ergo ius est potestas*". SUMMENHART, C., *De contractibus..., op. cit.*, p.2, col.1 (Tract.I, q.I).

ve en la distinción de este autor de su maestro Gerson, pues mientras que éste defendía que todo ente cuanto tiene de entidad lo tiene de derecho; para Summenhart el derecho se mide en relación al acto posible, porque mira a la potencia, no en sí, sino en relación con sus actos: todo derecho es una potestad o facultad que termina en acción, por lo que todo ente que tenga potencia actual tendrá derecho, en tanto que tiene acción posible[50]. No obstante, entiende potencia no en un sentido absoluto o material, sino en un sentido formal, como relación tendente a un objeto[51].

Estudiados así, los puntos de vista de Gerson y Summenhart no difieren sustancialmente, pero mientras que el primero funda el derecho en la entidad, en la potencia absoluta del ente; el segundo lo hace en el acto posible, o en el acto al que tiende la potencia, en tanto que relación[52]. Estas doctrinas se irán afinando y afianzando a través de otros nominalistas parisinos, como son el escocés John Maior (1469-1550), teólogo y profesor de la Sorbona, y su discípulo Jacques Almain (~1450-1515), discutiendo especialmente sobre la entidad propia de la relación jurídica. No obstante, dada su raíz franciscana, uno de los principales resultados va a ser la identificación de

---

50 GUZMÁN BRITO, A., "*'In Quaelibet Re, Tantumden Est De Iure Quantum De Entitate'*. La Concepción Ontológica del Derecho-Facultad a fines de la Edad Media y en la Época Moderna", *Revista de Estudios Histórico-Jurídicos*, N.29, 2007, 271-331, p.289.

51 "*Potentia seu potestas animae capitur dupliciter. Uno modo materialiter seu fundamentaliter pro realitate animae elicitiva actuum, quomodo potentia animae est res absoluta, et non relatio: quoniam relatio non est entitas elicitiva. Alio modo formaliter et pro per se significato; et sic est habitudo animae fundata in tali realitate, quam habitudinem habet anima ad obiectum et actus producibiles a se circa obiectum; et sic potentia est relatio*". SUMMENHART, C., *De contractibus…*, *op. cit.*, p.2, col.1 (Tract.I, q.I).

52 GUZMÁN BRITO, A., "*'In Quaelibet Re…*", *op. cit.*, p.293.

todo derecho con un dominio, ya sea sobre un objeto, como la propiedad, ya sobre las consecuencias del *ius*, entendiendo que el usuario tiene derecho sobre el uso[53]. Esto termina de consolidar la existencia del derecho sin ajenidad. Si cualquier uso dentro del tráfico jurídico debe ser considerado como propiedad, cualquier intervención de un agente sobre el mundo social exterior es el ejercicio de un derecho de propiedad, llegando algunos a incluir hasta el mero uso y la libertad[54]. Como el uso de las cosas no requiere ajenidad, tampoco lo requerirá el derecho.

5. LA SEGUNDA ESCOLÁSTICA ANTE EL DERECHO

Esta es la situación que encuentra Francisco de Vitoria en 1507 al ser enviado por la Orden de Predicadores a estudiar a la Universidad de París, siendo, si no alumno de Maior[55], alumno de sus discípulos directos, entre ellos Almain hasta su

---

53 *Idem*, p.295.

54 TUCK, R., *op. cit.*, p.29.

55 "Ni falta algún autor, por ejemplo, Julio Clement Scotti, que afirma categóricamente haber sido Vitoria discípulo de Mair. Sin embargo, como el testimonio es tardío (Clement murió en 1669), ni lo vemos confirmado por alusiones de Vitoria en sus obras, y se dice además (aunque no lo veo bien probado) que los dominicos de Santiago no oían más maestros que los de su Orden; preferimos dejar a los especialistas del gran maestro de Salamanca -en especial al P. Beltrán de Heredia- la dilucidación de este punto tan interesante en nuestro tema". LETURIA MENDÍA, P., "Maior y Vitoria ante la conquista de América", *Estudios eclesiásticos: Revista de investigación e información teológica y canónica*, Vol.11, N.41, 1932, 44-82, p.48.

muerte en 1515[56]. No es distinta de la experiencia de Domingo de Soto, arribado a París en 1517, y tiene su impacto en los demás autores estudiados: el agustino fray Miguel Bartolomé Salón será discípulo en Alcalá del padre dominico Mancio de Corpus Christi, discípulo a su vez en Salamanca de Vitoria y Soto, bajo el que también estudiará en Salamanca fray Pedro de Aragón. Luis de Molina, por último, estudió Leyes en Salamanca y Súmulas en Alcalá, entrando en contacto con estas mismas escuelas.

Los conceptos de derecho manejados por estos autores tienen la peculiaridad, frente a las dos tendencias previamente estudiadas, de una suerte de integración, aparentemente inconclusa, de ambas definiciones, objetiva y subjetiva. Por un lado, es evidente que los autores rescatan las definiciones de *ius* tanto de los romanistas como de Aquino. Debe tenerse en cuenta que Francisco de Vitoria había inaugurado el uso de la *Summa theologiæ* del Aquinate en Salamanca, siguiendo el ejemplo de los maestros Pedro Crockaert, en el Colegio de Santiago de París, y del Cardenal Cayetano en Pavía[57]. A raíz de ello, la mayoría de tratados de esta época comienzan con el comentario a la ya examinada cuestión LVII de la *Summa*: entre ellos, los *Comentarios a la secunda secundae de santo Tomás* realizados por Vitoria, y editados el siglo pasado por Beltrán de Heredia; el tratado *De iustitia et iure libi decem* de Soto (Salaman-

---

56 DE LA HERA PÉREZ-CUESTA, A., "El magisterio de Vitoria en el contexto universitario de su época", *Estudios de historia social y económica de América*, N.13, 1996, 547-561, p.550. Véase también GARCÍA VILLOSLADA, R., *La universidad de París durante los estudios de Francisco de Vitoria O.P (1507-1522)*, Analecta Gregoriana, Roma, 1938.

57 GARCÍA VILLOSLADA, R., "Fr. Francisco de Vitoria, Reformador de los métodos de la Teología católica", en *Fr. Francisco de Vitoria, Fundador del Derecho Internacional Moderno*, Ediciones Cultura Hispánica, Madrid, 1946, p.84.

ca, 1553), o los comentarios *In secundam secundae divi Thomae Doctoris Angelici commentaria,* del agustino Pedro de Aragón (Salamanca, 1590), o el *Commentariorum in disputationem De iustitia et jure quam habet divus Thomas,* del agustino Miguel Bartolomé Salón (Valencia, 1591).

En ellos, la primera definición otorgada de derecho, siguiendo a Aquino, es la de lo justo. A ello dedican todos los autores el comentario a la cuestión LVII, o la primera *disputatio* de sus tratados sobre la justicia. Como puede comprobarse en todas las obras, no solamente se repite innumerables veces la yunta *ius sive iustum,* como traducción directa del griego *δίκαιον*[58]; sino que se identifica explícitamente el *ius* con lo justo, *quod iustum*

---

58 "*Unde idem verbum Graecum δίκαιον, quod latine significat ius, similiter etiam significant iustum, quod est obiectum iustitae*". ARAGÓN, P., *In secundam secundae divi Thomae Doctoris Angelici commentaria. De iustitia et iure,* expensis Petri Landry, Lyon, 1596, p.3, col.1 (q.LVII, I). Lo mismo en SOTO, D., *De iustitia et iure Libri decem, edición facsimilar de la hecha por D. de Soto en 1556, con su versión castellana, introducción histórica y teológico-jurídica por el P. Venancio Diego Carro, O. P.,* tomo II, Instituto de Estudios Políticos, Madrid, 1967, p.193, col.1 (Libro III, Q.I, a.I).

est. Así lo afirma Vitoria, diciendo que "*Ius capitur: uno modo proprie, pro iusto*"[59]; y Soto[60], Molina[61], Aragón[62] y Salón[63].

A su vez, igual que en santo Tomás, el derecho se considera una igualdad, precisando que dicho término no puede predicarse de uno mismo[64], sino que está necesariamente incluido en la categoría de relación. Lo justo, en sentido estricto, es lo

---

59 "*Quibus praenotatis dicimus: primo, quod ius capitur: uno modo proprie pro iusto, id est pro eo quod iustum est; et isto modo ius non est posterius iustitia, id est ius non dicitur a iustitia propter rationem supra positam*". VITORIA, F., *Comentarios a la Secunda secundae de Santo Tomás*, en edición preparada por Vicente Beltrán de Heredia, Asociación Francisco de Vitoria, Salamanca, 1934, Q.LVII, a.I, n.VII; "*ius idem significat quod iustum*", *op. cit.*, Q.LVII, a.I, n.IV.

60 "*Quod Philosophus appellavit iustum, ubi dixit iustitiam esse habitum iustorum effectricem, Iurisconsultus plane nuncupavit ius*". SOTO, D., *De iustitia et iure, op. cit.*, p.193, col.1 (Libro III, Q.I, a.I); "*Ius est obiectum iustitiae. Conclusio ex authoritatibus Isidori, et Philosophi et Iurisconsulti modo citatis, appellantium ius, iustum illud, quod iustitia in rebus constituit*", *idem*, p.192, col.1 (Libro III, Q.I, a.I).

61 "*Sic etiam vocabulum, ius, primo est impositum ad significandum iustum*". MOLINA, L., *De iustitia et iure*, edición de Ioannem Keerbergium, Amberes, 1615, p.3, col.1 (Tractatus I, disputatio II, I).

62 "*Ius et iustum esse idem*". ARAGÓN, P., *De iustitia et iure, op. cit.*, p.4, col.1 (Q.LVII, I); "*Idem est ius quod iustum*", *idem*, p.3, col.1 (Q.LVII, I); "*quod ius, atque iustum sunt idem*", *idem*, p.4, col.1 (Q.LVII, I).

63 "*Ius* [...] *idem quod iustum*". SALÓN, M. B., *Controversiae de iustitia et jure atque de contractibus et commerciis humanis licitis et illicitis, in disputationem quam habet D. Thomas secunda sectione secundae partis suae Summae Theologicae*, Venecia, 1608, p.4, col.1 (Q.LVII, I).

64 "*Aequale nunquam dicitur sibi, sed alteri*". VITORIA, F., *Comentarios a la Secunda Secundae, op. cit.*, Q.LVII, a.I, n.III. Véase también SOTO, D., *De iustitia et iure, op. cit.*, p.202, col.1 (Libro III, Q.II, a.II); ARAGÓN, P., *De iustitia et iure, op. cit.*, p.18, col.1 (Q.LVIII, II); y SALÓN, M. B., *Controversiae de iustitia et jure..., op. cit.*, p.29, cols.1-2 (Q.LVIII, II).

igual[65]. Y como toda relación de igualdad, el derecho exige dos extremos distintos enlazados entre sí por aquello que le sirve de fundamento. Por tanto, en primer lugar, el derecho requiere de alteridad para existir: "*iustitia vero in ordine ad alterum*"[66].

En segundo lugar, el derecho, siendo ontológicamente una relación de igualdad frente a la alteridad, se constituye en torno a lo debido a otro. Por ello, nuestros autores optan por fundar la relación jurídica en el concepto de deuda, pues sin deberle a otro lo suyo no consideran que exista premisa de justicia: "*ius in sua propria, præcipua, et primeva significatione, est idem omnino quod iustum debitum alteri*"[67]. Por tanto, el *ius* pasa a de-

---

65 "*Iustum idem est quod aequale*", VITORIA, F., *Comentarios a la Secunda Secundae, op. cit.*, Q.LVII, a.I, n.III; "[*Iure*] *obiectum est iustitiae: nempe pro equitate, quam iustitia in rebus constituit*", SOTO, D., *De iustitia et iure, op. cit.*, tomo I, p.6, col.1 (Libro I, *Proemium*); "*Sed virtutis iustitiae proprie est obiectum, aequalitas ipsa rerum in quam virtus tendit*", *idem*, p.192, col.2 (Libro III, Q.I, a.I); "*Ius seu iustum, idem est quod aequale et adaequatum*", *idem*, p.194, col.2 (Libro III, Q.I, a.II); "*Iustum* [...] *idem est quod adaequatum et commensuratum alteri*", *idem*, p.199, col.1 (Libro III, Q.I, a.IV); "*iustitia, ut est particularis virtus in ordine ad alterum, cuius obiectum est iustum presse ac proprie sumptum, utest idem, quod æquum*", MOLINA, L., *De iustitia et iure, op. cit.*, p.3, col.1 (Tractatus I, disputatio I, XI); "*iustitia aequalitatem importat*", ARAGÓN, P., *De iustitia et iure, op. cit.*, p.2, col.1 (Q.LVII, I); "*ius, atque iustum sunt idem, et utriusque vocis eadem est vis, significantque hec nomina illam aequitatem, quam quisque efficit, cum alteri, quod suum est, reddit*", *idem*, p.4, col.1 (Q.LVII, I); "*quia proprium est iustitiae actiones, et contractus humanos in quadam aequalitate constituere*", SALÓN, M. B., *Controversiae de iustitia et jure..., op. cit.*, p.2, col.1 (Q.LVII, I); "*ius* [... *est*] *idem quod iustum, et quod secundum aequitatem, et rectam rationem unicuique debetur*", *idem*, p.2, col.2 (Q.LVII, I).

66 SOTO, D., *De iustitia et iure, op. cit.*, p.192, col.1 (Libro III, Q.I, a.I)

67 "*Primo hoc differtiustitia ab alijs virtutibus, quod illae non habeant proprium obiectum sicut nec proprium medium, Iustitia vero quia est ad alterum habet ut constat proprium obiectum et medium, nempe iustum debitum alteri, sed ius in sua propria, præcipua, et primeva significatione, est*

finirse como una deuda justa adquirida con otro, y existiendo *debitum,* "en virtud de esa relación de reciprocidad característica del derecho, es correlativa obviamente la existencia de un derecho permisivo, de una potencia activa o facultad dinámica de ese sujeto o persona sobre un bien o una cosa, o si se quiere del acreedor sobre el deudor"[68].

Así, aparece como contraparte a la deuda, integrada en ella misma como relación, la exigencia. Se denomina conjuntamente *ius* a la relación sinalagmática e indivisible de deuda y exigencia de cumplimiento, y así llegamos a integrar el derecho subjetivo en la definición tomista. Como explica Milazzo, si la injuria es, por definición, la violación de lo debido a otro, y a la vez lesión de lo justo, no solamente serán el deber y el derecho recíprocamente correlativos, sino que podremos llamar a lo violado "su derecho"[69]. Por eso Folgado argumenta que esta incorporación es natural, dado el principio de reciprocidad o convertibilidad propios de cualquier relación: a una definición dada, cabe siempre su planteamiento intercambiando los términos, generando así una segunda relación. A la ya relacional definición tomista de *ius,* como relación de igualdad, cabe

---

idem omnino quod iustum debitum alteri". SALÓN, M. B., *Controversiae de iustitia et jure..., op. cit.*, p.4, col.1 (Q.LVII, I); "*Iustitia vero facit aequalitatem inter debentem et alterum cui quidpiam debet*", SOTO, D., *De iustitia et iure, op. cit.*, p.192, col.1 (Libro III, Q.I, a.I); "*Quicquid autem rationem debiti claudit, iustitiae formam induit*", *idem,* p.191, col.2 (Libro III, Q.I, a.I).

68 SAGÜÉS SALA, F. J., *op. cit.*, p.250.

69 "*Ma se l'iniuria, che è per definizione violazione di un dovere nei confronti di un altro, ossia di un dovere propriamente giuridico, è nel contempo lesione del suo diritto, ciò significa che diritto soggettivo e dovere giuridico sono reciprocamente correlati*". MILAZZO, L., "*Volenti non fit iniuria, Considerazioni sul concetto di diritto in Francisco de Vitoria*", *Bollettino telematico di filosofia politica,* 2011, 1-23, p.7.

oponerle su natural contraparte, la relación de disponibilidad del sujeto sobre el término objeto del *ius*[70].

6. EL DESARROLLO DE LA RELACIÓN DERECHO-DOMINIO[71]

No obstante, nuestros autores no van a desarrollar el *ius-facultas* en los apartados propios del derecho, en sus comentarios a la cuestión LVII del Aquinate, sino, siguiendo a Vitoria, en su tratado *De restitutione*, comentando el dominio en la cuestión LXII. Si la justicia es *ius suum cuique tribuere*, existe junto a "lo justo" y "lo igual" un elemento de "lo suyo", que los autores de la época consagran con el apelativo de suidad[72]. Esta relación de pertenencia y plena disposición es lo que los romanos llamaban *dominium*, que para Tomás de Aquino y muchos romanistas no era equivalente sin más al derecho, sino meramente una de tantas relaciones protegidas por la justicia, como se ve en su cuestión LXII[73]. Posteriormente, en la cuestión LXVI, el Aquinate establecía claramente que la propiedad es mate-

---

70 Véase FOLGADO FERNÁNDEZ, A., *op. cit.*

71 Para una mayor profundización en la cuestión, véase CENDEJAS BUENO, J. L., "Derecho subjetivo, naturaleza y dominio en Francisco de Vitoria", *Cauriensia*, N.15, 2020, 109-137

72 "*Suitatem consistere in ordinatione rei ad personam tanquam partis ad totum, aut accidentis ad subiectum, aut rei tanquam ad suum finem*". PEREZ, A., *De iustitia, et iure*, Ex typographia Varesij, Roma, 1668, p.20, col.2 (Tractatus I, disp.I, c.II, VII, núms.64-65).

73 Hace referencia al derecho de dominio, por ejemplo, en AQUINO, T., *Summa Theologiae*, II-II, Q.LXII, a.I, ad.II: "*Et ideo secundum primam impositionem nominis, restitutio videtur locum habere praecipue in rebus exterioribus, quae manentes eaedem et secundum substantiam et secundum ius dominii, ab uno possunt ad alium devenire*".

ria del derecho positivo, dado que es por convención humana que dicho reparto sucede, no por una relación natural de justicia[74]. En ese sentido, el dominio se entendía solamente como inserto en el derecho en tanto tal relación reflejaba algo como adecuado o de igual medida a otro por convención o común acuerdo[75]. A su vez, Tomás de Aquino no dudaba en atribuirle a la relación de dominio el elemento potestativo, al definirlo como "*potestas procurandi et dispensandi*"[76].

Sin embargo, los autores de la Segunda Escolástica, al definir el dominio como facultad o potestad[77] (siguiendo a Gerson), se ven obligados a admitir que el uso común ha hecho de ese dominio-facultad una noción analógica a cualquier potestad

---

74 "*Ad primum ergo dicendum quod communitas rerum attribuitur iuri naturali, non quia ius naturale dictet omnia esse possidenda communiter et nihil esse quasi proprium possidendum, sed quia secundum ius naturale non est distinctio possessionum, sed magis secundum humanum condictum, quod pertinet ad ius positivum, ut supra dictum est. Unde proprietas possessionum non est contra ius naturale; sed iuri naturali superadditur per adinventionem rationis humanae*". AQUINO, T., *Summa Theologiae*, II-II, Q.LXVI, a.II, ad.I.

75 "*Alio modo aliquid est adaequatum vel commensuratum alteri ex condicto, sive ex communi placito, quando scilicet aliquis reputat se contentum si tantum accipiat*". AQUINO, T., *Summa Theologiae*, II-II, Q.LVII, a.II.

76 "*Respondeo dicendum quod circa rem exteriorem duo competunt homini. Quorum unum est potestas procurandi et dispensandi. Et quantum ad hoc licitum est quod homo propria possideat*". AQUINO, T., *Summa Theologiae*, II-II, Q.LXVI, a.II.

77 "*Dominium autem est potestas vel facultas propinqua assumendi res alias in sua facultate vel usum licitum secundum iura vel leges rationabiliter institutas*". VITORIA, F., *Comentarios a la Secunda Secundae*, *op. cit.*, Q.LXII, a.I, n.V; "*Primo, ex definitione dominio: dominium est facultas utendi re sua pro libito, in quemcunque usum lege non prohibitum*", SALÓN, M. B., *Controversiae de iustitia et jure…*, *op. cit.*, p.143, col.1 (Q.V, I [*Tractatus de dominio rerum*]).

que se ejerce sobre las cosas propias. Si el derecho, correlativo a la deuda, es una exigencia potestativa, y el dominio también lo es, no queda sino identificar dominio con derecho[78]: "*Et isto modo, si sic diffiniatur large capiendo, idem erit jus et dominium*"[79]. Esta identificación no es necesariamente de equivalencia, pues tanto Vitoria como Soto niegan que ambas nociones signifiquen lo mismo, sino una relación categorial: mientras que el derecho es género, el dominio es especie[80]. No obstante, al definir dominio como uno entre tantos derechos, se está vinculando la definición potestativa del *dominium* al *ius*.

Así, al categorizar *ius* y dominio como potestades[81], se construye la juridificación de la exigencia, cosa que no había hecho Aquino: antes, el débito era considerado *ius*, pero en su tipificación de lo debido en cuanto justo, no en cuanto debido.

---

78 "*Per il maestro domenicano la situazione soggettiva di colui al quale un atto è dovuto in modo giuridicamente rilevante da un altro soggetto costituisce di per sé e immediatamente un diritto soggettivo o un dominium*". MILAZZO, L., *op. cit.*, p.12.

79 VITORIA, F., *Comentarios a la Secunda Secundae, op. cit.*, Q.LXII, a.I, n.VIII; "*Item confirmatur ex diffinitione juris et dominii, quae est facultas utendi re*", *idem*, Q.LXII, a.I, n.XII; "*dominium solum est ius, quo quis utitur ad suum proprium commodum*", SOTO, D., *De iustitia et iure, op. cit.*, p.279, col.2 (Libro IV, Q.I, a.I); MOLINA, L., *De iustitia et iure, op. cit.*, p.15, cols.1-2 (Tractatus II, disputatio III, I-V).

80 "*Fit ergo ut ius non convertatur cum dominio, sed sit illi superius et latius patens*". SOTO, D., *De iustitia et iure, op. cit.*, p.279, col.1 (Libro IV, Q.I, a.I); "*Quocirca ius tanquam superius genus ponendum est in definitione dominii*", *idem*, col.2 (Libro IV, Q.I, a.I).

81 "*Observemus cum dominium sit ius et facultad utendi re pro libito in proprium commodum*", SALÓN, M. B., *Controversiae de iustitia et jure..., op. cit.*, p.112, col.2 (Q.II, I [*Tractatus de dominio rerum*]); "*Dominium [...] est propria cuiusque facultas et ius in rem quamlibet, quam in suum ipsius commodum usurpare potest quocunque, usu lege permissio*", SOTO, D., *De iustitia et iure, op. cit.*, p.280, col.1 (Libro IV, Q.I, a.I).

Poniendo el acento en el *debitum*, e identificando ambos con la exigencia que surge de cualquier deuda, cabe ahora añadir a la noción de derecho la identificación *ius-dominium*, y por consiguiente, la de *ius-facultas*. Siguiendo una reversión intuitiva del concepto de suidad, se nos presenta como derecho lo que antes era la potestad o facultad dispositiva característica del dominio, de la propiedad.

Esta reversión, deduciendo de la relación jurídica con las cosas dominadas el elemento subjetivo de la *potestas*, aparece en los distintos autores como salto argumental precisamente al hablar del dominio. Será en estos pasajes en que se identifique el *ius* con la deuda y su exigencia, pero en los que se introduzca también la vinculación entre derecho y ley[82]. Es cierto que, si Tomás de Aquino había afirmado que el derecho no era ley, sino más bien razón de la ley[83]; los distintos autores también condenan la identificación extrema que había realizado el nominalista Jean Buridan, que reducía el derecho (*ius*) a significar la ley misma (*ipsam legem*)[84]. No obstante, dado que

82 «*Ius dupliciter potest accipi: uno modo pro lege. Et sic nemo habet ius peccandi, cum neminem lex peccare permittat, aprobando peccatum. Alio modo accipitur jus pro eo, quod est debitum, hoc est, pro eo, quo quis citra iniuriam utitur*», ARAGÓN, P., *De iustitia et iure, op. cit.*, p.178, col.1 (Q.LXII, V); SOTO, D., *De iustitia et iure, op. cit.*, p.193, col.2 (Libro III, Q.I, a.I); o MOLINA, L., *De iustitia et iure, op. cit.*, p.15, col.1 (Tractatus II, disputatio III, I).

83 "*Ad secundum dicendum quod sicut eorum quae per artem exterius fiunt quaedam ratio in mente artificis praeexistit, quae dicitur regula artis; ita etiam illius operis iusti quod ratio determinat quaedam ratio praeexistit in mente, quasi quaedam prudentiae regula. Et hoc si in scriptum redigatur, vocatur lex, est enim lex, secundum Isidorum, constitutio scripta. Et ideo lex non est ipsum ius, proprie loquendo, sed aliqualis ratio iuris*". AQUINO, T., *Summa Theologiae*, II-II, q.LVII, a.I, ad.II.

84 VITORIA, F., *Comentarios a la Secunda Secundae, op. cit.*, q.LVII, a.I, n.VII; SOTO, D., *De iustitia et iure, op. cit.*, p.193, col.1 (Libro III,

el derecho se recoge en las leyes[85], que se consideran la fuente del mismo, se desarrolla en ocasiones una confusión terminológica de identificación de términos. Los autores, a la vez que insisten en que la ley no es propiamente derecho, pues es una regla de la prudencia[86]; sin embargo recogen el uso extendido de ese segundo significado de derecho como ley, y aunque reconozcan su inexactitud, le dan carta de naturaleza[87].

Q.I, a.I); ARAGÓN, P., *De iustitia et iure, op. cit.*, p.4, col.1 (q.LVII, I); SALÓN, M. B., *Controversiae de iustitia et jure…, op. cit.*, p.3, col.1 (q.LVII, I).

85 "*Ius vero est iustum ipsum existens in rebus, a lege regulatum*". ARAGÓN, P., *De iustitia et iure, op. cit.*, p.2, col.1 (q.LVII, I).

86 "*Sed lex est regula intellectus practice per prudentiam constituta, atque, adeo ratio iusti, hoc est factiva et constitutiva iusti*", SOTO, D., *De iustitia et iure, op. cit.*, p.193, col.2 (Libro III, Q.I, a.I); "*Et ideo lex non est ipsum ius, proprie loquendo, sed aliqualis ratio iuris*", ARAGÓN, P., *De iustitia et iure, op. cit.*, p.3, col.1 (q.LVII, I).

87 "*quorum duo primi* [libros] *sunt de Iure, hoc est, de legibus, quae suprema sunt Iustitiae regula*", SOTO, D., *De iustitia et iure, op. cit.*, tomo I, p.6, col.1 (Libro I, *Proemium*); "*Bifariam nanque usurpatur nomen* [*iure*] *hoc: uno scilicet modo pro eo quod est lex*", *idem*; "*Ius autem bifariam […]: videlicet et pro rationis regula […], quales sunt leges*", *idem*, p.193, col.2 (Libro III, Q.I, a.I); "*Animaduertendum vero est, vocabulum, ius, aequivocum esse. Inter alia autem, primo significare idem quod iustum in utraque significatione disputatione precedente explicata. Inde vero traslatum esse ad significandas leges, quibus id continetur sive naturales illae sint, sive scriptæ, artemque qua id cognoscitur*", MOLINA, L., *De iustitia et iure*, op. cit., p.3, col.1 (Tractatus I, disputatio II, I); "*Cum lex dicatur ius a iusto, quia est regula iusti, iustum autem dicatur in ordine ad alterum, si proprie et stricte loquendum esset, illam tantum legem dicendam esse ius, quae est regula iusti et debiti alteri; ex communi autem usu loquendi iam inolevit, ut quaecunque lex dicatur ius, etiam si praescribat, quae ipsimet homini conveniunt sine ullo ordine ad alterum cui aliquid debeatur, quomodo temperate vivere dicitur esse iuris naturae*", SALÓN, M. B., *Controversiae de iustitia et jure…, op. cit.*, p.9, col.2 (q.LVII, II).

Así, queda realizada la indisoluble identificación entre *ius*, dominio, facultad y licitud. El *ius* ha pasado de significar meramente la relación extrínseca entre el sujeto y lo justo debido a otro, a significar las relaciones de deuda, suidad, exigibilidad y licitud, como poder del sujeto a usar, disponer y reclamar conforme a las leyes[88]: "*Ius ergo, ut ex superioribus constat, nihil aliud est nisi illud quod licet, vel quod lege licet, id est ius est quod est licitum per leges* [...]. *Ius est potestas vel facultas conveniens alicui secundum leges*"[89]. Es precisamente al vincular el *ius* al dominio, y a la definitoria potestad del propietario, que la definición facultativa del *ius* de Gerson y Summenhart es incorporable al discurso. El derecho es ahora facultad del individuo, lo que conocemos como derecho subjetivo: "[*Ius*] *est facultas aliquid faciendi, sive obtinendi, aut in eo insistendi...*"[90]

---

88 Véase GUZMÁN BRITO, A., "Historia de la denominación del derecho-facultad como subjetivo", *Revista de estudios histórico-jurídicos*, N.25, 2003, 407-443.

89 VITORIA, F., *Comentarios a la Secunda Secundae*, *op. cit.*, Q.LXII, a.I, n.V.

90 "*Facultas, quam ex natura rei habet unusquisque ad utendum rebus suis, ad comedendum proprium cibum, ad induendam propriam vestem, ad decerpenda ex arboribus suis poma, ad ambulandum in propria domo, aut in via publica, est ius, de quo modo loquimur: quoniam est facultas horum unumquodque efficiendi, cui si contraveniatur, eum, cuius est, absque legitima causa ab executione cuiusuis eorum prohibendo, sit illi iniuria. Facultas item alicuius obtinendi, quod si debetur, aut quia suum est, ut si illud commodavit, vel alquis illud furto ab ipso arripuit; aut esto non sit suum, ei tamen titulo emptionis, mutui, vel quovis alio debetur, est ius, de quo modo loquimur: quoniam est facultas id obtinendi, cui si sine legitima causa contraveniatur, illud ei non exhibendo, sit illi iniuria. Item facultas uniuscuisque insistendi, aut persistendi in possessione rerum suarum, est ius, quod nunc tractamus: quoniam si sine legitima causa illi contraveniatur, per expulsionem illius a possessione, infertur eidem iniuria. Facultas praeterea, quam uniusquisque ex natura rei habet, ut recipiat quicquid gratis ex suaque liberalitate quicunque alius voluerit tribuere, est ius, de quo*

¿Cómo sostener esta reubicación del polo principal en el sujeto ejerciente, que antes estaba en la ajenidad? Precisamente por la introducción en la noción de derecho de la categoría de "lo lícito", sustitutiva en la práctica, en la gestión de los bienes, de la previa categoría de "lo justo". Al definir Vitoria el derecho como "*quod est licitum per leges*", si la ley otorga facultades y potestades a los individuos, el derecho ha quedado transformado de lo justo debido a lo lícitamente exigido.

7. COEXISTENCIA DE LAS DISTINTAS DEFINICIONES EN LA SEGUNDA ESCOLÁSTICA

Ahora bien, ¿cabe adscribir a esta modificación una mutación radical, sustancial del concepto de *ius*? Dado que, en estos autores, como hemos visto, conviven y coexisten, aunque en diferentes apartados de sus obras, el concepto aristotélico-tomista, lo justo, con el voluntarista, la potestad, debe intentarse explicar la posible coherencia entre ambos[91]. En su obra *Evolución histórica del derecho subjetivo*, el agustino Avelino Folgado proponía como integración de ambos conceptos la percepción del *ius* como un ente compuesto de cuatro relaciones sinalagmáticas. Como toda relación tiene dos términos, dependiendo del término desde el que se enfoque la relación, se pondrá el acento bien en la objetividad, bien en la subjetividad.

Así, puesto que el derecho clásico posee las cualidades de "lo justo", "lo igual" y "lo suyo", Folgado define el derecho objetivo como esta relación entre sujeto y objeto, orientada desde

---

modo loquimur". MOLINA, L., *De iustitia et iure*, op. cit., p.12, col.1 (Tractatus II, disputatio II, II).

91 SAGÜÉS SALA, F. J., *op. cit.*, p.249.

la última categoría, la suidad[92]. A la contraparte, la relación de la persona con lo que es suyo, se la define por la posibilidad de disposición, o al menos de uso, sobre la cosa propia. A ello atribuye Folgado el nombre de derecho subjetivo, vinculándolo con las definiciones *facultas vel potestas* de Gerson y Summenhart. Por todo ello, el salto conceptual de Vitoria, seguido por Soto, Molina, Aragón y Salón, es el de hacer del concepto novedoso de *ius-facultas* la otra cara de la moneda del *ius sive iustum*: no una alternativa, sino una recíproca y equivalente relación en el sentido contrario al *ius* clásico.

A su vez, subrayando el elemento de alteridad, recupera la noción clásica de nuevo para construir la segunda pareja de relaciones, entre el sujeto y la comunidad, o el sujeto y "el otro" individualizado. A la anterior relación objetivo-subjetiva superponen otra relación sinalagmática que salvaguarda la ajenidad propia del *ius* tomista: el derecho, formalmente considerado, es una deuda, pues consiste en dar a cada uno lo suyo; y entendido desde el sujeto agente, es una exigencia de respeto a la totalidad de la comunidad, una exigibilidad o crédito. De manera análoga a la inversión del derecho tomista en facultad, y usando al propio Tomás[93], Folgado argumenta cómo, si el derecho es deuda, también incorporará la equivalente relación de "*actio, potestas obligandi, exigendi, iubendi*"[94]. Ahora bien, aunque la nominación de la facultad como *ius* sí aparece fundamentada con textos de los autores, no así esta segunda inversión: se funda más sobre la lógica de la primera relación

---

92 FOLGADO FERNÁNDEZ, A., *op. cit.*, pp.184-188.

93 "*In nomine ergo debiti, importatur quidam ordo exigentiae vel necessitatis alicuius ad quod ordinatur*". AQUINO, T., *Summa Theologiae*, I, q.XXI, a.I, ad.III.

94 FOLGADO FERNÁNDEZ, A., *op. cit.*, p.243.

sinalagmática, en que ambas direcciones pasan a denominarse *ius*; que sobre textos específicos, que Folgado no aporta.

En resumidas cuentas, Folgado intenta salvar la incorporación del derecho subjetivo a la Segunda Escolástica proponiendo una definición del *ius* que integre, de manera armónica, las dos direcciones de dos relaciones bilaterales. Por un lado, llamar *ius* tanto a la relación de suidad del objeto respecto del sujeto, como a la relación de disposición o poder del sujeto sobre el objeto; y por otro, a la relación de deuda de un sujeto con otro, y a la contraria relación de exigibilidad o poder de reivindicación.

El elemento que Folgado obvia, por el que autores anteriores habían negado la posibilidad de derecho subjetivo en Aquino, es que esa suidad, que el agustino utiliza como fundamento de la potestad equivalente, no es propiamente un elemento del *ius*. Lo suyo de cada uno es el objeto de la relación de justicia, sí, pero entendido como aquello que el justo está obligado a dar, no como lo exigido. El que da a cada uno lo suyo, lo hace en base a una relación abstracta de suidad de otro sujeto con su objeto, sobre el que aquél sí tiene potestad, pero esa relación potestativa es ajena a la relación de justicia, en que el sujeto agente es precisamente el que no tiene potestad sobre la cosa, y por eso la entrega al que legítimamente la debiera poseer o usar.

De los dos sujetos involucrados en la relación, el que usa legítimamente no efectúa un acto de justicia, un derecho, sino un mero hecho, éticamente evaluable desde perspectivas ajenas a la justicia. El sujeto de la justicia es el que no tiene relación de suidad con la cosa, el que actúa justamente al dar, permitir, no restringir o respetar la relación ajena del otro con lo suyo. Llamar derecho a la relación de suidad, sobre el argumento indirecto de que dicha potestad es reconocida por un tercero justo, es el salto al que la Segunda Escolástica da carta de naturaleza. Derecho ya no sería el objeto de la virtud del justo, sino la descripción del uso del propietario o poseedor lícito: el sujeto agente del *ius* ha cambiado.

No obstante, dos elementos lo separan de las escuelas nominalista y voluntarista. De la primera, nuestros autores se alejan del nominalismo al definir el derecho formalmente como una relación, y materialmente como una cosa. Los nominalistas no admitirían lo entitativo de la relación, dado que las sustancias segundas no tienen para ellos entidad propia. El derecho podría describirse, bien como la cosa poseída, bien como el sujeto posesor, pero nunca como un elemento relacional que tuviera entidad propia. De esta teoría se burla específicamente Soto, llamándola desatino o disparate (*naeniis*)[95].

De la segunda, aunque los autores españoles dieran carta de naturaleza al derecho subjetivo, igual que se la daban a la confusión entre ley y derecho, eso no significa que no mantuvieran nominalmente la definición clásica como la principal y primera. Más que buscar coherencia unitaria a las tres definiciones, debemos buscársela analógica, como ya había hecho Aquino al describir los sentidos evolutivos del *ius* en su época: lo justo, el arte de extractarlo, el lugar donde se efectúa, y la sentencia justa. A eso añadiríamos dos nuevos significados que recogen nuestros autores: lo lícito, y lo potestativo según la ley, pero respetando en ambos casos la prioridad de lo justo.

---

95 SOTO, D., *De iustitia et iure, op. cit.*, p.280, col.2 (Libro IV, Q.I, a.I).

8. CONCLUSIÓN

En conclusión, aunque la introducción de la subjetividad es un elemento claramente moderno, sobreviven diversos elementos esenciales del concepto clásico de *ius*, posibilitando eficazmente la distinción entre el derecho subjetivo hispano y el salto subjetivista del iusnaturalismo moderno. Por eso afirma Langella que en Vitoria, y podría añadirse al resto de autores estudiados, "la presencia en la obra del maestro dominico de un derecho objetivo junto a la de una teoría de los derechos humanos hacen de él un pensador en línea con la tradición anterior, pero ya abierto a las nuevas instancias de la modernidad y en ella inserto"[96].

Comentando a distintos autores, se puede concluir que la Segunda Escolástica, por una parte, es todavía profundamente cercana y admiradora del pensamiento jurídico de santo Tomás de Aquino; y enarbola un intento de teoría jurídica opuesta a las tesis voluntaristas y nominalistas exportadas de la Universidad de París. Sin embargo, hallamos simultáneamente una aceptación de la noción subjetivada de derecho, como facultad, frente a la noción estática tomista; si bien no será el elemento preeminente de la definición del derecho, como sí sucede en el iusnaturalismo posterior, encarnado por Grocio, Puffendorf o Altusio.

---

96 LANGELLA, S., *Teología y ley natural, estudio sobre las lecciones de Francisco de Vitoria*, BAC, Madrid, 2011, cita 157.

9. BIBLIOGRAFÍA

AQUINO, T., *Summa Theologiae*, (en https://www.corpusthomisticum.org).

ARAGÓN, P., *In secundam secundae divi Thomae Doctoris Angelici commentaria. De iustitia et iure*, expensis Petri Landry, Lyon, 1596.

CASANOVA GUERRA, C., "¿Era Francisco de Vitoria un nominalista?", *Scripta Mediaevalia*, V.12, N.2, abril de 2020, 67-99.

-:., "Guillermo de Ockham y el origen de la concepción nominalista de los derechos subjetivos", *Cuariensia*, N.11, 2016, 113-140.

CENDEJAS BUENO, J. L., "Derecho subjetivo, naturaleza y dominio en Francisco de Vitoria", *Cauriensia*, N.15, 2020, 109-137.

DE LA HERA PÉREZ-CUESTA, A., "El magisterio de Vitoria en el contexto universitario de su época", *Estudios de historia social y económica de América*, N.13, 1996, 547-561.

FOLGADO FERNÁNDEZ, A., *Evolución histórica del derecho subjetivo*, Pax Iuris, San Lorenzo de el Escorial, 1960.

GARCÍA VILLOSLADA, R., "Fr. Francisco de Vitoria, Reformador de los métodos de la Teología católica", en *Fr. Francisco de Vitoria, Fundador del Derecho Internacional Moderno*, Ediciones Cultura Hispánica, Madrid, 1946.

-:., *La universidad de París durante los estudios de Francisco de Vitoria O.P (1507-1522)*, Analecta Gregoriana, Roma, 1938.

GERSON, J., *De vita spirituali animae*, en *Opera Omnia*, Tomo III, Sumptibus Societatis, Amberes, 1706.

-: *Tractatus de potestate ecclesiastica et de origine iuris et legum*, según el manuscrito de Martin Crantz y Michael Friburger, 1473.

GUZMÁN BRITO, A., "'*In Quaelibet Re, Tantumden Est De Iure Quantum De Entitate*'. La Concepción Ontológica del Derecho-Facultad a fines de la Edad Media y en la Época Moderna", *Revista de Estudios Histórico-Jurídicos*, N.29, 2007, 271-331.

GUZMÁN BRITO, A., "Historia de la denominación del derecho-facultad como subjetivo", *Revista de estudios histórico-jurídicos*, N.25, 2003, 407-443.

LACHANCE, L., *El derecho y los derechos del hombre*, Rialp, Madrid, 1979.

LOTTIN, O., *Le Droit Naturel, chez saint Thomas et ses prédécesseurs*, Charles Beyaert, Brujas, 1931.

MILAZZO, L., "*Volenti non fit iniuria, Considerazioni sul concetto di diritto in Francisco de Vitoria*", *Bollettino telematico di filosofia politica,* 2011, 1-23.

MOLINA, L., *De iustitia et iure,* edición de Ioannem Keerbergium, Amberes, 1615.

OCKHAM, G., *Opus Nonaginta dierum,* en *Opera politica,* tomo I, University of Manchester, Manchester, 1940; y tomo II, 1963.

SAGÜÉS SALA, F. J., "El derecho subjetivo en Francisco de Vitoria", *Revista Española de Derecho Canónico,* N.74, 2017, 237-268.

SALÓN, M. B., *Controversiae de iustitia et jure atque de contractibus et commerciis humanis licitis et illicitis, in disputationem quam habet D. Thomas secunda sectione secundae partis suae Summae Theologicae,* Venecia, 1608.

SOTO, D., *De iustitia et iure Libri decem, edición facsimilar de la hecha por D. de Soto en 1556, con su versión castellana, introducción histórica y teológico-jurídica por el P. Venancio Diego Carro, O. P.*, Instituto de Estudios Políticos, Madrid, 1967.

SUMMENHART, C., *De contractibus licitis atque illicitis tractatus,* edición de Bernadum Iuntam, Venecia, 1580.

TIERNEY, B., *The Idea of Natural Rights,* William B. Eerdmans Publishing Company, Grand Rapids, 2001.

TUCK, R., *Natural rights theories: Their origin and development,* Cambridge University Press, Cambridge, 1979.

VARKEMAA, J., *Conrad Summenhart's Theory of Individual Rights,* Brill, Leiden, 2012.

VILLEY, M., "*La promotion de la loi et du droit subjectif dans la Seconde Scolastique*", en *La Seconda Scolastica nella formazione del Diritto privato moderno,* Giuffrè, Milán, 1973.

-:., "*Saint-Thomas d´Aquin et Vitoria*", *Le Supplément (Revue d´Ethique & Théologie Morale),* N.160, marzo de 1987, 93-100.

-:., *El derecho y los derechos del hombre,* Marcial Pons, Madrid, 2019.

VITORIA, F., *Comentarios a la Secunda secundae de Santo Tomás,* en edición preparada por Vicente Beltrán de Heredia, Asociación Francisco de Vitoria, Salamanca, 1934.

VV.AA, *El derecho subjetivo en su historia,* Universidad de Cádiz, Cádiz, 2003.

Capítulo sexto

Francisco de Vitoria y las criptomonedas: una aproximación legal y humanística[1]

JUAN PALAO UCEDA
Profesor Doctor de Fundamentos de Derecho.
Universidad Francisco de Vitoria.

---

1 Este trabajo ha sido elaborado en el marco del Proyecto de investigación "Salvación, política y economía. El comercio de ideas entre España y Gran Bretaña en los siglos XVII y XVIII" (Programa de generación de conocimiento 2021, referencia: PID2021-122994NB-I00), financiado por el Ministerio de Ciencia e Innovación, la Agencia Española de Investigación (AEI) y el Fondo Europeo de Desarrollo Regional (FEDER)"

1. INTRODUCCIÓN

Principiamos el presente opúsculo con un sucinto anuncio de su estructura.

Nos tomamos la licencia de abrirlo con un *excursus*. Aunque dicho rodeo parece alejar el objeto de nuestro trabajo, más allá, subvendrá la cimentación de este al tiempo de levantar el edificio de sus razonamientos. Se trata pues de reafirmar que la aportación de verdaderos maestros de nuestra historia puede sentar un cuerpo de doctrina intemporal que, pasados los siglos y a pesar de las mudanzas debidas al tiempo, contenga todavía una enjundiosa sabia con la que nutrir nuestros negocios y relaciones contemporáneos.

En segundo lugar, conviene como propedéutica previa a abordar de pleno el tema del artículo, prevenir un utillaje a propósito de tal término. Es decir, necesitamos al menos pergeñar un sintético perfil de la criptomoneda que describa su naturaleza y función contemporáneas para poder hacer un juicio fundado de sus partes.

No será hasta la tercera parte donde abordaremos de lleno el legado de uno de los más preclaros entendimientos morales habidos en nuestra historia llamado a disipar con su imperecedera luz las calígines de ininteligibilidad que ocultan el juicio moral y jurídico de negocios contemporáneos concebidos prodigiosamente del ayuntamiento del avance tecnológico y la búsqueda de nuevas oportunidades de negocio. Entre estos tienen un lugar preminente las criptomonedas.

2. EXCURSUS: CERVANTES Y EL GENIO INTEMPORAL

Muchas veces, considerando a nuestros ancestros, podemos estar tentados de creer que su letra impresa está muerta. Es decir, podríamos pensar que en manera alguna su saber enriquece y fecunda nuestras vidas pues son tales y tantas las mudanzas habidas que en nada nos aprovecha su doctrina en los tiempos presentes aunque su genio haya trascendido las fronteras temporales.

Sin embargo, este juicio previo vino a derrumbarse ante mí dando cuenta de Cervantes, concretamente de su celebrado Don Quijote de la Mancha en el que, por su larga extensión, se ocupa en muchos temas de diverso jaez con gran sentido y tiento.

En concreto me solazaba con su crítica de las obras milésimas u obras de teatro de mero entretenimiento, ayunas todas ellas de erudición, arte e instrucción.

¿A qué puede aplicarse hoy en día su tal doctrina? Pues precisamente a las obras cinematográficas que con tanta prodigalidad se crean en estos tiempos. Escuchen y deléitense en la finura con la que, de un plumazo, descubre la desnudez moral y estética de muchas de las producciones que actualmente se exhiben en los cines:

> "[...] pues ¿qué hermosura puede haber, o qué proporción de partes con el todo, y del todo con las partes, en un libro o fábula donde un mozo de diez y seis años da una cuchillada a un gigante como una torre, y le divide en dos mitades, como si fuera de alfeñique, y que cuando nos quieren pintar una batalla, después de haber dicho que hay de la parte de los enemigos un millón de competientes, como sea contra ellos el señor del libro, forzosamente, mal que nos pese, habemos de entender que el tal caballero alcanzó la vitoria por solo el valor de su fuerte brazo? [...]" (Don Quijote de la Mancha, Parte I. Cap. 47.)

No me digan que la pericia del protagonista de tumbar a todos los bandidos con solo un golpe de su poderoso brazo, o descalabrar a todo un ejercito de contendientes puestos, eso si, rigorosamente en fila para ser atendidos con su correspondiente golpe o estocada no les es familiar en las películas actuales.

Y continúa: "[..] fuera desto, son en el estilo duros; en las hazañas, increíbles", como el protagonista que salta de un avión a otro, "en los amores, lascivos" continuas escenas de cama para llenar la vacuidad de la película, "largos en las batallas" mucha acción y efectos especiales con el mismo propósito, "necios en las razones", es decir, sin argumento y con conversaciones absurdas, "disparatados en los viajes, y, finalmente, ajenos de todo discreto artificio, y por esto dignos de ser desterrados de la república cristiana, como a gente inútil."

Nuevamente con su singular ingenio nos presenta Cervantes un verdadero cuadro de muchas películas contemporáneas bien surtidas de acción, efectos especiales y sexo, ante lo cual bien se patentiza la carencia de argumento y mensaje con que debería nutrir el entendimiento de los espectadores. Y pues nuestros entendimientos están naturalmente inclinados a conocer[2], por ser poca o ninguna la enseñanza del mundo que se desliza tras dichas producciones, nos resultan ociosas y estériles cuando no incómodas de ver y de mal gusto.

En lugar de una obra que nos instruya sobre el mundo y sus leyes nos presenta un empalagoso y artificioso sucedáneo. ¡Que señalado y delicado sentido poseía el genio de Cervantes!

Pues bien, este artículo está animado del mismo espíritu, descubrir en la privilegiada y esclarecedora doctrina de Francisco de Vitoria los sólidos arrimos que puedan sostener un rigoroso análisis de este género de negocios jurídicos como es la compra de criptomonedas.

---

2 ARISTÓTELES, *Metafísica, I, 980a, 20-25.*

3. ¿QUÉ SON LAS CRIPTOMONEDAS Y A QUÉ SE PUEDE EQUIPARAR LA INVERSIÓN EN LAS MISMAS?

Para la recta inteligencia y ponderación de cualquier cosa es menester extender al tiempo un aleccionador parangón o analogía con cosas semejantes o similares y así alcanzar un mejor y más atinado juicio. En efecto, no podríamos juzgar de la magra o robusta fisonomía de un animal, sin pararnos un tiempo en observar otras criaturas de la misma especie.

¿De qué parangón nos podríamos servir pues para hacer una recta notomía de las criptomonedas?

A priori, obedeciendo a la semántica de su nombre, nos parece que caen bajo los fueros de las divisas que, a un tiempo, aprovechan como instrumentos de pago y, ocasionalmente, como medio de inversión.

Por un lado nos preguntamos ¿qué respalda el valor de una divisa para hacerla acreedora de esta bífida utilidad? Fundamentalmente la capacidad productiva de un país o PIB ya que solo este puede asegurar un equilibrio en la balanza de pagos y un prestigio de la moneda[3]. Es decir, su fundamento se encuentra en el músculo económico de un país por cuyo salvoconducto y medio este libera bienes y servicios de calidad a la efervescente corriente de los mercados.

El país que mejor se conduzca por la senda de la productividad y generación de bienes, disponiendo y ordenando eficientemente sus recursos, de igual manera, será premiado con el aprecio y consideración a su moneda por los inversores pues no solo mostrará la robustez de su economía sino que, igualmente, de esa misma moneda, nos habremos de servir, a lo

---

3 Vid. ECHEVARRÍA, J. *Teoría del dinero y del comercio internacional*, Madrid, Tecnos, 2ª 1985, 227.

menos, para la adquisición de los bienes y servicios que de tal nación son oriundos[4].

Por otro lado ¿a qué obedece el precio de una criptomoneda? La única norma que gobierna su fluctuación valorativa es la demanda con que la estiman los compradores[5] fuera de la cual, no hay ninguna circunstancia, dato o criterio objetivo que explique la oscilación de su paridad y cotización.

De ahí que el mero apoyo por parte de Elon Musk a la criptomoneda hizo que se disparara un 12% su cotización[6] o, de signo inverso, la exclusión del Bitcoin como medio de pago de los coches Tesla estrechó al bitcoin hasta una reducción valorativa del 11%[7].

De ahí que esta moneda tenga una mayor volatilidad, proclive a una cotización en sierra, tan adherente a los activos vacíos de valor real subyacente.

Este género de inversión nos recuerda a los "chartistas". ¿Qué son los chartistas? Personas que toman decisiones de inversión a fuer de inexpresivos gráficos históricos de las compa-

---

4 Ciertamente que se habrá de gestionar la economía adecuadamente para que la estabilidad de la moneda pueda alcanzarse (ECHEVARRÍA, 227 y ss.) pero la robustez y el dinamismo de su sistema productivo es uno de los datos objetivos imprescindibles a tal término.

5 SAN ROMÁN, I. *Las criptomonedas: ¿burbuja por pincharse o divisa del futuro?*, en «Cinco Días» (7 octubre 2018), Madrid.

6 HERNÁNDEZ, M. *Elon Musk vuelve a hacerlo: un mensaje en Twitter dispara el bitcoin hasta rozar los 40.000 dólares*, en «El mundo» (14 junio 2021), Madrid.

7 HÉRNANDEZ, M. *El bitcoin se desploma tras el anuncio de Elon Musk de que Tesla deja de aceptarlo como forma de pago*, en «El mundo» (13 mayo 2021), Madrid.

ñías encontrando en ellos patrones que, en su opinión, anticipan una subida o bajada de su valor bursátil[8].

De hecho uno de los primeros chartistas, John Magee, usaba de este género de análisis técnico de activos recluído en su oficina y con las persianas bajadas para que nada conturbara su aséptica y fría interpretación de los gráficos, ni un día soleado ni uno lluvioso[9].

Los chartistas hacen ojos ciegos a todo aquello que no sea fluctuación valorativa y en poco o nada cifran la naturaleza de los valores que se intercambian o la prospectiva de la compañía que los emite. Por todo ello les es indiferente que tras los activos con que negocian haya un negocio de armas o de alimentos, de pornografía o de máquinas de labrar[10].

Pues bien, ese registró histórico de cotizaciones también es la única información objetiva que se nos brinda al tiempo de comprar criptomonedas por no contener dicho activo anclaje objetivo alguno en la realidad fuera de la subjetividad humana. Y ciertamente la libertad humana es una magnitud tan inabarcable e impredecible que repugna la estrechez y simplicidad de una cerrada ecuación haciendo de las ciencias sociales las más complejas y alejadas de la puntual predictibilidad dentro de los saberes científicos [11].

Por eso, frente a estos geómetras de la inversión, sin embargo, encontramos a los partidarios del método fundamen-

---

8 MALKIEL, B. G. *Un paseo aleatório por Wall Street*, traducido por María HERNÁNDEZ, Madrid, Alianza Editorial, 8ª 2003, p. 126.

9 MALKIEL, B.G. *Un paseo aleatório por Wall Street*, p. 126.

10 *Ibid, 127.*

11 SANTOS ROMÁN, J.M. "Conceptos Clave para repensar el Derecho ", en *Claves para repensar la ciencia del derecho a la luz de la doctrina de M. Villey*, Madrid, Dykinson, 2023, p. 23.

tal que consiste en estimar el valor real de una compañía en atención a sus ganancias, planes futuros y proyectos de I+D, consolidación en el mercado, etc. para colegir si el valor de las acciones se corresponde o no con la prospectiva de su proyecto empresarial [12]

Sentado lo anterior, en lo tocante a la inversión en criptomonedas nos tornamos en verdaderos "chartistas" sujetando la suerte de nuestra inversión a la evolución de un gráfico. Por ello podríamos reputar a ese género de inversión como un puro e imprevisible juego de azar.

Fiamos nuestro dinero de esta forma a una caprichosa y voluble coreografía de ávidos deseos y vehementes rechazos del público que, sin razón ni causa fundada, desamparan o ensalzan dichos activos digitales de tiempo en tiempo.

A este respecto podríamos decir que "[o]ctubre es uno de los meses particularmente peligrosos para especular en la bolsa. Los otros meses peligrosos son julio, enero, septiembre, abril, noviembre, mayo, marzo, junio, diciembre, agosto y febrero" citando a Mark Twain, en Wilson el chiflado, pues esta es la lógica a la que atiende este género de inversión.

Considerad la etérea y vacua hechura de estos activos inmateriales cuya adquisición en manera alguna subviene o favorece utilidad alguna para los hombres. Están engendrados más bien al albur de una mera, hipotética e incierta revalorización.

Su negociación se asimila pues a un verdadero juego de suma cero. Si alguien gana, otra persona necesariamente pierde y viceversa. Tal oficio excusa pues la compartida ganancia adherente sin embargo en las habituales rentas del trabajo y del capital.

---

12 MALKIEL, B.G. *Un paseo aleatório por Wall Street*, 125.

Así es como las criptomonedas devienen en paradigma y prototipo de la inane especulación enfrentada con la inversión proficua y productiva. Su modelo de inversión nos acerca a las reliquias del meteórico ascenso del precio de los bulbos de tulipán.

Un navegante arribó a las costas holandesas con tulipanes. Tal fue la reacción del sobrecogido y deslumbrado vulgo ante la belleza de los mismos que su precio ascendió meteóricamente hasta llegar a equivaler al sustento de un año de toda la tripulación de un barco [13].

Pero la naturaleza, que siempre vuelve las cosas a su verdadero ser, terminó por deflaccionar su valor hasta el de una cebolla corriente con espantosa ruina para muchos de los que habían confiado sus haberes a tan incierto activo[14].

La verdad hizo despertar a las gentes de las paradisíacas ensoñaciones que había elevado el lucrativo vegetal, como hiciera el inocente niño en el cuento el traje invisible del emperador.

Pero esta hecatombe no es patrimonio exclusivo de los bulbos de tulipán. También las criptomonedas han seguido en el reciente pasado la misma suerte, de forma que podemos ascender al cielo y bajar a las profundas simas de los tierra en un breve espacio por la ausencia de peso específico propio. Las víctimas de este devorador frenesí especulativo dan testimonio de ello[15].

Una inversión inmobiliaria, sin embargo, ya que es un bien necesario para todo hombre, siempre tendrá un valor intrínse-

---

13 *Ibid.*, 39.

14 *Ibid.*, 40.

15 SÁNCHEZ, A. *Los derrotados de las criptomonedas ven esfumarse sus ahorros: "Se te queda cara de tonto"*, en «El País» (20 octubre 2022).

co mínimo por la necesidad básica que suple. Esta necesidad subyacente, sin embargo, se excusa en las criptomonedas.

Pero además, ¿cómo se podría depositar alguna sombra de valor sobre este electrónico artificio si su etérea e inmaterial sustancia ni siquiera permite equipararla con el oro, el cual, por ser duradero, maleable, precioso y exiguo en la naturaleza y maguer no tenga una utilidad declarada, es generalmente aceptado como refugio de inversión y fuente de valor?[16] No solo los gobiernos son, tiempo ha, de este partido sino también los particulares por lo que es difícil que esta común confianza quiebre totalmente en algún momento.

En cambio, teniendo la susodicha moneda la virtud de ser replicada o de ser sustituida por otra a causa de su inmaterial condición, en ningún punto podría considerársela como un bien económico o fuente fiable y estable de valor ante el incierto futuro que la apetencia o el capricho humano puede depararla.

Sin embargo, esta falta de valor intrínseco no se puede predicar de todas las divisas electrónicas. Algunas han nacido acompañadas de una cadena de bloques o "Blockchain" que permite la introducción de utilidades añadidas como los "Smart contracts" o contratos de auto ejecución.

A través de este último vehículo, los que quieran fiar el ulterior desenvolvimiento de un negocio jurídico a la seguridad de estos contratos autoejecutables (pagos automáticos ante ciertas circunstancias), deben pasar por la compra de la moneda que tiene estas funcionalidades habilitadas como es la criptodivisa, Etherum. La referida utilidad podría abrir una vía o camino a la generalizada apreciación de esa criptomoneda pero, salva-

16 SMITH, A. *An inquiry into the Nature and Causes of the wealth of nations*, London, 1776, p. 37.

das estas contadísimas excepciones, la criptomoneda está en brazos de cambiantes apreciaciones humanas.

4. ¿QUÉ DIRÍA FRANCISCO DE VITORIA DE LA INVERSIÓN EN CRIPTOMONEDAS?

4.1. Francisco de Vitoria: teólogo moral

Explicitado lo que antecede es todavía razón alargar la propedéutica y el circunloquio de este escrito antes de dirigirnos al objeto de nuestras indagaciones que intitulan este opúsculo.

Y en este punto nos es forzoso discriminar entre la inmoralidad y la injusticia. Injusto es todo aquello que conculca una equivalencia o equilibrio entre las partes entre las que se da el negocio haciendo injuria o agravio a otro[17]. Inmoral, sin embargo, es aquel negocio que por una u otra parte viene a impedir el crecimiento del sujeto, degenerándolo o corrompiendo[18] y, por tanto, es más comprensivo y exigente en sus fueros, leyes y sentencias.

Lógicamente cualquier acto verdaderamente injusto es por su condición inmoral, pero no todo lo inmoral es injusto, en el sentido de romper la equivalencia y hacer agravio a otro.

Vitoria, habla de pecado e injusto y en ocasiones no discrimina considerando que lo inmoral es también injusto sujetándolo a restitución. Posiblemente aplique este vocablo como

---

17 DE VITORIA, F. *La Justicia. Comentarios a la Suma Teológica II-II, c. 57-61,* traducido por L. Frayle Delgado, Madrid, Tecnos, 2001, p. 5.

18 MACINTYRE, A. *Tras la virtud,* Barcelona, Crítica, 2008, p. 76.

injusticia en sentido de general, y no como virtud particular de dar a cada uno lo suyo[19].

Así queda muy a las claras que, más que un jurista, es un teólogo moral el cual, sirviéndose de su fina inteligencia de las instituciones jurídicas, avala sus sentencias no solo con criterios morales o que tocan al bien del ser humano sino, igualmente, con argumentos jurídicos. Y, ciertamente, la redacción de un manual de confesores tan acostumbrada en aquella época, debía de estar precedida de una exacta inteligencia jurídica y técnica de los diversos institutos para alcanzar una acertada condena o absolución de los mismos, como era el caso de Vitoria.

> "Es claro que en muchísimos casos el juicio acerca del carácter usurario o no de un cobro del lucrum cessans se podía dar sólo en el confesionario. De aquí la importancia del conocimiento que de estas materias tuvieran los confesores, y la explicación de por qué se publicaran, sobre todo en los siglos XIV, XV y XVI, muchos Manuales de Confesores en que se instruía extensamente acerca de la índole de ésta y de otras operaciones económicas"[20]

Así comúnmente declara el salmantino una justicia por encima de la de las leyes positivas o puestas. Afirma por ejemplo que aunque no haya prohibición legal para vender una cosa por más del doble del precio justo, por ley divina, debe el vendedor restituir al comprador que concedió en tan ruinoso trato aunque haya mediado su libre voluntad en la perfección negocial[21]. O, en lo concerniente al que uso de di-

---

19 ULPIANO, *Digesto, I, 1, 10.*

20 WIDOW, J.A. "La ética económica y la usura", en *Anales de la Fundación Francisco Elías de Tejada* 10, 2004, 15-45, p. 30.

21 DE VITORIA, F. *Contratos y usura,* traducido por María Idoya ZORROZA, Pamplona, Eunsa, 2006, p. 96.

nero para procurarse favores venéreos, absolviendo de la pena legal, declara simultáneamente el desmán moral que tal conducta representa[22].

Por tanto, entienda el lector que la fina disección y análisis de los institutos jurídicos que realiza Vitoria en sus obras son el cauce metodológico por donde discurre su categorización moral de los mismos.

A esta categorización moral es lo que se ciñe y ajusta el presente escrito haciendo extensión del pensamiento del salmantino. No nos centramos pues únicamente en la declaración de la legalidad e ilegalidad, entendida esta como justicia particular conmutativa[23], materia que por tener conexión con la primera aflorará de tiempo en tiempo.

Por otro lado, Vitoria estructura sus escritos de forma peculiar. Influenciado por el nominalismo[24] el autor entra en una detallada casuística presentando casos y circunstancias múltiples para dilucidar en cada supuesto su moralidad o inmoralidad. Por esta razón resulta capital ponderar su pensamiento de una forma orgánica y conjunta al tiempo de extraer de su enseñanza un único y general juicio moral, so pena de errar en la extrapolación de su pensamiento a nuestros negocios y tratos contemporáneos.

Consideraremos como puntos de partida dos juicios amplios aplicables a todos los contratos en general de los que bien

---

22 Vid. DE VITORIA, *Contratos y usura,* p. 94 en relación a la compra de placeres venéreos por dinero en donde distingue el salmantino el pecado del equilibrio de la justicia conmutativa entre el pago y el favor que se pretende.

23 DE AQUINO, T. *Suma Teológica II-II, 59, a.1.*

24 ZORROZA, M.I. *Introducción,* en *Contratos y Usura,* Barañaín (Navarra), Eunsa, 2006, pp. 11-71, p. 16.

se podría colegir que el trato con este género de activos es lícito. Posteriormente, a través de prescripciones más concretas sobre particulares negocios que guarden en algún punto una relación de semejanza concreta con el negocio que tratamos, iremos descartando esta opción.

4.2 Primer argumento sobre la licitud y moralidad del comercio en criptomonedas: Libre compra y venta de cosas supérfluas

El primer hito en el que nuestro discurso ha de recalar es el tocante a la venta de cosas innecesarias, demandadas por mero capricho, vacua apetencia o boato. Bajo esta categoría puedan caer cosas tales como joyas, servicios (canciones, etc.) u otros actos que se han de ejecutar previo pago de un montante.

En lo que toca al intercambio de estas cosas, el salmantino no arbitra límites ni techos a la fijación del precio para que sea lítica o moral en tanto no medie ni engaño, ni violencia ni ignorancia. Si el precio es descomedido y exagerado se entenderá que dicho negocio se conduce por los fueros de la liberalidad o donación sin que por esto deba hacérsele tacha alguna de indignidad[25].

En esta categoría de cosas entendemos nosotros podríamos situar el mercadeo con criptomonedas en tanto de su adquisición no podemos colegir satisfacción alguna de necesidades básicas como son los alimentos, la ropa o el cobijo por su etéreo valor y falta de consistencia. Más aun es materia de comercio prescindible sin que en su compra medie necesidad básica alguna.

---

[25] *Ibid.*, 95.

Por lo referido se podría entender que este negociado es neutro y no puede entenderse ilícito e inmoral sino atendidas otras circunstancias añadidas al mismo que le pudieran atribuir esta condición.

4.2.1. Primera objeción: Juicio moral sobre la intencionalidad

Ante esta argumentación, hemos de decir, que la crematística ya fue definida por Aristóteles como la búsqueda del dinero por el dinero sin límites[26], sin causa honrosa alguna como es la economía[27]. Está pura búsqueda del beneficio también resulta reprobada por Santo Tomás en tanto no se encamine la ganancia, siempre moderada, a un fin "necesario o incluso honesto" como el mantenimiento de una familia[28].

Pues bien, a esto mismo se ordena la negociación en criptomonedas ya que no aporta valor o utilidad al hombre sino que se ordena a la burda crematística. De ahí que su adquisición está solo guiada por una avidez de riquezas sin título moral que respalde su granjería. A ese respecto ya Vitoria se pronunciaba respecto a la compra de bienes para su reventa con mayor precio como intencionalidad fundamental:

> "Sobre la primera conclusión, a saber, que la negociación que no se ordena a un fin honesto -por ejemplo, la que busca adquirir riquezas- de suyo es torpe e ilícita; se duda si negociar así es pecado mortal, como negociar para hacerse ricos, sin que se ordene el lucro a un fin honesto. En segundo lugar, digo que dicha negociación no es pecado mortal, sino venial con tal

---

26 ARISTÓTELES, *Política*. I, 9, 1257b–1258a 10

27 *Ibid. I, 1258a, 38–1258b, 1.*

28 S. T. DE AQUINO, *Suma Teológica II-II, c. 77. a. 4. sol.*

> que el negociador no tenga en la intención el hacer injuria, ya que no es de suyo contraria a ninguna virtud." [29]

Por tanto tacha a cualquier búsqueda crematística, sin otro fin honesto, inmoral o pecaminosa aunque no injusta ya que no hace injuria o agravio a nadie. Solo si la avidez de riquezas es desaforada pudiera tornarse en un pecado mortal o acto de mayor inmoralidad[30].

En iguales términos hemos de declararnos frente a la compra de criptomonedas para "hacer dinero fácil" excusada toda causa honesta como el mantenimiento y educación de una familia, la ayuda a los pobres, etc.

Ya que no hacemos injuria a otros, en tanto las intercambiamos por su valor de mercado, no podemos reputarlo injusto. Pero cuando solo nos mueve el incremento de nuestro peculio es algo inmoral, algo que les sucede a algunos jóvenes que sueñan con los pingües beneficios que les procurarán una vida cómoda y ociosa.

De ahí que la misma intencionalidad o causa final, inadvertida y desconocida para muchos, decantará la moralidad o inmoralidad de la misma aunque la compra-venta de que se trate sea de cosas superfluas y no sujetas a la satisfacción de necesidades vitales.

4.2.2. Segunda objeción: La inversión en criptomonedas y los juegos de azar.

Ya que, por las razones arriba vertidas, el precio de las criptomonedas se encadena a subjetivas e impredecibles mudan-

---

[29] DE VITORIA, F. *Contratos y usura*, p. 123.

[30] *Ibid.*, 124.

zas, por depender única y exclusivamente de la libertad humana, materia inabarcable y vedada en su integridad a cualquier ciencia humana, afirmábamos que su adquisición mejor podría encuadrarse en una suerte de juego de azar.

Y a este respecto ¿qué dice Victoria de los juegos de azar? Sobre este tipo de negociado el salmantino declara su más acerada y enérgica condena considerando este negocio inmoral:

> "[...] y de igual modo respecto el dinero ganado en el juego, porque es afirmado por todos que aquel dinero–y cualquier otro dinero de un beneficio inmoral–ha de ser restituido a los pobres."[31]

Aquí entendemos que no hay injusticia en su práctica por faltarle la nota de agravio a otro. Sin embargo la acerada condena ética que sobre los mismos vierte se erige en titulo bastante como para exigir, a juicio de Vitoria, la dación de las ganancias habidas a los indigentes.

4.3. Segundo argumento sobre la licitud y moralidad del comercio en criptomonedas: Su intercambio por la común estimación de las mismas

Como buen dominico Victoria es, en muchos puntos, del partido de Tomás de Aquino que acepta que todo precio de compraventa sea justo y moral en tanto se ajuste a una común estimación[32].

Esta común estimación debe estar garantizada por una abultada concurrencia de oferentes y demandantes del producto en el mercado. Solo así se previene una fijación industriosa y artificiosa del mismo como bien puede acontecer en

---

31 *Ibid.*, 146.

32 *Ibid.*, 85.

los oligopolios o monopolios por la falta o parvedad de oferentes o demandantes[33].

Esto es lo que hoy en día podríamos nominar como precio de mercado y al que se remiten la mayoría de nuestras transacciones.

Si entendemos que la cotización de la criptomoneda es pública y en la formación de sus precios intervienen multitud de oferentes y demandantes, su mercado se adecuaría perfectamente a este general precepto pues en su fijación se excusa toda colusión o encubierto concurso de voluntades.

De ahí que, conforme a la citada regla, habríamos de reputar lícitos y morales dichos intercambios. No habría, por este lado ninguna tacha a la inversión en este género de activo inmaterial.

4.3.1. Primera objeción: La ausencia de creación valor e inutilidad de este género de negociación.

Aunque la compra de cualquier cosa por la común estimación o precio de mercado es lícita, Vitoria ahondando en las bases morales o intencionalidad de la acción, discrimina aquellas compras que, independientemente del precio, se efectúan con ánimo de reventa.

En especial, el juicio de Vitoria se centra en la percepción de mayor dinero en la reventa de las mercaderías sin que este aumento obedezca a un esfuerzo, trabajo o gasto propio que lo justifique como es el transporte de las mercaderías, la transformación de las mismas, su almacenaje, la compra a la gruesa

---

[33] *Ibid.*

para realizar una venta por menudo, el tránsito del tiempo que ha encarecido el producto, etc.

Dicha ganancia debe ser reputada como inmoral al contener en sí cierta "torpeza"[34]. La ve con torpeza pues, como dijimos más arriba, negociaciones de este género invitan a la destemplanza y la avaricia[35].

Aunque, como es el caso, Vitoria entiende que no se agravia a nadie con su ejercicio por lo que no procede considerarlo injusto. De acuerdo con su inteligencia moral de los negocios, no considera adecuado recibir más sin mediar un justo título habilitante, como ocurre v.gr. con la usura como veremos, por lo que no se declara amigo de tales prácticas.

Ciertamente la cadena de valor nos muestra que cada escalón va añadiendo valor al objeto hasta llegar al consumidor final que paga el agregado de todos esos valores añadidos, desde la extracción de la materia prima, la transformación de la misma o el transporte hasta su distribuidor cercano[36]. Estos son títulos o causas bastantes como para justificar un sobreprecio en la reventa.

Como nota curiosa, el impuesto de valor añadido expresa con su nomenclatura que aquel valor añadido que el trabajador da a la cosa ha de revertir de alguna forma en provecho y bien de la Comunidad, de ahí que se haya instituido este impuesto que reconoce esa necesaria aportación.

---

34 *Ibid.*, 128.

35 *Ibid.*, 130.

36 APOLINAR MARTÍNEZ ARROYO, J. – VALENZO JIMÉNEZ, M.A. – ZAMUNDIO DE LA CRUZ, A.G. "La gestión de la cadena de valor en un entorno competitivo y cambiante", *Signos, investigación en sistemas de gestión,* 11, 2019, 55-70, p. 66.

Otro juicio mercería un negocio si, adquirida una cosa superflua–como una criptomoneda–con otro propósito diferente al de la reventa (v.gr. alguna compra que requiere de un pago en moneda virtual), esta es enajenada posteriormente con ganancia.

En este caso, ya que no movía incialmente al adquirente el ánimo de reventa en las condiciones antes tratadas y excusado como siempre el engaño, la ignorancia y/o la necesidad del comprador, bien puede el propietario revenderla por cualquier cantidad incluso más cara que el valor de mercado, sin que por tal acto pueda ser reprobado moralmente [37].

4.3.2. Segunda objeción: La ilicitud del cobro de interés por el préstamo de dinero o usura y la criptomoneda

Francisco de Vitoria, como Tomás de Aquino[38], reprueba que por el préstamo de dinero como bien fungible se cobre un interés al excusarse la equivalencia entre lo que se da y se recibe[39] que es la base de la justicia particular conmutativa[40].

Y esto acontece, aunque haya sido el mercado el que haya establecido ese interés o precio del dinero a los préstamos que se conceden. Por tanto, en lo que toca a esta especie particular de negocio se matiza la aplicación de la anterior aseveración acerca de la procedencia y licitud de vender por la común estimación.

Solo algunos títulos extrínsecos, es decir, contingentes y extraños al contrato de préstamo de dinero propiamente dicho,

---

37 DE VITORIA, F. *Contratos y usura,* 95.

38 DE AQUINO, T. *Suma Teológica.*

39 DE VITORIA, F. *Contratos y usura,* 135.

40 DE VITORIA, F. *La Justicia. Comentarios a la Suma Teológica II-II, c. 57-61,* 7.

permiten el cobro de un interés entendido como indemnización por un daño emergente o lucro cesante resultante del quebranto sufrido por el prestamista a causa de la falta del dinero prestado [41]. En el presente estos títulos podrían ser la inflación, la pérdida de la ganancia o rentabilidad por no contar con el dinero, gastos incurridos, etc.

Concedido lo anterior, sin embargo, Francisco de Vitoria habla contra aquellos prestamistas que, aunque estén habilitados por títulos extrínsecos para demandar intereses y mantenerse indemnes, prefieren esta pacífica y fácil ganancia que negociar ellos mismos con el dinero y emplearse en una inversión que les brinde el sustento[42].

En este caso la pacífica recepción de beneficios sin mediar trabajo o diligencia alguna parecer resultarle torpe y molesta al salmantino y, en este caso, inmoral en tanto no contribuye al crecimiento y desarrollo del hombre. Esto incluso cuando, en estrictos términos de justicia, no se podría hacer tacha alguna del mencionado negocio por no provocar agravio o demérito al prestatario.

Pues bien, esta misma situación podría extrapolarse a aquel que remite a la inversión en criptomonedas su sustento, ganancia y beneficio. La persona que tal hiciera se encontraría postrado pertinazmente en su molicie acomodaticia abandonándose a una inactividad insoportable e indigna.

Aunque de su actuación no se derivara una injusticia hacia los otros ya que no sufren ningún menoscabo, afearía Vitoria la ociosidad que corrompe sus dinamismos y talentos personales. Este inversor actuaría en contra de lo que la discreción y su naturaleza aconsejan como es su empleo en una digna

---

41 DE VITORIA, F. *Contratos y usura,* 156-158.

42 *Ibid.*, 162.

ocupación que disponga sus riquezas personales y materiales en favor de los demás.

5. LA ANTROPOLOGÍA DE LA LÓGICA DEL DON QUE SUBYACE A ESTA VISIÓN DE VITORIA SOBRE LOS CONTRATOS.

Como continuación a lo anterior, estas son las notas de identidad con la compra de criptomonedas que hemos advertido en ciertos negocios:

a. Contratos aleatorios o juegos de azar: Búsqueda de enriquecimiento fácil.

b. Contrato de compraventa: Realizar reventa beneficiosa sin aportar valor al bien.

c. Contrato de préstamo: Voluntad de enriquecimiento percibiendo más de lo que se da, conculcando la equivalencia conmutativa.

Parece que hemos encontrado dos elementos inmorales u óbices al desarrollo de nuestra naturaleza en la dedicación a la compraventa de criptomonedas.

La crematística sin fin honesto que la avale y la ociosidad resultado de esa opulencia.

5.1. La crematística inherente a la negociación con criptomonedas.

En primer término, puede distinguirse en esta actividad, por su mera configuración, el horrísono y nefando jayán de la crematística ávido de enseñorearse de las humanas voluntades.

Un enriquecimiento carente de otro fin lícito que no aporta beneficio ni ventaja a los demás en su granjería y que no tiene fin honesto fuera de sí mismo, confunde al hombre y le sepulta en la sima de su desconocimiento.

Parece que ese sería el advertimiento que nos haría Vitoria en la época actual en la que muchos jóvenes se predisponen a tales negociaciones en el convencimiento de que les permitirán una vida fácil y despreocupada.

También otro género de ídolos se ofrece que seducen la voluntad humana desviándola de su vocación original como son la fama, el éxito, el prestigio, el poder, etc....

Cuando algunos jóvenes en la universidad me confían tamaños anhelos, vengo a entender que sufren un claro extrañamiento de sí mismos en tanto estas son metas que la sociedad propone y en manera algunos propósitos personales que revelen sus verdaderos anhelos y proyectos personales.

Y pues el hombre solo se conoce en la acción y este es el natural llamamiento a la que su misma configuración anatómica le llama, se nos ofrece asaz de triste e indigno que las ricas potencialidades y dinamismos de los jóvenes queden soterradas bajo las descarriadas aspiraciones mentadas.

No siendo malos en sí mismos los mentados logros, solo son positivos y convenientes cuando germinan como el fruto maduro de una vida lograda y una vocación desplegada. Como exclusivas y cegadoras metas confunden la voluntad pues, como veremos, nuestra verdadera naturaleza está en el don de nosotros mismos a los demás, obviado el cual, entramos en las penumbras de la infelicidad y la insatisfacción por el anonadamiento de nuestro ser.

Los países que en peor situación se encuentran para enfrentar las necesidades y atenciones a sus habitantes de educación, sanidad, seguridad, trabajo y sustento, son aquellos en donde los delincuentes, comprando por desmedidas cifras a sus congéneres, ha acabado por someter y allanar voluntades humanas.

Una vez el policía, político o funcionario ha tomado esa desmedida, inmerecida y oscura recompensa de la corrupción, sus manos y brazos se anquilosan y se muestran ya reticentes a desempeñar las tareas a que su puesto les convoca, los imposibilitan para darse.

Toda su atención, fuerza y deseo quedan fijados en la atención a la siguiente remesa que les ha de venir sin títulos ni causa para ello con tal de que no obstaculicen e incluso colaboren en la actividad ilícita.

De ahí que se repute de corruptos aquellos que han sido anulados por la sobreabundancia de poder, dinero o prebendas y que ya no pueden dar los frutos para los que estaban hechos.

Del mismo modo la búsqueda de desorbitadas ganancias sin título corrompe nuestra naturaleza humana y, en el caso de las criptomonedas, además puede ser un falaz espejismo que seduzca con sus fementidas promesas hasta que la realidad nos desengañe de su torpe influjo.

Por tales razones la Iglesia católica proclama que debe evitarse que “el rendimiento del capital [...] suplante a las rentas derivadas del trabajo”[43] so pena de hundirse el hombre en una hipoxia ontológica y se vaciarse de sentido vital.

5.2. La cómoda ociosidad y la falta de entrega a los demás buscada con la negociación con criptomonedas.

Pero vamos a profundizar en el subsuelo del aparato de pensamiento de Francisco de Vitoria. Ocultas pero entrevera-

---

[43] LADARIA, et al., «Oeconomicae et pecuniariae quaestiones.- Consideraciones para un discernimiento ético sobre algunos aspectos del actual sistema económico y financiero», núm 15.

das con sus razones discurren las vivificadoras fuentes de una antropología humanística próximas a la "lógica del don" que dan cohesión y unidad a sus ideas.

El salmantino podría reprobar la conculcación del estatuto humano ante esta ociosidad libremente elegida en tanto nuestra dedicación y esfuerzo son causa de la dignificación moral del hombre poniendo nuestros dinamismos personales en acción. Un estatuto que, siempre latente en la iglesia, afloraría tiempo después en la Gaudium et spes 24:

> "[...] el hombre, única criatura terrestre a la que Dios ha amado por sí mismo, no puede encontrar su propia plenitud si no es en la entrega sincera de sí mismo a los demás".

La compra de criptomonedas no solo está viciada de raíz por su causa final, a saber, estar encaminada tan solo a la crematística u obtención de dinero. En efecto también se emplean los medios menos a propósito a tal fin es decir, obtener la ganancia sin hacer nada provechoso y de forma inmerecida.

¿Acaso puede considerar el lector que un abogado o médico que despache su cotidiana labor con desgana y apatía, confiado en que eso no afectará a su remuneración, llegado al final del día no encontrará que sus quehaceres no han tenido sentido alguno, que no ha puesto sus talentos a rendir con la solicitud que su naturaleza exige?

¿O acaso no crece más el abogado o el médico que, esforzándose y poniendo en ejecución todos sus dinamismos intelectuales y volitivos en pos de los demás, progresa en su ciencia, subviene a los demás y gana santamente la remuneración que justamente solicita?

La lógica del don nos dice que, a diferencia de las cosas materiales, las más importantes, las operaciones del alma, cuanto más se dan, más crecen (amor, intelecto, voluntad, rigor, capacidades analíticas, etc.) y si no se dan, como el agua estancada, se corrompen por falta de uso. Ese es el verdadero fin de nuestra vida[44].

Todas estas prácticas proscritas por Vitoria o agravian a los demás torciendo su derecho o, a lo menos, envilecen al hombre anquilosando su actividad y adormeciendo sus dinamismos personales, contraviniendo la veterotestamentaria intimación de "ganarás el pan con el sudor de tu frente" (Gn 3, 19).

La moral, por el contrario, presenta la vía o el camino de tránsito del hombre desde la potencia al acto, permitiendo así la particular realización que su idiosincrasia demanda[45].

En boca del gran humanistas Luis Vives[46]:

> <<De manera que ladrón es, no el que merma la hacienda que ha de dejar al heredero, dando participación a los pobres, sino quien abusa inútilmente de su talento, o consume sus fuerzas, o deja enmohecer su ciencia, o derrocha su dinero, o los retiene con estéril tenacidad>>.

6. CONCLUSIONES

Primera.- La experiencia de nuestros ancestros puede subvenir nuestros proyectos y vida presentes con sus sabias e intemporales recomendaciones. Basta escucharles con los ojos del entendimiento y cosechar la esencia de su doctrina tan válida ayer como hoy.

Segunda.- A diferencia de las monedas nacionales el respaldo valorativo de la mayor parte de las criptomonedas se basa en

---

44 DE VITORIA, Contratos y usura, 162.

45 MACINTYRE, A. *Tras la virtud*, 75.

46 VIVES, L. *Obras sociales y políticas*, Madrid, Publicaciones españolas, 1960, 77.

un voluble y antojadizo agregado de voluntades humanas. Por ello, su precio bien puede elevarse hasta las mismas salas empíreas o bajar hasta las profundas simas telúricas en breve espacio en tanto un informe concurso de voluntades así lo decrete.

Además, ya que la libertad humana está fuera del alcance de cualquier ciencia no hay fiables criterios objetivos que anticipen tal mudable coreografía.

Tercera.- Antes de entrar en el pensamiento de Vitoria conviene entender como el cuerpo de su pensamiento se ocupa, como buen eclesiástico, en cuestiones morales. Su vasta cultura jurídica le permite inteligir en profundidad los negocios para ocuparse de aquel menester con la finura y precisión de un entomólogo.

Cuarta.- En primer término parece que, tratándose de cosas superfluas e innecesarias para atender las necesidades humanas (como son las criptomonedas), el salmantino levanta cualquier reprobación por la libertad que asiste su intercambio. Sin embargo, entendiendo que este género de trata de criptomonedas obedece a una burda crematística, no han de reputarse estos negocios neutros moralmente sino asaz contraproducentes para el hombre que desembrida su avidez y codicia.

Igualmente, asimilándose la compra de criptomonedas a los juegos de azar siendo ambos materia de superfluas y vacuas pretensiones, por la intencionalidad viciada que enseñorea los pechos de los participantes, a saber la obtención de ganancias sin títulos honrosos para ello, se comunica su indignidad a sus inmerecidos premios.

Quinta.- Otro argumento en pro de la licitud y moralidad del trato con criptomonedas parece obstaculizar su condena. Se trata de que su pago siempre se produce por la común estimación o precio de mercado y en tanto se satisfaga esta justicia, el negocio ha de considerarse lícito.

No obstante, la compraventa de criptomoneda maguer se realice con beneficio, este no refleja una utilidad o bien en pro de los demás. Simplemente es el baile de precios el que hace posible una ganancia sin bien subyacente que la avale. La práctica intencionada de esta reventa sin que se aporte ningún valor añadido al objeto es tenido por motivo espurio y reprobable.

Además, al igual que en el préstamo de dinero se permite, por títulos extrínsecos, acrecer en una ganancia indemnizatoria, esta ganancia se torna odiosa si el prestamista se ha acomodado en una pacífica ganancia y no desea comerciar por sí mismo para obtener un digno retorno. Lo mismo en la ganancia oriunda del comercio de criptomonedas.

Sexta.- De todo lo expresado advertimos que, tras la doctrina DE VITORIA se destila una antropología basada en el esfuerzo y la dación de sí mismo a los demás como objetivo de la vida humana y el cauce natural de su plena realización. Lo que se ha dado en llamar lógica del don.

Todos aquellos tratos que inmovilicen o apaguen este natural dinamismo son señalados críticamente por Vitoria, como creemos que hubiera pasado con la compraventa de criptomonedas.

Séptima.- Es digno de considerar como antaño el hombre estaba a resguardo de muchas actividades crematísticas pues a menudo el tráfico económico tenía un fin y un sentido que era satisfacer necesidades y carencias humanas. Esa era la causa eficiente y esa era la causa final de Aristóteles que, entre primores de estilo y lucidez de entendimiento, recogió ya Santo Tomás DE AQUINO y da sentido a las demás causas.

Ciertamente en el presente se ha deshumanizado tanto la economía que incluso se ha podido ver ocasiones en las que se ha invertido contra compañías no solo no aportando valor sino pudiendo hacer injuria o menoscabo a otras personas en nuestra avidez de ganancia.

7. BIBLIOGRAFÍA

APOLINAR MARTÍNEZ ARROYO, Jaime – VALENZO JIMÉNEZ, Marco Alberto – ZAMUNDIO DE LA CRUZ, Angélica Guadalupe, *La gestión de la cadena de valor en un entorno competitivo y cambiante*, en «Signos, investigación en sistemas de gestión» 11 (2019) 1, 55-70.

ARISTÓTELES, *Metafísica*.

———, *Política*.

DE AQUINO, Santo Tomás, *Suma Teológica*.

DE VITORIA, Francisco, *Contratos y usura*, traducido por María Idoya ZORROZA, Pamplona, Eunsa, 2006.

DE VITORIA, Francisco De, *La Justicia. Comentarios a la Suma Teológica II-II, c. 57-61*, traducido por L. Frayle Delgado, Madrid, Tecnos, 2001.

ECHEVARRÍA, Juan, *Teoría del dinero y del comercio internacional*, Madrid, Tecnos, 2ª 1985.

HERNÁNDEZ, María, *El bitcoin se desploma tras el anuncio de Elon Musk de que Tesla deja de aceptarlo como forma de pago*, en «El mundo» (13 mayo 2021), Madrid, en https://www.elmundo.es/economia/macroeconomia/2021/05/13/609ce8defdddffbf868b45ff.html (Accedido: 18 noviembre 2023).

HERNÁNDEZ, María, *Elon Musk vuelve a hacerlo: un mensaje en Twitter dispara el bitcoin hasta rozar los 40.000 dólares*, en «El mundo» (14 junio 2021), Madrid, en https://www.elmundo.es/economia/macroeconomia/2021/06/14/60c71107fc6c833a628b4583.html (Accedido: 18 noviembre 2023).

LADARIA, Luis F. – TURKSON, Peter – MORANDI, Giacomo – DUFFÉ, Bruno Marie, *Oeconomicae et pecuniariae quaestiones.- Consideraciones para un discernimiento ético sobre algunos aspectos del actual sistema económico y financiero.*, en https://press.vatican.va/content/salastampa/es/bollettino/pubblico/2018/05/17/cons.html.

MACINTYRE, Alasdair, *Tras la virtud*, Barcelona, Crítica, 2008.

MALKIEL, Burton G., *Un paseo aleatório por Wall Street*, traducido por María HERNÁNDEZ, Madrid, Alianza Editorial, 8ª 2003.

SAN ROMÁN, Ignacio, *Las criptomonedas: ¿burbuja por pincharse o divisa del futuro?*, en «Cinco Días» (7 octubre 2018), Madrid.

SÁNCHEZ, Álvaro, *Los derrotados de las criptomonedas ven esfumarse sus ahorros: "Se te queda cara de tonto"*, en «El País» (20 octubre 2022).

SANTOS ROMÁN, Jesús Miguel, *Conceptos Clave para repensar el Derecho,* en *Claves para repensar la ciencia del derecho a la luz de la doctrina de M. Villey,* Madrid, Dykinson, 2023.

SMITH, Adam, *An inquiry into the Nature and Causes of the wealth of nations,* London, 1776.

TORRALBA, Francesc, *La lógica del don,* Madrid, Ediciones Knaf, 2012.

ULPIANO, *Digesto.*

VIVES, Luis, *Obras sociales y políticas,* Madrid, Publicaciones españolas, 1960.

WIDOW, Juan Antonio, *La ética económica y la usura,* en «Anales de la Fundación Francisco Elías de Tejada» (2004) 10, 15-45.

ZORROZA, María Idoya, *Introducción,* en *Contratos y Usura,* Barañaín (Navarra), Eunsa, 2006, 11-71.

Capítulo séptimo

Domingo de Soto: concepto y división del derecho en su De iustitia et iure libri decem

EVARISTO PALOMAR MALDONADO
Profesor de Filosofía del Derecho
Universidad Complutense de Madrid

En toda aproximación, pudiera ser una conversación, o, por razón del caso, un texto, es importante, atendiendo el contenido de lo que se nos transmite, entenderlo. A partir de aquí, las convergencias o divergencias, así como las matizaciones que se consideren oportunas. Precisamente la necesidad de atender y entender muestra una serie de dificultades.

Una dificultad, que pudiera reputarse perentoria, sería la de disponer del texto como tal. Al presente esta dificultad resultaría mínima, dados los esfuerzos sostenidos por disponer de digitalizaciones de fuentes. Labor encomiable en todo caso, en España es muy digna de alabar la tarea impulsora y pionera de la Fundación Hernando de Larramendi, que en lo relativo a su propio objeto de un tiempo al presente parece ralentizarse. Los trabajos de envergadura colosal, y con despliegue de medios y resultados admirable, hay que reconocérselo a Google, por regla general mediante acuerdos colaborativos con Universidades e Instituciones variopintas que disponiendo de fondos muy preciados, muy generosamente los abren al acceso público.

Obviamente, el acceso a un texto del que se dispone presupone el interés del sujeto en dicho texto: esto es, en tanto lo conoce se busca acceder al mismo. Así, el prejuicio impide la más mínima atención al texto que se nos pudiera ofrecer. Puede operar todavía de dos modos: renuncia al acceso, o desenfoque de los contenidos.

El desenfoque lo obtendríamos en la interacción del correlato sujeto-objeto. A lo que se añaden circunstancias más o menos plurales. Atendido esto, nos podemos encontrar:

Dificultades desde el objeto: Por ausencia de contexto, bien relativo al autor y el conjunto de su obra, bien en relación con su propio marco socio-cultural. Es manifiesta la dificultad que puede encerrar la lengua, y en concreto el uso más técnico de la misma.

Dificultades desde el sujeto: Por imponer a la lectura algún propio contexto socio-cultural, o por pretender una lectura "interesada" y circunstancial por la que se justifiquen desde tal autor presupuestos e instituciones contemporáneas.

Reconocemos trabajos beneméritos en cuanto a los textos y en cuanto a cierto estudio. Destaca, desde luego y para la cultura en lengua española, la Universidad de Navarra. No obstante, los trabajos de edición operan en las traducciones, no tanto en verter lo original como tal. Podría excusarse, a su vez, por el hecho de que al presente no es complejo asomarse a los textos digitalizados.

Volviendo sobre lo apuntado, no es infrecuente, en todo caso, encontrarnos con lecturas en las que se genera equivocidad o confusión, por razón de que mantenidos los términos –p. ej., derecho real o de propiedad-, estos, de hecho, connotan contenidos de significación que han sufrido variantes, bien por simple divergencia, bien, no tanto meramente contraria, cuanto radicalmente contradictoria.

Si un Vallet de Goytisolo ponderaba el hecho empírico según el cual ante una hortaliza cualquiera, dado que arraigue en el trasplante, la variante es obligada por razón de calidad de la tierra, orografía y clima, según latitud y longitud, tan al quite al presente por la "alarma climática", para los uniformadores o niveladores, viene al pairo la plena tundra o el cogollo de la misma selva de la Amazonia, confundiendo así la Oceanía con la Siberia, por lo mismo que lo Mediterráneo con lo Cantábrico. Lo que nos sucede con una obra cualquiera de un Vitoria, un Suárez, o un Vázquez de Menchaca, que, si resultan ser leídos en Amsterdam, Wittenberg u Oxford, lo resultante, sin embargo, no operaba ya modo variante, sino que resultaba otro algo radicalmente distinto. Para muestra un botón, si Mariana dedicaba en estos lares su doctrina y obra, con licencia de impresión, al Rey, allende el Pirineo, el ya afirmado como absoluto, con el respaldo de la Sorbona, condenaba la obra del mismo Mariana. Así, el "humus", ósmosis o medio ambiente cultural inclina una lectura ya nominalista o no, ya luterana o no, ya propiamente gnóstico-racionalista o no. Añádanse los maridajes correspondientes que cada quien considere convenientes o relevantes tener en cuenta.

Para el tiempo de la Corona austracista, el marco viene ceñido por los siguientes vectores-fuerza: 1. Reforma sostenida en su culmen: hay que remontarse a los Fernández Pecha y Yáñez de Figueroa, avanzado el siglo XIV, y penetrarse de la instancia Jerónima. A la altura de los Reyes Católicos se encuentra en apogeo, y penetra muy vigorosamente sociedad, cultura, artes, costumbres… 2. Universidad de París: dos datos principales, en síntesis, por un lado, expansión nominalista y bizantinismo: darán lugar a esclerosis académica; por otro, afirmación de Tomás de Aquino, que se concreta en la sustitución de las *Sentencias* por la *Suma Teológica*, por parte de Crokaert. Con lo que se nos traza firmemente la tendencia que germinará en los Vitoria y los Soto. Tendencia que observamos álgida en un

Juan de Santo Tomás, dominico complutense de extraordinaria potencia intelectiva, y que si su Lógica goza de referencia universal, es muy considerable su redescubrimiento metafísico tras Santo Tomás – *esse* y *verbum mentis* -, siendo menos conocido su desarrollo en las cuestiones de razón práctica.

De hecho, la impronta primera que se pone de relieve, dada la estancia parisina, lo es la nominalista, no siendo esto mismo accidental. Y por otro, el hecho de beber directamente en Santo Tomás: asumida cátedra, Vitoria introduce como lectura la *Suma*, contra los estatutos de la Salmanthicensis: estamos en 1527. Tomando fuerza, el XVII nos ofrece el vértigo entre Juan de Santo Tomás y Descartes, como comenta Maritain, precipitándose lo europeo en el laberinto, lo abisal y oclusión del *ego* como absoluto indeterminado. Un cartesiano, Spinoza, lo volcará en sistema como sola naturaleza, asentando el iusnaturalismo. Vige como eclosión hasta nuestros días.

Así las cosas, podemos observar estos dos recorridos, de los que uno, en lo empírico-institucional; otro, en lo teorético-académico.

Acerca de lo primero, absolutismo de Estado, "raison d'État", que es anodina en la Corona y Reinos hispanos. Lo que explica, por ejemplo, nada más y nada menos que las conversaciones de Valladolid. La renovación teorética fue fecundísima.

Acerca de lo segundo, por un lado, agilidad en la atención, denuncia y réplica ante lo ditirambos bajo nombre de Ilustración, que ya en el XVIII se nos presenta causa de perplejidad, procurando invocar al mismo santo Tomás, y que dará lugar a que la vía moderna tienda a ser asimilada desde la razón práctica. De modo que nos salen al paso esperpentos como el de aquellos que tienden a afirmar la presencia fecundante de la II Escolástica en sus contrarios, esto es, en los sistemas prácticos ilustrados: para estos habría entronque formal entre Segunda Escolástica y liberalismo político o económico. Nuestro parecer es que no saben de lo que hablan. Otra cosa, como ponen de relieve algunas mezclas contra natura, por ejemplo, y por traer al caso uno, es que las consecuencias teoréticas se moderen en su alcance práctico: véase el caso de un Locke, trayendo a colación a un "juicioso Hooker", de donde un Hobbes atemperado... Pero el "juicioso Hooker" sostenía tesis aristotélicas, para comenzar la condición naturalmente social del ser humano...

Todavía, sin embargo, habríamos de detenernos en cada quien, no al través de alguna de sus obras, sino al calor del conjunto, atendido lo explícito y lo implícito, en lo inmediato y en lo mediato, y al mismo tiempo en lo sincrónico y diacrónico. Estamos en la antípoda de la "ANECA". Un tratado como el *De Iustitia et Iure Libri Decem*, de Domingo de Soto, no siendo lo único, resulta en todo caso excepcional. La mayor parte, la inmensa mayor parte, folios por millares, permaneció tal cual. Observemos que un Beltrán de Heredia editará a Francisco de Vitoria ¡en 1934!, y en solo latín su comentario a la II-II de la *Suma*...

Si bien no desconocido, probablemente sea más repetido lo que se dice que "ha sido dicho" que propia y directamente atendido en lo efectivamente dicho según consta por fuente originaria. Por ejemplo, una obra tipo y de referencia como la *Historia de la Filosofía del Derecho y del Estado* de Truyol y Serra, y para el marco de la II Escolástica, no va más allá de tópicos... Por otro lado, podemos encontrarnos para nuestro autor, Fray Domingo de Soto, O.P., con alguna dificultad, como es el caso de su mismo editor y estudioso, más cercano en el tiempo, el dominico Venancio Carro, en disputa contra nada más y nada menos que el P. Santiago Ramírez, O.P., tendiendo a sobrevalorar un lenguaje de "Derechos del Hombre" en el mismo Soto. Conste que, en esta obra, siendo la traducción del P. González Ordóñez, se nos ofrece la apelación en fuente a la *República* como la *Nación*, según lo vertido como traducción. Lo que tras el Estado Nacional daría en traducirse ¿como Estado de Derecho?, ¿quizá Estado Democrático...?, ¿o más simplemente, la Democracia...? Aunque no lo sea todavía, apuntado el fin, en su afirmación plenamente social. (Ayudará a comprender esta cuestión asomarse a la superación crítica del idealismo alemán, mediante la dialéctica de los contrarios, esto es, Marx y hasta nuestros días).

Nos aproximamos a la cuestión del concepto de derecho, lo que entiendo en acto que es el derecho, en el trabajo de *De Iustitia et Iure.* Obra extensa (más de mil páginas in folio a doble columna), y se presenta como comentario a la II^{a}-IIe de la *Summa Theologiae,* como lo denota el hecho de intercalar la referencia al texto del de Aquino (abarca para la II-II, desde la q. 57 a la 100.4, en la cuestión 7 del libro IX de la obra del de Soto), introduciendo alguna temática como la del libro X, acerca del Episcopado y, básicamente, por la cuestión de la obligación de residencia en la sede como deber jurídico-canónico, lo que será una de los grandes frutos del Concilio de Trento en lo relativo a la reforma de la Iglesia. No obstante, y es importante advertirlo, intercalando las referencias, no recoge el mismo texto de la *Suma* al comienzo de cada cuestión. Seguimos la edición facsímil del Instituto de Estudios Políticos, con estudio introductorio del P. Venancio Carro, O.P. (Tomo II, Madrid, 1968).

El desarrollo de la obra, en diez libros, contempla:

I y II. La ley. Concepto y división.

III. El derecho y la justicia. Define y divide.

IV. El dominio y la restitución.

V. El homicidio, etc.

VI. Contratos

VII. El voto.

VIII. Juramento, perjurio, abjuración.

IX. Diezmos, simonía.

X. Episcopado, institución, residencia.

Contra lo que suele decirse, ni hay teología-jurídica, ni teólogo-jurista alguno que valga. La obra es un tratado de teología moral. Es una obviedad por las fuentes que se aducen, de manera que no solo se trae a colación la razón demostrativa, y consiguientemente las referencias de autoridad comunes, sino también lo que es de Revelación comenzando por las Sagradas Escrituras. Que un kantiano no lo entienda no es un problema de Domingo de Soto, sino de los que yerran con Kant y tras Kant.

Encierra interés la temática en su conjunto, dado que nos presenta la ley y el derecho. En lo que desde luego sigue a Tomás de Aquino, quien trata la ley como razón y criterio de la práctica, y de la justicia como virtud. El contacto sesgado, extraordinariamente frecuente, tiende a escindir lo específico de su propia inserción, de manera que a la postre nos encontramos ante consideraciones seccionadas. Domingo de Soto se muestra en este aspecto más fiel a Santo Tomás, dado que, haciéndose eco en los sentidos del derecho y de la ley, no obstante, la relega en cuanto a lo jurídico específico, no sin alguna dificultad.

Atendiendo la cuestión primera del libro III, básicamente la dificultad estriba en dos conceptos expresados en tres leguas: ley y derecho, *nomos* y *dikaion, ius* y *iustum*. El interrogante es: ¿qué se significa como tal por parte del dominico y salmanticense Soto? Domingo de Soto discurre en relación de significado entre los términos referidos, derecho, *dikaion, iustum*. No obstante, concede contenido de significación al término derecho en tanto ley. Y atendiendo la división, nos ofrece el referente de lo natural en lo jurídico.

Atendemos primero el concepto, lo que entendemos en acto que el derecho es. Expresándolo como parte de la justicia, le concede dos sentidos:

1. Ley: regla práctica y dictamen de la prudencia: permite apreciar la igualdad que establece la justicia.
2. Igualdad: objeto de esta virtud.

Justicia, en general; divisón: legal y particular; distributiva y conmutativa

Entre los de habla griega, y relativo al periodo de Atenas, si Platón resuelve el *nomos* en la *Diké* y como idea estricta, dejando de lado toda opinión, no es así por parte de Aristóteles, que contradistingue, sin confundir en modo alguno el *nomos* en cualesquiera de sus ámbitos y comenzando por la convención –de donde el *ethos* como determinante en toda vida social y política- con el *dikaion.* Por lo que no se determina lo justo (tener) por conocer (ser) lo justo. Sino la cualidad de (ser) justo por tener o dar lo justo: cierta igualdad o equivalencia en las relaciones de parte ad intra de la polis o república, y muy probablemente en traducción castellana como "lo justo". Esto es, un cierto algo necesariamente relativo advertida su entidad.

Al dar cobijo en la significación de derecho a la ley, Soto introduce cierta equivocidad. Bien es verdad que no ex novo, sino por la tendencia nominalista no depurada, atendido que de la dificultad polisémica se hizo eco Aristóteles y la retoma Santo Tomás. No obstante, pudiera entenderse que lo expresa en el sentido impropio de la justicia, esto es, la que suele especificarse como general. Aquí, sin embargo, habría sido bastante con indicarlo, y se considera necesario explicitar que necesariamente al ser el derecho parte de la justicia, se entiende en lo implícito por lo que desde luego las soluciones de derecho quedan contenidas por su marco político. Que es lo que suele leerse en sentido contrario al perderse el carácter relativo de las soluciones de derecho, dado que en lo concreto no hay nada que siendo natural no se conjugue con lo positivo. Más adelante observamos que al precisar –apartándose de San Agustín- sigue a Santo Tomás.

En realidad, lo igual se obtiene de la consideración de las cosas. Pero esta misma aseveración, y relativo a las equivalencias, no es ajena al ámbito de convivencia. Y precisamente por esto obtendríamos por razón de seguridad en el tráfico que los criterios de apreciación, en general, se exija queden regulados: esto es, operan como criterios de atribución de suidad, comenzando por la convención o costumbre. Con otras palabras, no son regulaciones políticas, sino estrictamente jurídicas *secundum quid.*

Objeciones:

1. Si el derecho es el objeto de la justicia. Desde Celso, en tanto arte; pero como tal radica en el intelecto.
2. Por la justicia nos sometemos a Dios. Pero el derecho toca las cosas humanas, no las divinas.

Isidoro: ius quia iustum / Aristóteles: justicia, se dice del hábito de quien practica lo justo.

Respuesta, in fine.

Por la primera, lo que es objeto, aunque fuere práctico-práctico, toca a la razón, lo segundo toca a la voluntad: si en efecto dio y si quiso dar, en todo caso. No modo absoluto, por lo demás. En este punto hay que precisar dos aspectos: relativo a la prudencia, toca al común de los mortales; ahora, por razón de técnica esto conlleva la pericia, esto es, cierto saber técnico. En lo primero, presupone el entender y razonar en todos. De nuevo, inserto en una comunidad de convivencia social y política. Para lo segundo, atiende un conocimiento específico. Pero el nombre de lo segundo se toma del objeto, el derecho. Y en lo relativo a esta cuestión, por especificación, no se trata del mero conocimiento del mismo, sino de darlo, y si quiso darlo implica más allá de lo jurídico lo moral. *Declarar* lo justo no es *darlo.*

Por la segunda, se aduce la autoridad de san Agustín, y matizando a este por razón de la justicia como virtud, tras santo Tomás, que deja la revelación fuera de las cuestiones de justicia propiamente dicha, lo resuelve en cuanto a lo divino, tanto natural como sobrenatural, como piedad debida, dado que entre Dios y los hombres no hay igualdad.

Las respuestas procuradas a las dificultades propuestas se atienden de la siguiente guisa. A la primera: mediante delimitación,

- Todavía: tras Aristóteles, en uno de sus significados, toda virtud. En tanto implica razón de deuda para con la ley, y trayaendo a colación los Evangelios: Mt 5 y 6; I Tim 1. Pero no es su significado propio, y remite al objeto propio de cada virtud: lo conforme a la ley.
- Respecto del correlato"deuda-ley", se entiende mejor si dijera obligación, y como tal necesariamente moral por su principio, e inserta en él, dinámicamente considerado cualquier concreción o determinación en tanto ley. Ahora, en este tratado, se considera como virtud especial, y una de las cuatro cardinales.
- Acerca del derecho: objeto de la justicia. Invoca la doctrina de Aristóteles en el 2, de Anima, text. 33, que quien pretenda tratar de alguna potencia, o hábito ha de empezar por su objeto, del cual recibe el hábito su especificación. Propone ejemplos desde los órganos de la sensación.
- Aristóteles define la justicia por lo justo, diciendo que es un hábito mediante el cual deseamos y practicamos lo que es justo.
- Se obtendría mayor claridad según el uso o no del determinante neutro: sin determinante, dice el hábito (ser justo); con determinante, expresa lo justo o derecho, algo real externo al sujeto: lo debido.
- Ulpiano (ff. de Iust. et Iur.), dijo que la justicia es la voluntad firme e irrevocable de dar a cada uno lo que le pertenece.

- Por consiguiente, como la justicia ha de definirse por lo justo, es razonable que empecemos por conocer lo que se entiende por justo.
- Como juicio, se dice de alguien que es justo en tanto da lo justo; la justicia atiende primero a su objeto el ius o derecho, y según este, la calificación de virtud.
- Conclusión: El derecho es el objeto de la justicia, consta suficientemente con la autoridad de S. Isidoro, del Filósofo y del Jurisconsulto, los cuales llaman Ius, derecho, la igualdad que la justicia establece en las cosas.
- Mejor: lo igual, y por tanto relativo al caso que se considera. Lo que no quiere decir que siempre resulte sencillo.

Diferencias entre la justicia y las demás virtudes, que concreta en tres.

Primera. Si bien es propio de toda virtud obrar rectamente, esta rectitud, sin embargo, en las demás virtudes se considera con relación al que obra, pero en la justicia en relación a otro. Así pues, es constitutiva del derecho la alteridad, esto es la relación. Y como más adelante se especificará, en tanto atiende personas y cosas, o solo los cambios. Por exclusión implícita, en la consideración de lo individuo no cabe ni la justicia ni lo justo; y, en todo caso, políticamente considerado.

Segunda. En lo tocante a las demás virtudes, ninguna cosa puede llamarse recta, a no ser con respecto a quien la practica. Se entiende por el sujeto del obrar: de donde que los criterios del juicio moral conjuguen el fin objetivo del acto, el fin o intención del sujeto y las circunstancias en las que tiene lugar tal acto.

Tercera. Que los doctores con toda razón señalan como objeto per se de la justicia y no de ninguna de las demás virtudes lo que se llama derecho, lo justo; dado que ciertamente en la virtud de la justicia lo justo brota de la misma naturaleza de las cosas y en las demás virtudes depende de la recta intención del que obra. Pero el estudio de la justicia lo comienza por el objeto, que se halla en las cosas mismas. Es este un texto capital: no en el sujeto, sino en las cosas. Lo que abre un abanico exponencial, según lo que es objeto del tráfico y las mismas relaciones en el tráfico. Llámelo como ud. quiera, pero cualquiera distingue que la compraventa no es el préstamo, etc.

Sacando a colación a quien impugna, se entretiene con el Buridano, quien refiere siempre toda rectitud al sujeto, en lo que expresaría su no entender el derecho: pero este no lo conforma *in principio* la intención, sino la relación *in re* que se considera. Lo explicita perfectamente Soto:

> *cum rectitudo iuftitiae in reb ipsis natura sua fit reperibilis, qui foluit aequale debito & fine, facit quidem opus iuftum, cum ius alteri fuum tribuat, licet non fit iuftus, id eft ftudiofus: quia non operatur quando, quado, ubi & quomodo oportet.*

Lo que, por lo demás, ya precisa Aristóteles contra Platón: frente a la tesis de la pretendida "virtud socrática", solo quien conoce lo justo es justo, es precisamente el hecho de conocerlo lo que especifica el obrar como justo o injusto. Caso contrario, muere toda responsabilidad. De otra manera, mi conocimiento de la composición del agua no saciará nunca mi sed.

A la segunda, responde que cuando San Agustín dijo que la justicia era el amor que sirve a Dios, no expresa la naturaleza de la justicia. Por el contrario, como a Dios nadie puede retribuirle debidamente, entre Dios y nosotros propiamente no existe la razón de justicia. Lo que quiso decir es que la justicia es amor en el sentido de que nace del amor, o deseo de servir a Dios, y que tiende al mismo fin que el amor. Por lo cual la palabra *fas* quiere decir piadoso, religioso, digno de alabanza, lo cual es algo superior a justo.

No encierra más dificultad que la de entender que toda virtud tiene su principio en Dios, lo que es de razón natural: y por lo mismo que todo lo creado participa del ser divino, según modo por razón de la esencia, todo lo creado participa del bien divino. Y en lo que refiere lo humano, siendo el grado de participación mayor, todo ser humano se ordena potencialmente a Dios como fin por sí mismo por las facultades intelectiva y volitiva. Obviamente esta ordenación radical, envuelve, pero no es específicamente ni el derecho ni el acto jurídico. Sino la plenitud de vida moral de todo acto humano.

Seguidamente, y dentro de la misma cuestión, aborda Domingo de Soto en un artículo II la división del derecho. Desenvuelve primero negativamente las objeciones y formula el *sed contra*. Las objeciones en lo jurídico las expone, bien por negación de lo natural, bien por negación de lo positivo, bien por negación en lo mismo divino. Si lo natural se lee como inmutable, en lo humano acontece que en ocasiones estamos ante variantes, luego no hay derecho natural. Mientras que en lo relativo a lo positivo, siendo de origen humano, no expresa rectitud. Luego, tampoco cabe sostenerlo. Supuesto lo cual, se niega el divino, dado que no descansa en autoridad humana alguna y, por otro lado, está por encima de lo natural. Se invoca entonces la autoridad de Aristóteles, para afirmar la división en natural y positivo: es de advertir, y es cualitativo, que Aristóteles lo dice del derecho de la polis o república (cf. *Etica* 5, 7).

Domingo de Soto sale al paso de la negación de esta división afirmando primero que el derecho sigue aquí la división misma que ya trató al desenvolver en libro anterior la que corresponde a la ley. Pero lo matiza, indicando, por un lado, que lo refiere al sentido del derecho como ley. Por otro lado, niega que la división propia resulte tripartita, según natural, de gentes y civil, a pesar de la autoridad de San Isidoro, ni tampoco cuatripartita, añadiendo sobre el esquema referido el divino.

El matiz apuntado por mi parte cobra valor atendida la conclusión:

> Unica ergo conclufio ad quaestionem respondet. Ius primo dividitur in naturale & pofistivum. Ius feu iuftum, idem est quod aequale &adaequatu: hoc aut fieri no poteft nifi altero duorum modorum: videlicet aut ex natura rerum, aut ex condicto humanae voluntatis.

Y todavía es digno de notar la afirmación por la que se declara que la división natural / positivo integran el derecho: "cum ergo hi statu duobus modis ufu venire pofsit equu & iuftu, fut ut duo membra genus ipsum iuris abfoluant".

En efecto, si la distinción natural / positivo explana el desenvolvimiento de la ley, es necesario atender el dato de que mientras la ley opera por derivación, en lo jurídico, sin embargo, desemboca por concreción o determinación. Domingo de Soto explana ejemplos por contraste, de manera que si 5 es igual a 5, que tal cantidad de trigo resulte aquí 5 y allí 4 o 6, lo es por convención. Pero hay que insistir en la consideración de que lo natural / positivo son partes integrales.

La ley tendría una consideración en verticalidad; el derecho, en horizontal. Por supuesto, uno y otro sin escisión recíproca. Pero obteniendo lo igual o equivalencia de lo natural de la cosa, tanto por el objeto como relación, como por lo que cae bajo tal relación. Así, como no existe lo natural fuera de algo ente, sustantivo o relativo, tal ente expresa en su ser concreto sus propios accidentes, sin lo que no es. Lo mismo, por vía negativa. Fuera de toda relación jurídica, no hay ni existe derecho natural que al mismo tiempo no exprese su connotación positiva. Y si puede hablarse de la naturaleza de la compraventa, no hay compraventa en concreto más allá de esta u otra compraventa. Así, toda compraventa conlleva contraprestación, pero qué contraprestación lo es correlativa de tal compraventa. Lo que necesariamente remite al caso o relación jurídica de que se trate.

Poco más adelante se entretiene nuestro autor, tras Aristóteles, en la consideración formal: contrapone lo natural a lo convenido, reconociendo lo universal de lo primero. Aserto en el que no es necesario insistir, dada su evidencia, y que aun al presente consta, como se distingue entre quien come y lo que se come, entre lo que se desplaza y sobre lo que se desplaza, entre sujeto, relación y objeto. No obstante, ya incide el mismo Aristóteles que la convención integra lo natural mismo. Basta advertir que si lo natural jurídico excluye lo volitivo, al mismo tiempo, sin embargo, y dependiendo de qué, lo natural jurídico exige lo volitivo: relativo a lo primero que algo sea lo que es, atendido lo natural, conlleva la situación de cosas obtenida, como en la generación humana, animal o vegetal; pero no hay contrato sino por voluntad de las partes contratantes...

Relativo a las dudas que pueden formularse las resuelve en el sentido siguiente. Si natural, nadie debiera ignorarlo: pero no todo se encuentra al alcance de todos, lo que siendo obvio per se, resulta serlo todavía más determinante en quienes se desenvuelven contranatura. La segunda toca una cuestión de interés, la relativa a la necesariedad del "derecho natural".

Domingo de Soto, en realidad, la trata llevándolo al ámbito moral, probablemente por el ambiente nominalista. Esto se observa al tratar la cuestión de las dos tablas de la ley, y si cabe dispensa o no en lo relativo a los mandamientos de la segunda. Pero inmediatamente aduce la cuestión del cambio. El tema se retrotrae al esquema socrático-platónico, y las discusiones habidas entre los mismos físicos entre lo permanente y lo cambiante. Ahora, la física de Aristóteles es palmaria en la cuestión: en lo natural se integra la convención, por lo cual el primer ámbito es siempre y necesariamente la costumbre.

Lo que no quita, antes al contrario, para que se asuma cualquier y toda situación de hecho: la voluntad "pura" no es legitimante del derecho. Afirmado el cambio según lo natural como principio ínsito de las cosas, esto es, la misma esencia en cuanto principio de operaciones, toda expresión lleva a su causa originante.

La división que nos propone in fine de este artículo segundo, y ya aludida en las objeciones primeras, nos da que pensar. Así, propone una división según el autor, en lo que nos aparece, y no tanto por lo específico del objeto. De manera que distingue entre divino y humano, para subdividir en natural y positivo, y relativo a este en lo humano, entre el de gentes y el civil. Quizá deje de lado en la cuestión la teoría de la participación según analogía, advertido que todo lo natural creado tiene al mismo Dios como principio.

Capítulo octavo

La guerra en Locke. Contexto y afinidades con Suárez[1]

LEOPOLDO JOSÉ PRIETO LÓPEZ
Profesor Titular de Filosofía Moderna y Contemporánea
Universidad Francisco de Vitoria

---

1 Este trabajo ha sido realizado en el marco del Proyecto de investigación "Salvación, política y economía. El comercio de ideas entre España y Gran Bretaña en los siglos XVII y XVIII" (Programa de generación de conocimiento 2021, referencia: PID2021-122994NB-I00), financiado por el Ministerio de Ciencia e Innovación, la Agencia Española de Investigación (AEI) y el Fondo Europeo de Desarrollo Regional (FEDER), del que el autor es el IP primero.

1. INTRODUCCIÓN: CONTEXTO Y AFINIDADES CON SUÁREZ

La teoría de la guerra de Locke se inserta nítidamente en la coyuntura de la vívida pugna intelectual entre el partido del Parlamento (calvinista-republicano), origen del partido *whig*, y el gobierno absolutista de los Estuardo y de los obispos anglicanos, pugna intelectual intensificada posteriormente de modo dramático hasta convertirse en la guerra civil inglesa (1642-49). De ahí que el estudio sobre la guerra de Locke (contenido sobre todo en algunos capítulos del *Segundo Tratado sobre el gobierno civil* [*STG*, en adelante]) se refiera, ante todo, a aquel tipo de guerra interna, o guerra civil, provocada por el uso tiránico del poder de parte del monarca contra los derechos del pueblo representado por el Parlamento. En cualquier caso, más allá de la coyuntura política de la pugna intelectual y de la posterior guerra civil, la filosofía política de Locke y sus ideas sobre la guerra se asientan sobre unos principios procedentes de la tradición británica y europea que tienen una extraordinaria afinidad con las ideas políticas de Suárez, recogidas sobre todo del *De legibus* (1612), afinidad que, creemos, lejos de ser puntual es arquitectónica[2].

Pues bien, uno de estos principios, el último, precisamente relativo a los límites del poder del magistrado supremo (el rey), sostiene que al rey no es lícito contravenir el pacto constitucional de cesión del poder que el pueblo, titular último del poder, le entrega y que, en caso de darse violación de este pacto constitucional de cesión del poder cabe al pueblo oponerse y resistir de diversas

---

2 *Cfr.* SUÁREZ, F., "Tractatus de legibus et legislatore Deo". Sobre la semejanza arquitectónica de las grandes ideas políticas de Suárez y los *whigs*, entre los cuales destaca claramente Locke, *cfr.* PRIETO LÓPEZ, L. J., "Francisco Suárez and the Whig Political Tradition: the Case of Algernon Sidney", pp. 61-88.

maneras a tal gobierno que, fuera ya de la ley, no es un gobierno conforme a derecho, sino fundado en la fuerza, y, por tanto, una tiranía. Veremos más adelante que Locke caracteriza tal gobierno como aquel que hace uso de "una fuerza injusta e ilegal" (*unjust and unlawful force*). Así aborda Locke la tiranía al final del *STG*. Obsérvese la precisión terminológica e intelectual de que hace gala Locke con estas palabras. *Unjust* indica aquello que es contrario al orden moral. *Unlawful*, en cambio, expresa la oposición al orden legal vigente, al ordenamiento jurídico, diríamos hoy. Locke demuestra de esta manera la distancia que le separa, a pesar de no pocas coincidencias en diversos aspectos, del desorbitado positivismo jurídico de Hobbes, fruto a su vez de un *voluntarismo extremo* que no admite diferencia alguna entre lo *justo* y lo *legal*.

Locke estudia esta cuestión en el último capítulo del *STG*, dedicado precisamente a *la disolución del gobierno*. En efecto, una de las causas posibles de la disolución del gobierno es la violación del rey del pacto constitucional de transferencia del poder y de los derechos del pueblo (patrimonio, libertad y vida), a consecuencia de la cual cesa el *pacto social* y cada persona queda legitimada para el uso de la fuerza con el que defenderse frente al injusto ataque del magistrado, incluso frente al ataque del supremo magistrado, el "supremo ejecutor" (*supreme executor*), como llama Locke al rey. Dice, en efecto, Locke, refiriéndose al rey y su gobierno: "Quienquiera usa la *fuerza sin derecho* [*force whitout right*], como en la sociedad hacen todos aquellos que usan la fuerza fuera de la ley, se pone a sí mismo en un *estado de guerra* con aquellos contra quienes esa fuerza es empleada; y en un estado así, todos los acuerdos anteriores [es decir, los *pactos social y político*] dejan de tener vigencia, todos los demás derechos desaparecen y cada uno tiene el derecho de defenderse y resistir al agresor"[3].

---

3 LOCKE, J., *STG*, n. 232.

* * *

En la referida pugna intelectual que se extiende desde el acceso al trono del primer Estuardo, Jacobo I, en 1603, hasta la derrota y expulsión del último Estuardo, Jacobo II, en 1688 con la "revolución gloriosa", los teóricos del partido parlamentario sostuvieron los grandes principios políticos luego transmitidos al acervo del constitucionalismo político, a saber: la libertad e igualdad de todos y cada uno de los hombres, la titularidad originaria del pueblo del poder político y la doctrina de los límites del gobierno del rey. Todos los teóricos que vamos a referir a continuación, que están en pugna con el absolutismo inglés del siglo XVII, pueden ser considerados *autores republicanos en un sentido lato*. Los autores más relevantes de esta corriente republicana, por así decir, se pueden presentar cronológicamente, en correspondencia con los tres grandes períodos políticos en que se extiende la época de los Estuardo. El primer período, que va de 1603 a 1649, abarca los reinados de Jacobo I (1566-1625, r. 1603-1625), Carlos I (1600-1649, r. 1625-1649) y los años de la guerra civil (1642-1649). En este período destacan sobre todo las figuras de William Prynne (1600-1669), Philip Hunton (1600-1682) y Henry Parker (1604-1652). El segundo período se extiende durante el tiempo de la república inglesa, el *English Commonwealth* (1649-1660). La figura más prominente de este período es John Milton (1608-1674). El tercer período, finalmente, de 1660 a 1688, abarca el tiempo de la restauración de la monarquía con los reyes Carlos II y Jacobo II hasta la así llamada "revolución gloriosa" (*Glorious Revolution*) de 1688. Tras esta "revolución" una convención nacional declara vacante la sede real, al entender que la huida a Francia del derrotado y último Estuardo, Jacobo II (1633-1701, r. 1685-1688), hermano y heredero legítimo de Carlos II (al morir éste sin herederos legítimos directos), conllevaba su abdicación y proclama posteriormente rey al holandés Guillermo de Orange-Nassau, a partir de entonces Guillermo III de Inglaterra (1650-1702, r. 1689-1702). A este tercer período pertenecen los teóricos republicanos más conocidos y de mayor peso en la historia del pensamiento político inglés, como son: Algernon Sidney (1623-1683), John Locke (1632-1704) y James Tyrrell (1642-1718), todos ellos líderes intelectuales de la facción política republicana llamada ahora, tras la *Exclusion crisis* (1679-1681), el partido *whig*. Estos pensadores son, además, autores de señalados tratados políticos contra la teoría absolutista del momento, expresada sobre todo en *Patriarcha* (1680), del realista Robert Filmer (1588-1653). En efecto, George Tyrrell escribe *Patriarcha, non monarcha* (1681); John Locke, *Two Treatises of Government*, (1690); Algernon Sidney, *Discourses concerning Government* (1698).

En este contexto, pues, de polémica antiabsolutista sostenida contra los reyes de la dinastía de los Estuardo los autores ingleses antes referidos reconocen francamente y de un modo constante que los grandes principios políticos que inspiraban su lucha intelectual provenían de una larga tradición (la llamada por Sidney la "buena y vieja causa", la *Good Old Cause*) que se remontaba al derecho medieval inglés (en autores como Bracton [s. XIII], con su *Tractatus de legibus et consuetudinibus Angliae*, y Fortescue [s. XV], con su *De laudibus legum Angliae*), a la teoría política de los autores monarcómacos (autores todos ellos calvinistas, entre los cuales destacaban Buchanan, *De iure regni apud Scotos*; Hotman, *Franco-Galia* y las *Vindiciae contra tyrannos*) y a la teoría política de los grandes teólogos y tratadistas hispánicos de la llamada segunda escolástica, especialmente los jesuitas.

En realidad, tales principios eran los mismos principios fundamentales pacíficamente asumidos en toda Europa (excepto quizás en Francia, siempre proclive a la exaltación desmedida del rey) en una inveterada tradición no interrumpida ni siquiera por la reforma protestante. De ahí que tales principios se encontrasen presentes tanto en la obra de los autores católicos como en la los calvinistas. De ahí también que la asunción de las ideas políticas de la escuela de juristas y teólogos hispánicos fuera en realidad inevitable entre los republicanos teóricos del Parlamento, del *Commonwealth* y de la Restauración. Recepción inevitable, sí, pero disimulada. Insistamos en ello. ¿Cuáles eran en lo esencial estos principios e ideas asumidos por los republicanos ingleses del siglo XVII de esta tradición católica? Helos aquí. 1) El reconocimiento de la *libertad* y la *igualdad a nativitate* de todos los hombres, contra las tesis absolutistas del patriarcalismo del momento, y en particular de Robert Filmer, según el cual los hombres nacen siervos. En tal sentido nos parece relevante indicar que tanto en el *De laicis ac potissimum de magistratu politico* de Belarmino como en el *De legibus* de Suárez aparece en reiteradas ocasiones y en diversos contextos la expresión *omnes homines nascuntur liberi et aequales*, de tanto alcance en el campo *whig*, proseguida posteriormente en la tradición de los padres fundares de los EE.UU., especialmente por Thomas Jefferson. 2) Queda así bien fundamentado, en consecuencia, el libre acuerdo de todos para reunirse primero en una sociedad (*pacto social*) a la que pertenece el poder político originario (soberanía política) y, en segundo lugar, para la posterior transmisión de dicho poder político al gobernante (*contrato político*) para la formación de un gobierno guiado por la búsqueda del bien común y la práctica de la justicia. 3) Ahora bien, como ningún poder humano es ilimitado, tampoco lo es el poder transmitido al gobernante. Se reconocen así unos límites dentro de los cuales ha de mantenerse la acción del rey, en respeto tanto del pacto político de cesión como de la justicia y del bien común. Ahora bien, al reconocimiento de los límites del gobernante sigue su contraparte, a saber, el reconocimiento de las siempre necesarias medidas en favor del pueblo que ha transmitido el poder al rey por el contrato político en el caso de que el rey exceda los referidos límites. Entre estas medidas siempre se había admitido desde una larga tradición que en los casos más extremos de abuso del poder por parte del rey eran de posible y legítima aplicación la resistencia, deposición y juicio del rey convertido en tirano[4].

De otro lado, la asunción de tales ideas políticas dejaba paradójicamente intacto el intenso anticatolicismo de estos autores republicanos y protestantes, de ordinario, de confesión calvinista, sea puritana sea presbiteriana. De esta honda recepción de ideas católicas por parte de los republicanos protestantes del siglo XVII es una buena muestra la obra de William Prynne, *The sovereigne power of Parliaments and Kingdomes* (1643) como se pone de manifiesto en un reciente artículo[5]. Ya del título se puede colegir con claridad que Prynne sostiene que el poder soberano en el reino pertenece al pueblo representado por el Parlamento; o si se prefiere, que el soberano no es el rey, sino el pueblo. En un sentido parecido se expresa Prynne con aquella característica audacia puritana en un opúsculo de 1642, titulado *A revindication of Psalme 105,15: Touch not Mine Anointed* (Una reivindicación del Salmo 105, 15: 'No toquéis a mi Ungido')[6]. Denunciaba allí la interpretación retorcida de

---

4 *Cfr.* PRIETO LÓPEZ, L. J., "Francisco Suárez and the whig Political Tradition", cit., aquí pp. 67-74.

5 *Cfr.* PRYNNE, W.: «The sovereigne power of Parliaments and Kingdomes divided into foure parts» [en línea] (1643), https://quod.lib.umich.edu/e/eebo/A56211.0001.001?view= toc [consulta: 29/11/2023]. *Cfr.* también PRIETO LÓPEZ, L. J., "Las fuentes escolásticas de William Prynne. Teología y política de un puritano inglés del siglo XVII".

6 PRYNNE, W.: «*A revindication of Psalme 105.15: "Touch not mine anointed and doe my prophets no harme*» [en línea] (1642), https://quod.lib.umich.edu/cgi/t/text/text-idx?c=eebo2;idno=A91718.0001.001 [consulta 29/11/2023]. El título completo del opúsculo indica que los verdaderos "ungidos del Señor" son los súbditos, no tanto el rey, de manera que el Salmo 105 debe ser entendido como una advertencia y una prohibición del despotismo y la tiranía con los súbditos.

los teólogos a sueldo del rey, que tergiversaban el verdadero sentido del texto bíblico. En realidad, según Prynne, el "ungido del Señor" no es el monarca, sino más bien el pueblo y tales teólogos –decía Prynne– "a la vez que vociferan a favor de las prerrogativas irresistibles del rey en todas sus exorbitantes pretensiones, eliminan las justas libertades de los súbditos, a quienes privan de toda oposición y defensa"[7].

Los ejemplos de la afinidad de ideas de Prynne y de otros republicanos británicos del siglo XVII con los autores católicos y particularmente con los jesuitas serían incontables. Más conducente para nuestro propósito es dar a conocer un hecho decisivo, capaz de explicar la causa de la intensa afinidad perceptible entre aquellos republicanos británicos y los teólogos y juristas hispánicos y, en particular, Suárez. Se trata del hecho de que la única edición en lengua inglesa del *De legibus* suareciano publicada en suelo británico en 1679, fue realizada a instancias del partido *whig*, que reconocía así inequívocamente, aunque de un modo indirecto, es decir, por la vía de los hechos, la cercanía de sus ideas políticas fundamentales con las sostenidas por Suárez en su obra maestra de filosofía jurídica y política. Precisamente esta publicación del *De legibus* suareciano por los *whigs* de Londres provocó la contrapublicación, permítasenos la expresión, de *Patriarcha* de Filmer justamente el año siguiente, en 1680, por el partido opuesto, los realistas o *tories*. El hecho de esta publicación en inglés del *De legibus* en 1679, además de aclarar el vínculo teórico de *whigs* y jesuitas, puesto de manifiesto frecuentemente por la panfletística *tory* de la época, proporciona la clave para resolver la cuestión, irresuelta hasta ahora, de por qué el *Patriarca* de Filmer se publicó precisamente en 1680, cuarenta años después de haber sido escrito y circular muchos años, ya desde el tiempo de la guerra civil, como texto escrito a mano entre los realistas. En realidad, la

---

7 PRYNNE, W.: «*A revindication of Psalme 105.15*», cit., p. 1

publicación del *Patriarcha* de Filmer era la respuesta del partido realista a las ideas *whigs* y jesuíticas presentadas un año antes en Londres con la edición inglesa del *De legibus.* Podría decirse en tal sentido que los principios políticos fundamentales de Suárez, tal como se contienen sobre todo en el *De legibus* (pero también en la *Defensio fidei* y en algunas otras obras y secciones de obras, como el libro V del *De opere sex dierum,* el *Tractatus de bello* de Suárez, etc.) fueron recibidos de algún modo e incorporados por los republicanos ingleses del período de los Estuardo, y de un modo particular por John Locke, quien, como es bien sabido, era uno de los prohombres del partido *whig.* De ahí, pues, las semejanzas indudables, más aún la identidad de principios (aun con diferencias notorias en la intensidad de su realización y aplicación) presentes en el *STG* de Locke y en el *De legibus* de Suárez. Se ha llegado incluso a decir, no sin fundamento, que el *STG* de Locke es una vulgarización en inglés del *De legibus* hecha con vistas a su mayor difusión en suelo británico[8].

Al establecimiento de la filiación suareciana de tales ideas no obsta el hecho de que Locke nunca haga mención ni del *De legibus* ni de su autor. Conocemos bien la extrema desconfianza y cautela de Locke, no injustificada en la Inglaterra del

---

8 *Cfr.* BACIERO RUIZ, F., *Poder, ley y sociedad en Suárez y Locke,* p. 34: "Se podría aventurar por tanto incluso la hipótesis (sobre la que volveremos al final), de que la publicación póstuma del *Patriarca* de Filmer en 1680 fuese, precisamente, una respuesta de los sectores absolutistas de Inglaterra a la publicación, por parte de los sectores whigs del *De legibus* de Suárez (toda vez que Filmer, como hemos dicho, dedica buena parte del capítulo segundo a refutar las doctrinas de Suárez), y que el segundo tratado de Locke, escrito en lo fundamental entre 1679 y 1682 (o, como mucho, 1683), fuese original y deliberadamente, entre otras cosas, un modo de vulgarizar buena parte de las doctrinas contenidas en el *De legibus,* inaccesibles a la mayor parte del público".

siglo XVII, en hacer pública manifestación de las fuentes de sus escritos e incluso en dar a conocer la autoría de algunas de sus propias obras, publicadas por ello anónimamente (como es el caso de *The Reasonableness of Christianity*)[9]. Hemos dicho, de otro lado, que tal cautela no era del todo injustificada en aquella Inglaterra de régimen absolutista *more gallico*. En efecto, en lo que se refiere a Suárez hay que saber que sus obras habían sido estrictamente prohibidas por los Estuardo, ya desde los tiempos de Jacobo I, quien en 1613, el mismo año de su publicación en Coímbra, "ordenó la condena pública de la *Defensio fidei* [de Suárez] y su quema solemne tras un oficio religioso"[10]. No contento con estas y otras medidas contra la obra de Suárez, hizo llegar Jacobo sus quejas al rey de España, Felipe III, presionándolo para que prohibiera la obra en España[11]. Por otro lado, a pesar de la extrema cautela y prevención de Locke en revelar sus fuentes, Baciero ha podido demostrar recientemente que Locke conocía por lectura directa el *De legibus* de Suárez. En efecto, en un ejemplar personal de una Biblia interfoliada de Locke consultada en la *Bodleian Library* este investigador ha descubierto una cita directa del *De legibus* en

---

9 *Cfr.* PRIETO LÓPEZ, L. J., "Estudio introductorio" de J. Locke, *La razonabilidad del cristianismo,* pp. CXXII-CXXIII.

10 PRIETO LÓPEZ, L. J., "Hechos e ideas en la condena del Parlamento de París de la *Defensio fidei* de Suárez", 45. Sabemos que Jacobo I incluso había seguido por medio de su embajador en Madrid, John Digby, y por medio de sus espías en España y Portugal el proceso de elaboración de esta obra de Suárez que tanto le preocupaba. El embajador de España en Londres, el I conde de Gondomar, Diego Sarmiento de Acuña, decía en carta de noviembre de 1613 al rey Felipe III: "Se alteró mucho el rey de Inglaterra con ver el libro que agora ha escrito el P. Suárez y habló públicamente mal de los Padres de la Compañía y de los católicos, quejándose también de S.M. por haber permitido que se imprimiese en España". Al respecto, *cfr.* PRIETO LÓPEZ, L. J., *Ídem,* 44.

11 *Cfr.* PRIETO LÓPEZ, L. J., *Ídem,* 47.

una anotación manuscrita al margen a propósito de la opinión que merecía a Suárez un asunto menor de naturaleza eclesiológica. Así pues, hay que pensar que si Locke conocía estos aspectos de tal detalle del *De legibus* sobre una cuestión marginal de naturaleza teológica, cuanto más *a fortiori* conocería la doctrina contenida en esa obra sobre temáticas que a él, persona extraordinariamente culta y al día de las publicaciones que le concernían, tanto interesaban sobre el origen, la naturaleza y los límites del poder político[12].

2. ALGUNOS ASPECTOS DE LA GUERRA EN EL SEGUNDO *TRATADO SOBRE EL GOBIERNO* DE LOCKE

Pasemos ahora al estudio de Locke sobre la guerra. Apresurémonos ante todo a afirmar que Locke no escribió un tratado *a se* sobre la guerra. Sin embargo, encontramos algunas ideas al respecto en varios capítulos del *STG*, una obra en la, como acabamos de indicar, resuena con claridad el eco de las ideas suarecianas antes aludidas.

Una nota común a Suárez y Locke es el particular interés mostrado en la guerra interna o guerra civil. A dicha clase de guerra la tradición, ya desde Tomás de Aquino, llamaba *sedición* (*seditio*). El interés de ambos autores por este tipo de guerra, como se ha sugerido al inicio, se debe al planteamiento general de sus respectivas teorías políticas, uno de cuyos aspectos fundamentales era el principio constitucional de los límites del poder político transferido al rey. En efecto, según Suárez y Locke, si el rey llegase a transgredir gravemente los límites impuestos en

---

12 *Cfr.* BACIERO RUIZ, F., "Francisco Suárez and John Locke. Notes on the Diffusion of Suarezian Thought in Seventeenth-Century England", pp. 209-210.

el pacto de cesión política se abriría el camino legítimo de la resistencia al gobierno tiránico, una de cuyas formas finales es precisamente la guerra civil en respuesta a la tiranía del rey. En tal sentido se había expresado también Suárez en la sección octava de su *Tractatus de bello*, que llevaba por título: "Si la sedición [es decir, la guerra civil] es intrínsecamente mala" (*Utrum seditio sit intrinsece mala*)[13]. Sobre esta misma temática de la guerra interna se expresan los tres últimos capítulos del *STG* de Locke: *Sobre la usurpación*, *Sobre la tiranía* y *Sobre la disolución del gobierno*.

Para perfilar algo más el estudio de Locke sobre la guerra, hay que decir que en su tratamiento de la *guerra interna* se interesa exclusivamente en lo que, según la clásica división del derecho de guerra justa, suele llamarse el *ius ad bellum*, es decir, los títulos o causas justas que legitiman para la entrada en la guerra, no tanto en el *ius in bello*, que es lo relativo al exigible respeto y observancia a los contendientes de los criterios morales fundamentales una vez desatadas las hostilidades. Entre estos justos títulos de la guerra interna están la usurpación, la tiranía y las diversas formas de quebranto de la confianza (*breach of trust*) de parte del gobernante. Sólo en relación con la *guerra externa* (*conquest*) estudia Locke, o quizás sería mejor decir alude, de un modo tangencial y extremadamente escueto, a algunas de las cuestiones clásicas del *ius post bellum*, o lo que es igual, a los efectos jurídicos producidos por la guerra tras su conclusión

---

13 El referido antes como *Tractatus de bello* de Suárez es, en realidad, el capítulo 13º del libro III del *Tractatus de fide, spe et charitate*. Dicho *Tractatus* se contiene en el vol. XII de las *R.P. Francisci Suarez e Societate Jesu Opera Omnia*. Suárez, siguiendo a Tomás de Aquino, estudia la guerra injusta como una de las formas de negación de la caridad. De ahí la colocación de esta temática en la última parte de su *Tractatus de fide, spe et charitate* (escrito entre 1584-85, pero publicado póstumamente en 1621 en Coímbra por el jesuita Baltasar Alvares).

(poder sobre la vida de los agresores o atacantes injustos y sobre su libertad, régimen económico personal y familiar del agresor en relación con la reparación de daños e indemnizaciones posteriores a la guerra, etc.).

Así pues, del *STG* nos interesan especialmente las principales ideas sobre la guerra tal como se presentan en el capítulo 3, *Sobre el estado de guerra* (*Of the state of war*), que es definido como un estado de hostilidad en el que alguien ataca los derechos fundamentales de otro, sea la propiedad, sea la libertad, sea la vida, para salvaguarda y defensa de los cuales precisamente los hombres se reúnen en sociedad; capítulo 16, *Sobre la conquista* (*Of conquest*), donde Locke expone sus ideas sobre la guerra externa, frente a extranjeros, aunque mucho menos desarrolladas que las de la guerra interior; capítulo 17, *Sobre la usurpación* (*Of usurpation*), o lo que es igual, sobre el acceso al poder de quien carece de título legítimo para ello; capítulo 18, *Sobre la tiranía* (*Of tyranny*), sobre el ejercicio del poder violando los límites políticos (pacto político) y morales (el bien común y la justicia); y, finalmente, capítulo 19, *Sobre la disolución del gobierno* (*Of disolution of Government*), donde se alude a las diferentes formas de tiranía del gobierno del rey, e incluso del legislativo, frente a los derechos constitucionales del pueblo.

Presentamos a continuación una tabla sobre la correspondencia de las modalidades de guerra en Suárez y Locke y las respectivas fuentes.

Suárez	Locke
Tractatus de bello	STG
————————	Sobre el estado de guerra: cap. 3
Guerra externa (bellum): caps. 1-7	Guerra externa (conquest): cap. 16
Guerra interna (seditio): cap. 8	Guerra interna (a causa de usurpación): cap. 17
	Guerra interna (a causa de tiranía): cap. 18
	Guerra interna (que conduce por diversos caminos a la disolución del gobierno): cap. 19

2.1. El estado de guerra

El propósito del capítulo 3 del *STG*, dedicado al *estado de guerra* es, en realidad, la discusión y rechazo tanto del extremo *pesimismo antropológico* como del explícito *positivismo jurídico* de Hobbes, posiciones estas estrechamente vinculadas entre sí. Según Hobbes, en efecto, en el *estado de naturaleza* no existe en rigor la justicia, sino únicamente en el *estado civil* como efecto de la potestad de la ley y del legislador positivo. En lo relativo al estado de naturaleza, sinónimo para Hobbes de guerra, dice el filósofo de Malmesbury: "De esta guerra de cada hombre con cada hombre se deduce también esto: que nada puede ser injusto. Las nociones de lo moral y lo inmoral, de lo justo y de lo injusto no tienen allí cabida. Donde no hay un poder común no hay ley; y donde no hay ley no hay injusticia. La fuerza y el fraude son las dos virtudes cardinales de la guerra"[14].

---

[14] HOBBES, T., "Leviathan", chap. 13, p. 113: "To this war of every man against every man, this also is consequent, that nothing can be unjust. The notions of right and wrong, justice and injustice have there no place. Where there is no common power, there is

En lo que respecta al estado civil, posterior a la creación del Estado, dice igualmente: "Es asimismo evidente que las leyes son normas para establecer lo justo y lo injusto, no pudiéndose decir que algo es injusto si no es contrario a alguna ley", entiéndase positiva[15].

Locke, bien al contrario, afirma formalmente que el estado precivil (es decir, previo al pacto social y político) no es necesariamente un estado de guerra, como sostiene Hobbes. Más aún, la regla de la justicia o la regla del bien y del mal no es creada por el pacto político que da vida al Estado, sino que es previa a éste hasta el punto de que es el fundamento moral del Estado. El estado de naturaleza es, pues, un estado de razón y justicia. En tal sentido se presenta la ley natural en los *Ensayos sobre la ley natural* (1664) (escritos como respuesta a las recién publicadas obras de Hobbes: *Leviathan* [1651], *De corpore* [1655] y *De homine* [1658], impregnadas a la par de aquel lúgubre pesimismo antropológico de matriz agustiniana, tan extendido en la Inglaterra del siglo XVII, no menos que de un extremo positivismo jurídico). El propósito de estos *Ensayos sobre la ley natural* es poner de manifiesto que la *ley natural*, que es la regla de la justicia, posee no sólo una precedencia temporal sobre la *ley positiva* (de manera que el estado de naturaleza no es un estado de guerra, sino más bien un estado de razón y justicia, aunque sin una autoridad común a la que someter los conflictos), sino que, sobre todo, goza de una superioridad y una precedencia en dignidad, de la que se sigue la inderogable necesidad de

---

no law: where no law, no injustice. Force and fraud are in war the two cardinal virtues". Para la versión en español seguimos la edición de *Leviatán* de Carlos Mellizo, p. 117.

15 HOBBES, T., *Ídem*, chap. 26, p. 251: "As also, that laws are the rules of just, and unjust; nothing being reputed unjust, that is not contrary to some law".

que la *ley positiva* se inspire y sea interpretada a partir de esta *ley natural*. La idea es decisiva para Locke. En efecto, en esta obligada fundación de la ley civil sobre la ley natural, es decir, en obligada fundación del orden legal sobre el orden moral cifra Locke las bases del orden político y de la paz social. He aquí, pues, la idea central de los *Ensayos sobre la ley natural*[16].

Pero volvamos al *STG*. Sobre el estado de guerra dice Locke que es "un estado de enemistad y destrucción y, por lo tanto, cuando se declara mediante palabras o acciones, no como resultado de un impulso apasionado o precipitado, sino con una premeditada y establecida intención contra la vida de otro hombre, pone a este en un estado de guerra contra quien ha declarado dicha intención"[17]. De acuerdo con ello, "cualquiera que intente poner a otro bajo su poder absoluto, se pone por ello mismo en un estado de guerra con aquel", porque "cualquiera que quiera ponerme bajo su poder sin mi consentimiento, dispondrá de mí una vez lo haya conseguido y me destruirá cuando le venga en gana [...] pues nadie desea tenerme bajo su poder absoluto sino es para constreñirme con la fuerza a lo que es contra el derecho de mi libertad, es decir, para hacerme esclavo"[18]. En tal situación admite Locke el sagrado derecho de defensa como concedido por la ley natural a todo hombre para repeler y neutralizar la violencia injusta ejercida en su contra.

En definitiva, mientras el *estado de naturaleza* es aquel estado en el que "los hombres viven juntos según la razón, pero sin un superior común en la tierra que tenga autoridad para ser

---

16 *Cfr.* LOCKE, J., *Essays on the Law of Nature*. Al respecto *cfr.* también PRIETO LÓPEZ, L. J., "La ley natural, fundamento del orden político en John Locke".

17 LOCKE, J., STG, n. 16.

18 LOCKE, J., *Ídem*, n. 17.

juez entre ellos"[19], el *estado de guerra* no es sino "la fuerza o una intención declarada de fuerza sobre la persona de otro, cuando no haya un superior común al que apelar para pedir socorro"[20]. Ésta es precisamente la razón fundamental en vista de la cual, según Locke, se reúnen los hombres en sociedad: para constituir un poder sobre la tierra del cual pueda obtenerse el socorro y la seguridad solicitados[21]. La mención de Locke del estado de naturaleza como aquel estado "en el que los hombres viven juntos conforme a la razón, sin un poder terrenal, común y superior a todos, con autoridad para juzgarlos" contiene ya, por otro lado, un reenvío a la teoría suareciana del pacto social, en el cual unidos los hombres conforme a la razón y al impulso de su naturaleza social, carecen aún de un poder político común.

2.2. La conquista

Hechas las pertinentes aclaraciones sobre qué es *estado de naturaleza* y *estado de guerra*, emprende Locke más adelante el estudio en sentido propio ya sobre la guerra. Locke comienza con un sucinto estudio sobre la *guerra externa* o *conquista* (*conquest*). En efecto, según Locke, se llama *conquista* a las hostilidades o agresiones procedentes de extranjeros que ponen a los habitantes de un pueblo en una situación de guerra. Dice nuestro autor: "Aunque los gobiernos no puedan originariamente tener otro origen que el anteriormente mencionado [es decir, a partir del consenso de los hombres manifestado en los pactos social y político] y las constituciones políticas no puedan descansar sobre otro fundamento que el consentimiento

---

19 LOCKE, J., *Ídem*, n. 19.

20 LOCKE, J., *Ibidem*.

21 *Cfr.* LOCKE, J., *Ídem*, n. 21.

del pueblo, sin embargo, los desórdenes con los que la ambición ha llenado el mundo han sido tales que, entre el fragor de la guerra, que constituye una parte tan grande de la historia de la humanidad, apenas se ha reparado en ese consentimiento. Y así muchos han confundido la fuerza de las armas con el consentimiento del pueblo y han estimado que la conquista es uno de los orígenes del gobierno. Pero la conquista está tan lejos de establecer gobiernos como la demolición de una casa lo está de construir en su lugar otra nueva"[22]. En efecto, la conquista es un "hecho de fuerza" y nunca la fuerza podrá fundar el derecho. Entre criaturas racionales y libres (he ahí el primer principio político de la libertad e igualdad a nativitate) sólo el consentimiento (he ahí el segundo principio, el *pacto social*) puede dar origen al derecho y a un gobierno justo (he ahí el tercero, el *pacto político*), de manera que la fuerza injusta puede ser legítimamente repelida (he ahí el cuarto, los límites del poder).

Locke presenta la agresión en que consiste la conquista como idéntica en su esencia al ataque de un hombre contra otro. Dicho en otros términos, la conquista es el estado de guerra entre príncipes o Estados. "La injuria y el crimen serán idénticos tanto si son cometidos por alguien que lleva en la cabeza una corona como si son perpetrados por un delincuente vulgar", de manera que "el título del agresor y el número de sus seguidores no modifican la naturaleza de la ofensa, como no sea para agravarla"[23]. Sea, pues, el ataque de un rey, sea el de un hombre privado; sea el ataque de un ejército, sea el de un agresor en solitario, en lo esencial de las cosas la modalidad de la agresión no cambia la naturaleza de la misma. De ahí que "quien conquista en una guerra injusta, no pue-

---

22 LOCKE, J., *Ídem*, n. 175.

23 LOCKE, J., *Ídem*, n. 176.

de tener con ello derecho alguno a la sujeción y obediencia del conquistado"[24].

Suponiendo una victoria en quien posee la razón, cabe preguntarse entonces qué poder asiste a quien vence en una guerra externa justa[25]. Desde luego, "el vencedor tiene poder absoluto sobre las vidas de aquellos que, participando en una guerra injusta, han renunciado a ellas [sus propias vidas], pero no lo tiene sobre las vidas o fortunas de quienes no participaron en dicha guerra"[26]. El vencedor, pues, "sólo obtiene el poder sobre aquellos que han ayudado, sostenido o consentido efectivamente en la fuerza injusta empleada en su contra"[27]. Se trata, pues, de un *poder* puramente *despótico,* dice Locke, "de un poder absoluto sobre la vida de los que han expuesto la propia vida en una guerra injusta contra él, pero no sobre la vida y la fortuna de aquellos que no han tomado parte en la guerra"[28]. Finalmente, el poder que un conquistador obtiene sobre aquellos a los que ha vencido en una guerra justa es perfectamente despótico, es decir, se refiere a la persona de los enemigos vencidos en guerra, pero no alcanza a sus posesiones[29].

Distinguiendo en la guerra entre *fuerza* (contra las personas) y *daño* (sobre las cosas), Locke insiste en que el estado de guerra es el abandono de la razón y el uso de la fuerza sin justicia. Dice Locke, en efecto: "Pues al no actuar conforme a la *razón,* que es la regla por la que debe regirse el trato de un hombre con otro hombre, y hacer uso de la *fuerza,* [el agresor

---

24 LOCKE, J., *Íbidem.*

25 *Cfr.* LOCKE, J., *Ídem,* n. 177.

26 LOCKE, J., *Ídem,* n. 178.

27 LOCKE, J., *Ídem,* n. 179.

28 LOCKE, J., *Ídem,* n. 178.

29 *Cfr.* LOCKE, J., *Ídem,* n. 180.

injusto] está comportándose como las bestias. Y de este modo, se expone a ser destruido por aquel contra el que ha ejercido dicha fuerza, lo mismo que una bestia rabiosa que es peligrosa para nosotros se expone a ser aniquilada"[30].

Concluye Locke afirmando que, admitida la justicia de una guerra externa, "el derecho de conquista no se extiende más que a la vida de los que han participado en la guerra y no a sus haberes, sino únicamente al fin de reparar los daños recibidos y los gastos de la guerra, pero esto con la reserva del derecho de la mujer e hijos inocentes"[31]. He aquí una de las frecuentes cláusulas del *ius in bello* antes referido.

2.3. La usurpación

Sabemos ya que *usurpación* y *tiranía* son dos causas de la guerra interna o civil según Locke. También el fundamento de la distinción entre usurpación y tiranía, como el de tantos otros institutos jurídico-políticos, procede la gran tradición teológica y canonística medieval, particularmente de los comentarios de Bártolo de Sassoferrato al *Codex Iustinianus*, proseguida por un gran número de tratadistas posteriores. Esta distinción tenía el propósito de definir la naturaleza, los límites y la intensidad del derecho de resistencia, como aparece en el *De iure regni apud Scotos* de Buchanan y las *Vindiciae contra tyrannos*. Entre los tratadistas que desarrollan estas nociones Suárez es un autor de especial lucidez. En la *Defensio fidei* distinguía Suárez, en efecto, "como hacen los teólogos", dos tipos de tirano: el *tyrannus ab origine* (o *tyrannus absque titulo*) y el *tyrannus ab exercitio* (o *tyrannus quoad exercitium*). El primero es aquel "que ha ocupado el

---

30 LOCKE, J., *Ídem*, n. 181.

31 LOCKE, J., *Ídem*, n. 182.

reino no por justo título, sino por fuerza y contra toda justicia" y, en consecuencia, "no es rey ni soberano, sino que simplemente *ocupa* el puesto del rey y se comporta como su sombra". Suárez lo llama unos números más adelante *usurpator*, más precisamente *usurpator regni*[32]. El segundo, en cambio, es "aquel otro que, aunque sea legítimo soberano y posea el reino con justo título, reina tiránicamente en lo que se refiere al uso del poder y del gobierno, porque usa todo en beneficio propio con desprecio del bien común o porque aflige injustamente a sus súbditos, robando, matando, atropellando o perpetrando injustamente similares delitos pública y frecuentemente".[33] A su vez, en su *Tractatus de bello* reitera Suárez la misma doctrina, aunque con diferente nomenclatura, distinguiendo el *tyrannus quoad dominium et potestatem* (*usurpator*) y *tyrannus quoad regimen* (*tyrannus* en sentido propio)[34].

También Locke conoce y acepta estas dos figuras, como ya sabemos. En definitiva, *usurpador* es, según Locke, el que accede al cargo de magistrado apropiándose de cualquier modo de un poder político que no le corresponde según las leyes

---

32 SUÁREZ, F., "Defensio fidei", 6, 4, 3.

33 SUÁREZ, F., "Defensio fidei", 6, 4, 1: "Duplex ergo a Theologis tyrannus distinguitur: unus est, qui non justo titulo, sed vi et injuste regnum occupavit, qui revera non est rex nec dominus, sed locum illius occupat et umbram ejus gerit; alter est, qui licet verus dominus sit, et justo titulo regnum possideat, tyrannice regnat quoad usum, et gubernationem, quia, videlicet, aut omnia in proprium commodum, communi contempto, convertit, vel subditos injuste affligit, spoliando, occidendo, pervertendo, vel alia similia publice et frequenter injuste perpetrando". Para un estudio más detenido, FONT OPORTO, *El derecho de resistencia civil en Francisco Suárez*. Cfr. también PRIETO LÓPEZ, L. J., "El derecho de resistencia en Francisco Suárez. Un diálogo con Pablo Font", 206.

34 SUÁREZ, F., "Tractatus de bello", 8, 2.

políticas de un reino. En tal sentido, el *usurpador* es en el orden interno lo que el *conquistador* en el externo. Dice, en efecto, Locke: "Como la *conquista* se puede llamar una *usurpación extranjera*, así también la *usurpación* es una especie de *conquista interna*, con la diferencia de que un usurpador nunca puede tener el derecho de su parte, pues la usurpación no es sino entrar en posesión de aquello sobre lo que tiene derecho otro"[35]. La apostilla "con la diferencia de que un usurpador nunca puede tener el derecho de su parte" significa que el conquistador sí puede tenerlo de la suya, o lo que es igual, que cabe una guerra externa justa.

En suma, dice Locke, "cualquiera que consigue el ejercicio de una parte del poder de un modo diverso del que han prescrito las leyes de la comunidad, no tiene derecho a ser obedecido [...], porque no es la persona determinada por las leyes y, consecuentemente, no es la persona a la que el pueblo ha dado su consentimiento. Tal *usurpador* nunca podrá tener derecho alguno, sino cuando el pueblo tenga la libertad de consentir y efectivamente haya consentido, reconociendo y confirmando en él el poder que hasta el momento había usurpado"[36]. Sólo la subsanación que procura el consentimiento del pueblo, posterior a la usurpación, podría legitimar en el ejercicio del poder al gobernante injusto *ab initio*, es decir, al usurpador. De nuevo, está presente el primer principio: la libertad *a nativitate* de los hombres.

---

[35] LOCKE, J., STG, n. 197. Cursivas propias.

[36] LOCKE, J., *Ídem*, n. 198.

2.4. La tiranía

Como sabemos, Locke estudia la tiranía en el capítulo 18 del *STG*. Dice al respecto Locke: "Como la *usurpación* es el ejercicio de un poder al que tiene derecho otro, así la *tiranía* es el ejercicio del poder más allá del derecho [*exercise of power beyond right*], a lo que nadie puede tener derecho"[37]. La tiranía, pues, "consiste en hacer uso del poder que uno tiene en sus manos no para hacer el bien de los que le están sujetos, sino para su propio y privado provecho [*private separate advantage*]"[38]. Como se ve, la definición de tiranía de Locke está tomada de Aristóteles[39]. También en esto Locke sigue la misma senda que Suárez. Tirano, así pues, es "el gobernante, cualquiera que sea el título que lo habilita, que hace norma no de la ley, sino de la propia voluntad, y sus mandatos y acciones son dirigidos no a la conservación de las propiedades de su pueblo, sino a la satisfacción de las propias ambiciones, venganzas, codicias o cualquier otra pasión desordenada"[40].

Como las acusaciones de tiranía de los *whigs* se dirigían precisamente contra los Estuardo, comenzando por el propio Ja-

---

37 LOCKE, *Ídem*, n. 199.

38 LOCKE, J., *Ídem*, n. 199.

39 *Cfr.* ARISTÓTELES, *Política*, III, 7, 1279 b: "La tiranía es una monarquía que sólo tiene por fin el interés personal del monarca".

40 LOCKE, J., *STG*, n. 199: "As usurpation is the exercise of power, which another hath a right to, so tyranny is the exercise of power beyond right, which no body can have a right to. And this is making use of the power any one has in his hands, not for the good of those who are under it, but for his own private separate advantage. When the governor, however intitled, makes not the law, but his will, the rule; and his commands and actions are not directed to the preservation of the properties of his people, but the satisfaction of his own ambition, revenge, covetousness, or any other irregular passion".

cobo I, aprovecha Locke para mostrar a continuación cómo este mismo rey había hecho suya inicialmente esta doctrina sobre la tiranía y se había apresurado en condenar la práctica de la tiranía en sendos discursos dirigidos al Parlamento en 1603 (el año de su coronación como rey de Inglaterra) y 1609. De tales discursos de Jacobo I concluye Locke: "Aquel docto rey, que bien entendía las nociones de las cosas, establece que la diferencia entre un rey y un tirano no consiste sino en que el primero hace de las leyes el límite de su poder y del bien público el fin de su gobierno, mientras que el segundo todo lo subordina a su propia voluntad y apetito"[41]. No puede decirse mejor qué es la tiranía: violar los límites de la ley y dejar de perseguir el bien común para buscar sólo el bien personal.

Ahora bien, "cualquiera que, en una posición de autoridad, excede el poder que le ha dado la ley y hace uso de la fuerza que tiene [...] para imponer a los súbditos lo que la ley no permite, cesa en ese momento de ser un magistrado y, obrando sin autoridad, puede ser resistido como todo hombre que con la fuerza invade el derecho de otro hombre"[42]. Ello es así porque "exceder los límites de la autoridad que uno tiene es algo a lo que no tiene derecho ni el gran ministro ni el peque-

---

41 LOCKE, J., *Ídem*, n. 200: "Thus that learned king, who well understood the notions of things, makes the difference betwixt a king and a tyrant to consist only in this, that one makes the laws the bounds of his power, and the good of the public the end of his government; the other makes all give way to his own will and appetite".

42 LOCKE, J., *Ídem*, n. 202: "Wherever law ends, tyranny begins, if the law be transgressed to another's harm; and whosoever in authority exceeds the power given him by the law, and makes use of the force he has under his command, to compass that upon the subject, which the law allows not, ceases in that to be a magistrate; and, acting without authority, may be opposed as any other man, who by force invades the right of another".

ño funcionario y no puede justificarse ni en un rey ni en un alguacil. Y será tanto más grave cuanta mayor confianza se haya depositado en él; pues al habérsele dado más responsabilidad que al resto de sus hermanos, se le supone, debido a las ventajas de su educación, a su cargo y al hecho de estar rodeado de consejeros, más capaz para saber lo que está bien y lo que está mal"[43]. Por todo ello, concluye Locke, en tales circunstancias es lícito resistir al gobernante injusto (que en realidad deja de ser autoridad tan pronto comienza a obrar al margen de la ley) y "usar la fuerza contra otra fuerza que es injusta e ilegal"[44], expresión que ya conocíamos. Fuera de este contexto oponer resistencia al gobernante atrae sobre sí una justa condena, sea de Dios, sea de los hombres[45].

Atendiendo a este tratamiento de la tiranía de parte de Locke, podemos decir que la doctrina de Suárez sobre la tiranía y la resistencia, aun guardando con la de Locke una semejanza y afinidad obvias en términos generales, es sin embargo mucho más circunspecta y cauta, justamente para evitar los excesos y mayores males que podrían seguirse de una guerra civil que, aunque justa en sus motivos iniciales, no presentara razonables

---

43 LOCKE, J., *Ibidem*: "For the exceeding the bounds of authority is no more a right in a great, than in a petty officer; no more justifiable in a king than a constable. But it is so much the worse in him, in that he has more trust put in him, has already a much greater share than the rest of his brethren, and is supposed, from the advantages of his education, employment, and counsellors, to be more knowing in the measures of right or wrong.".

44 LOCKE, J., *Ídem*, n. 204: "I answer that *force* is to be *opposed* that nothing but to unjust and unlawful *force*". Cursivas de Locke.

45 *Cfr.* LOCKE, *Ibidem*: "whoever makes any opposition in any other case, draws on himself a just condemnation both from God and man".

visos de superar la situación y prolongara e incluso acrecentara los sufrimientos del pueblo tiranizado[46].

2.5. La disolución del gobierno

El *STG* se cierra con el capítulo 19 que lleva por título "De la disolución del gobierno" (*Of the dissolution of government*) en el que se estudia el resultado de todas estas formas y causas de guerra en el seno de la comunidad política. En efecto, según Locke, es posible una disolución del gobierno (y de la sociedad que le ha dado vida) tanto por causas externas como internas. Es causa externa de la disolución del gobierno la invasión extranjera y la conquista. A su vez, las causas internas son aquellas que desde dentro alteran el poder legislativo y llevan necesariamente a la disolución del gobierno. Pero procedamos con orden.

Locke comienza haciendo mención de una teoría profundamente arraigada en la teoría política hispánica: la *teoría del doble pacto.* En efecto, dos son los pactos sobre los que se asienta una sociedad: el *pacto social* y el *pacto político*[47]. El primero crea una *comunidad*, el segundo un *gobierno*[48]. En efecto, "lo que crea una comunidad y saca a los hombres del desorganizado estado de naturaleza llevándolos a formar una sociedad política es el acuerdo que cada individuo hace con los demás, con el fin de

---

46 Sobre las diferencias en el tratamiento de la tiranía y su resistencia entre los whigs y Suárez, *cfr.* PRIETO LÓPEZ, L. J., "Francisco Suárez and the Whig Political Tradition", aquí pp. 87-88.

47 *Cfr.* LOCKE, J., *STG*, n. 211: "He that will with any clearness speak of the dissolution of government, ought in the first place to distinguish between the dissolution of the society and the dissolution of the government".

48 *Cfr.* LOCKE, J., *Íbidem.*

unirse todos y actuar como un solo cuerpo, constituyendo de este modo un Estado claramente definido"[49]. He aquí el *pacto social*. En tal sentido, la primera forma de disolución de una sociedad es la invasión extranjera y la consiguiente conquista en la medida que es la causa más obviamente opuesta al mantenimiento de la sociedad[50]. En tales circunstancias, siendo incapaces de mantenerse los miembros de esta sociedad como un cuerpo único e independiente, cesa la unión que antes había en este cuerpo. Ahora, cesando la sociedad, cesa igualmente el gobierno. Y desde luego, cesando la sociedad, "cada miembro de ella regresa al estado en que se hallaba antes [de constituir la sociedad, es decir, al estado de naturaleza], con libertad para valerse por sí mismo y procurar su seguridad, como mejor le parezca, en otra sociedad diferente"[51].

Pero también los gobiernos pueden ser disueltos por causas internas. Locke estudia cuatro *causas*, que podríamos llamar *particulares*, que llevan aparejada esta disolución interna. A ellas añade posteriormente el "quebranto de la confianza" del pueblo, que por su naturaleza y sus efectos bien podría considerarse una *causa general*. Antes de estudiar la naturaleza y el alcance de estas otras formas de disolución social, Locke se ve obligado lógicamente a aclarar que la naturaleza de la constitución política inglesa es una *monarquía* de naturaleza *mixta*, compuesta por un poder ejecutivo en manos de la corona hereditaria, con el poder de convocar el Parlamento; una asamblea noble parlamentaria de naturaleza hereditaria también,

---

49 LOCKE, J., *Íbidem*: "That which makes the community, and brings men out of the loose state of nature into one politic society, is the agreement which every one has with the rest to incorporate, and act as one body, and so be one distinct commonwealth".

50 *Cfr.* LOCKE, J., *Íbidem*.

51 LOCKE, J., *Íbidem*.

la llamada Cámara de los Lores o Pares; y, finalmente, otra asamblea de representantes elegidos *pro tempore* por el pueblo, que es la Cámara de los Comunes. Locke hace así suya la idea, común a otros muchos autores ingleses, de que el Estado en Inglaterra asume la forma más perfecta posible porque, siguiendo las viejas ideas de Aristóteles, compendia equilibradamente lo mejor de monarquía, aristocracia y democracia, viniendo a ser, en consecuencia, una monarquía limitada y mixta[52]. Estando así las cosas, caben según Locke las cuatro siguientes formas de alterar el poder legislativo y disolver así el gobierno.

1) Desde luego, el príncipe pone fin al gobierno cuando *actúa* "imponiendo su propia voluntad arbitrariamente en vez de ajustarse a las leyes, las cuales vienen a ser la voluntad de la sociedad, según es declarada por el poder legislativo" y de esta manera el príncipe "estará cambiando el poder legislativo, pues será esa voluntad arbitraria la que de hecho impondrá sus normas y leyes, exigiendo que sean obedecidas"[53]. Todo ello, como se ha observado antes, no es sino la forma más habitual de la tiranía. A modo de ejemplificación histórica, una forma concreta de actuación tiránica de este tipo tuvo lugar a inicios del reinado de Carlos I hacia 1628 (tal como lo indica John Milton en su *Pro anglicano populo defensio* [1651]) y consistió en el mandato del rey de eliminar la necesaria apro-

52 Para mencionar sólo algunos nombres y obras al respecto en los que se recoge esta larguísima tradición jurídica británica nos podemos referir al *De legibus et consuetudinibus Angliae* (1235) de Henry of Bracton, el *Mirroir des Justices* (inicios del s. XIV) de Andrew Horne, el *De laudibus legum Angliae* de John Fortescue (publicado póstumamente en 1543), el *The sovereigne power of Parliaments and Kingdomes* (1643) de William Prynne y el *Treatise of Monarchy* (1643) de Philip Hunton.

53 LOCKE, J., *Ídem*, n. 214.

bación del Parlamento para la creación de nuevos impuestos o para la modificación de otros ya existentes[54].

2) Prosigue Locke diciendo que también se altera y disuelve de facto el gobierno "cuando el príncipe impide que la legislatura se reúna a su tiempo debido, o que actúe libremente de acuerdo con los fines para los que ha sido constituida"[55]. Es ésta otra forma de tiranía que, podríamos decir, consiste en *evitar* o *impedir* la acción libre del legislador. Conviene recordar que precisamente son estas las dos mayores y más típicas quejas del Parlamento frente al rey Carlos I antes de desatarse las hostilidades de la guerra entre el Parlamento y el rey: la falta de convocatoria del Parlamento y las injerencias del rey contra la libertad de los parlamentarios[56]. Permítasenos afirmar que se puede colegir claramente que la tipificación de las causas de disolución del gobierno realizada por Locke que estamos estudiando está elaborada mirando ante todo a la historia reciente inglesa y en particular a la praxis del gobierno de Carlos I.

---

54 *Cfr.* MILTON, J., *Pro anglicano populo defensio*, p. 358, donde del mismo modo que Locke, se caracteriza al tirano en los términos aristotélicos ya conocidos. Más en concreto, dice Milton, Carlos I es tirano por su política de gravosas e injustas exacciones fiscales, pero sobre todo porque las pone en práctica sin el consentimiento del Parlamento violando así la tradición y la ley constitucional inglesa.

55 LOCKE, J., *STG*, n. 215.

56 *Cfr.* nuevamente MILTON, J., *Pro populo anglicano defensio*, p. 358, donde se acusa a Carlos I de otras formas de tiranía como son las reiteradas negativas a convocar y reunir el Parlamento, "sabiendo que el Parlamento es el único poder que lo puede controlar" y, sobre todo, la grave provocación al Parlamento consistente en la agresión e intento de asesinato de algunos parlamentarios.

3) También se puede intervenir anulando el gobierno "cuando los electores o las modalidades de la elección establecidas [por la ley] son alterados por el arbitrario poder del príncipe, sin el consenso y contra el común interés del pueblo"[57]. Se trata en este caso de la intervención fraudulenta del príncipe en la elección de los representantes del pueblo *pro tempore*, es decir, los Comunes.

4) Finalmente, afirma Locke que el gobierno cesa "cuando el pueblo es entregado en sujeción a un poder extranjero, tanto de parte del príncipe como de parte del legislativo"[58]. En efecto, "el fin que perseguía el pueblo al entrar en sociedad era conservarse como un cuerpo entero, libre e independiente [...] y ser gobernado por sus propias leyes, pero esto se pierde siempre que el pueblo es entregado al poder de otro"[59].

Más adelante sugiere Locke de un modo verdaderamente interesante la existencia de otra causa de disolución del gobierno, a la que hemos llamado antes una causa general: la ruptura o quebranto de la confianza (*breach of trust*). Se trata de la situación en que "el legislativo o el príncipe, o ambos, actúan contrariamente a la fe puesta en ellos [*act contrary to their trust*]"[60]. Así obra el legislativo "cuando intenta invadir la propiedad de los súbditos y de hacerse él o cualquier otro grupo de la comunidad amo y señor de las vidas, las libertades y los haberes del pueblo"[61]. Cuando el legislador obra así, "intentando suprimir y destruir la propiedad del pueblo o reducirlo

57 LOCKE, J., *STG*, n. 216.

58 LOCKE, J., *Ídem*, n. 217.

59 LOCKE, J., *Íbidem*.

60 LOCKE, J., *Ídem*, n. 221.

61 LOCKE, J., *Íbidem*.

en esclavitud bajo un poder arbitrario, se pone en un estado de guerra con el pueblo, el cual es por ello mismo liberado de toda obediencia ulterior, no quedándole más que el común refugio que Dios ha ofrecido a todos los hombres contra la fuerza y la violencia"[62]. Un legislativo tal, obrando contrariamente a la confianza depositada en él (*breach of trust*), pierde el poder que el pueblo había puesto en sus manos para fines del todo opuestos y este poder retorna al pueblo, que tiene el derecho de recuperar su libertad originaria y proveer con la institución de un nuevo legislativo a la propia seguridad y tranquilidad, que es el fin por el que se encuentra en sociedad[63]. La doctrina aquí sentada evoca potentemente, como en tantas otras ocasiones, la doctrina (de Suárez, Belarmino, Azpilcueta, etc.) de la *reasunción* por parte del pueblo del poder entregado al gobernante en casos de conducta gravemente contraria a la confianza y fe del pueblo que le transmitió el poder.

Mayor quebranto, si cabe, de la confianza que el realizable por el legislativo es el que puede cometer el rey, el "supremo ejecutor" (*supreme executor*), "el cual teniendo una *doble confianza* puesta en él, a saber, por la participación en el legislativo y por la suprema ejecución de la ley, actúa contra las dos si intenta instituir la propia arbitraria voluntad como ley de la sociedad"[64]. Se trata, pues, de nuevo de la doctrina de la tira-

---

62 LOCKE, J., *Ídem*, n. 222.

63 *Cfr.* LOCKE, J., *Íbidem*: "[…] by this breach of trust they forfeit the power, the people had put into their hands, for quite contrary ends, and it devolves to the people, who have a right to resume their original liberty, and, by the establishment of a new legislative, (such as they shall think fit) provide for their own safety and security, which is the end for which they are in society".

64 LOCKE, J., *Íbidem*: "What I have said here, concerning the legislative in general, holds true also concerning the *supreme executor*, who

nía (de la voluntad arbitraria, la *arbitrary will*), pero vista ahora como causa de la "violación de la confianza" (*breach of trust*) del pueblo, titular último del poder transmitido al rey.

En breve, "quienes eliminan o alteran el poder legislativo están eliminando ese poder decisorio que nadie puede tener sin el nombramiento y el consentimiento del pueblo; y al hacer eso, están destruyendo la autoridad que el pueblo, que tiene la capacidad exclusiva para ello, estableció; y están introduciendo un *estado de guerra* en el que la fuerza es ejercida sin autoridad [*force without authority*]. Y así, al deshacerse el cuerpo legislativo establecido por la sociedad, a cuyas decisiones el pueblo había dado su aquiescencia y se había sumado como si fueran actos de su propia voluntad, deshacen los lazos sociales y de nuevo dejan al pueblo en un estado de guerra. Y si son rebeldes quienes por la fuerza eliminan el cuerpo legislativo, también los legisladores deben ser considerados como tales (como ya hemos demostrado) cuando, habiendo sido establecidos para la protección y preservación del pueblo, de sus libertades y de sus propiedades, lo invaden por la fuerza y tratan de arrebatárselas. Y de este modo se ponen a sí mismos en un estado de guerra contra quienes les habían nombrado protectores y guardianes de su paz; y son, propiamente hablando, y con la mayor de las agravantes [and with the greatest aggravation], *rebellantes*, es decir, rebeldes"[65].

Algo más adelante se expresa Locke con no menos vigor. Oigámoslo: "Todo el mundo está de acuerdo en que tanto los súbditos como los ciudadanos extranjeros que atentan contra las propiedades de un pueblo valiéndose de la fuerza pueden

---

having a *double trust* put in him, both to have a part in the legislative, and the supreme execution of the law, acts against both, when he goes about to set up his own arbitrary will, as the law of the society".

65 LOCKE, *Ídem*, n. 227.

ser resistidos con la fuerza. Pero que a los magistrados que se comportan del mismo modo se pueda oponer resistencia se ha negado *en estos últimos tiempos*[66], como si aquellos que tienen de la ley los máximos privilegios y ventajas tuvieran por ello el poder de transgredir aquellas leyes que precisamente los colocaron en una situación mejor que la de sus hermanos. Mas lo cierto es que las ofensas cometidas por esos magistrados han de ser más graves, sea porque son ingratos ante aquellos privilegios mayores que les da la ley, sea porque violan aquella confianza que sus hermanos han puesto en ellos"[67].

Así pues, "quienquiera *usa la fuerza sin derecho,* como en la sociedad hacen todos aquellos que usan la fuerza fuera de la ley, se pone a sí mismo en un *estado de guerra* con aquellos contra quienes esa fuerza es empleada; y en un estado así, todos los acuerdos anteriores [es decir, los *pactos social y político*] dejan de tener vigencia, todos los demás derechos desaparecen y cada uno tiene el derecho de defenderse y resistir al agresor"[68], sea éste, añadamos, un particular, sea una pretendida (o hasta ese momento) autoridad. He aquí la última palabra de Locke sobre la esencia de la guerra, que no es sino el *uso de la fuerza sin el derecho,* que legitima moralmente a quien la padece a resistirla de diversas formas.

---

66 La apostilla "en estos últimos tiempos" es de gran valor, porque indica que se trata de una práctica moderna, reciente y extraña a la gran tradición inglesa, instaurada en efecto por los reyes absolutistas ingleses en imitación de los franceses.

67 LOCKE, J., *Ídem,* n. 231.

68 LOCKE, J., *Ídem,* n. 232: "Whosoever uses *force without right,* as every one does in society, who does it without law, puts himself into a *state of war* with those against whom he so uses it; and in that state all former ties are cancelled, all other rights cease, and every one has a right to defend himself, and to resist the aggressor". Cursivas de Locke.

3. A MODO DE CONCLUSIÓN

Como ya hemos indicado en otros trabajos, va saliendo a la luz con creciente claridad la relación existente entre la tradición teológica medieval, de la cual los teólogos y juristas hispánicos de los siglos XVI y XVII fueron testigos fieles y renombrados, y las ideas políticas republicanas sostenidas por los líderes intelectuales del movimiento parlamentario inglés y *whig* a lo largo del siglo XVII. Una vez más se pone de manifiesto en concreto hasta qué punto es verdad que se progresa a partir de una tradición. El *absolutismo político* y su forma más neta, la *teoría del derecho divino de los reyes*, fenómenos políticos inequívocamente modernos, resultarán intelectualmente superados por las corrientes intelectuales que en última instancia reivindican los grandes principios del pasado en lo concerniente al respeto de la persona, en particular su igualdad y libertad, a la libre conformación de la sociedad y del gobierno y a la doctrina sobre los límites de la acción del rey (atendiendo al pacto de transferencia del poder que le otorga la comunidad política, última titular de dicho poder, y al bien común y la justicia). Los autores vencedores en esta pugna político-intelectual son los *whigs* (es decir, los republicanos de la época de restauración monárquica inglesa) y muy particularmente Locke, cuyo patrimonio intelectual se difundirá en primer lugar hacia la América de las Trece Colonias. No es casualidad que Locke escribiera un proyecto de constitución para Carolina, las *Constituciones fundamentales de Carolina* (*The Fundamental Constitutions of Carolina*, 1669)[69]. Tampoco lo es la clara la recepción de las ideas políticas *whigs* en autores como Thomas Jefferson (1743-1826), tercer presidente de los EE.UU. Pero, en segundo lugar, las ideas de Locke, su filosofía en general y su políti-

[69] *Cfr.* RENAULT, M., "De la propiedad: Locke, una filosofía de la colonización", 119.

ca en particular, llamada *liberalismo* de un modo muy pobre y poco convincente, se difundieron en Europa comenzando por Francia por medio del potente actor cultural de la Ilustración. Locke, que en un plano temporal ya era el autor que culminaba la transición inglesa desde el calvinismo humanista (el arminianismo) a la Ilustración, es también el nexo de unión en el plano espacial de la política entre el Viejo y el Nuevo Mundo desde el siglo XVIII hasta nuestros días. Ahora bien, sin pretensión apologética alguna, sino más bien con el explícito propósito de un simple ejercicio de rigurosa patentización de la verdad en la historia de las ideas políticas y filosóficas, hay que decir que la victoria del ideario *whig* y lockiano se cimentó sobre la recepción, si bien disimulada, de las viejas ideas cristianas comunes a tratados medievales, a las obras políticas de autores calvinistas (los llamados monarcómacos) y a los abundantísimos tratados jurídico-políticos de autores hispánicos de los siglos XVI y XVII no del todo correctamente caracterizados como "escolásticos". Baste una sola prueba de ello para no extendernos más en esta conclusión. Nadie dudará del valor de la conquista del *principio político moderno* según el cual "todos los hombres nacen iguales y libres", principio por otro lado particularmente presente y eficaz en la tradición *whig*, sobre todo en John Milton, Algernon Sidney y John Locke. Y sin embargo, esta afirmación, mejor aún, este principio político está tomado literalmente, palabra a palabra, de la gran tradición cristiana (que a su vez entronca con Cicerón[70]) renovada con particular vigor por Roberto Belarmino (particularmente en su *De laicis ac potissimum de magistratu politico*) y Francisco Suá-

---

[70] Cicerón (65-27 a.C.), he aquí otro motivo de relación profunda entre *whigs* y jesuitas. Unos y otros cultivan con entusiasmo el estudio del pensamiento del político y filósofo romano jurisconsulto y se deleitan en su estilo y en su retórica sustancial henchida del amor a la justicia.

rez (en el *De legibus*), según los cuales el principio fundacional de toda *teoría política justa,* atenta y respetuosa por tanto con la naturaleza humana, no puede ser otro que aquel que reza así: *omnes homines nascuntur aequales et liberi* (todos los hombres nacen iguales y libres)[71]. Toda la teoría lockiana sobre la guerra (conquista, usurpación, tiranía y disolución del gobierno) y sobre la respuesta adecuada a ella se apoya sobre este principio verdaderamente cardinal de su teoría política en el modo que hemos explicado precedentemente.

4. BIBLIOGRAFÍA

ARISTÓTELES, *Politica e Costituzione di Atene,* UTET, Torino, 2006.

BACIERO RUIZ, "Francisco Suárez and John Locke. Notes on the Diffusion of Suarezian Thought in Seventeenth-Century England", en L. J. Prieto López-J. L. Cendejas Bueno (eds.), *Projections of Spanish Jesuit Scholasticism on British Thought. New Horizons in Politics, Law, and Rights,* Brill, Leiden-Boston, 2023, pp. 186-212.

BACIERO RUIZ, F. T., *Poder, ley y sociedad en Suárez y Locke. Un capítulo en la evolución de la filosofía política del siglo XVII,* Ediciones Universidad de Salamanca, Salamanca, 2008.

FONT OPORTO, P., El derecho de resistencia civil en Francisco Suárez. Virtualidades actuales., Comares, Granada, 2018.

HOBBES, T., "Leviathan", en The English Works of Thomas Hobbes of Malmesbury, vol. III, J. Bohn, London, 1839. Hemos empleado también la versión en español, *Leviatán,* edición de C. Mellizo, Alianza, Madrid, 2009.

[71] Obsérvese que no se dice "son" (*sunt*), sino "nacen" (*nascuntur*). Se pretende con ello indicar que libertad e igualdad en los hombres son el estado que pertenece a la naturaleza humana *ab initio,* el estado natural si se prefiere, previo a toda forma de estipulación, pacto o acuerdo que da vida al Estado.

LOCKE, J., *Essays on the Law of Nature*, edited by W. von Leyden, Oxford University Press, Oxford-New York, 2007.

-:., *Segundo Tratado sobre el gobierno civil*, edición de C. Mellizo, Tecnos, Colección Clásicos del pensamiento, Madrid, 1990.

-:, *Two Treatises of Government*, Printed for A. Churchill, London, 1690. Por razones de accesibilidad seguimos la edición inglesa en *The Works of John Locke in nine volumes*, vol. IV, Rivington, London, 1824, pp. 338-485.

MILTON, J., *Pro anglicano populo defensio*, Typis du Gardianis, Londini, 1651.

PRIETO LÓPEZ, L. J., "El derecho de resistencia en Francisco Suárez. Un diálogo con Pablo Font", *Daimon*, 80, 2020, 201-208.

-: "Estudio introductorio" de J. Locke, *La razonabilidad del cristianismo, tal como es presentado en las Escrituras*, edición crítica de L. Rodríguez Duplá y L. J. Prieto López, Tecnos, Colección Clásicos del pensamiento, Madrid, 2017.

-:., "Francisco Suárez and the Whig Political Tradition: the Case of Algernon Sidney", en L. J. PRIETO LÓPEZ-J. L. CENDEJAS BUENO (eds.), *Projections of Spanish Jesuit Scholasticism on British Thought*, Brill, Leiden-Boston, 2023, pp. 61-88.

-:., "Hechos e ideas en la condena del Parlamento de París de la *Defensio fidei* de Suárez", *Relectiones*, 7, 2020, 37-53.

-:., "La ley natural, fundamento del orden político en John Locke", *Toletana*, 18, 2008, 289-300.

-:., "Las fuentes escolásticas de William Prynne. Teología y política de un puritano inglés del siglo XVII", *Anales del seminario de historia de la filosofía*, 39/3, 2022, 691-709.

PRYNNE, W.: «*A revindication of Psalme 105.15: "Touch not mine anointed and doe my prophets no harme*» [en línea] (Printed for R. Daniel, Cambridge, 1642), https://quod.lib.umich.edu/cgi/t/text/text-idx?c=eebo2;idno=A91718.0001.001 [consulta 29/11/2023].

-:.: «The sovereigne power of Parliaments and Kingdomes divided into foure parts» [en línea] (Printed for M. Sparke, London, 1643), https://quod.lib.umich.edu/e/eebo/A56211.0001.001?view= toc [consulta: 29/11/2023].

RENAULT, M., "De la propiedad: Locke, una filosofía de la colonización", *Logos*, 133, 2019, 117-135.

SIDNEY, A.: «*Discourses concerning Government*», [en línea] (Printed and to Be Sold by the Booksellers of London and Westminster, London, 1698), https://quod.lib.umich.edu/e/eebo/A60214.0001.001?view=toc [consulta: 29/11/2023].

SUÁREZ, F., "Defensio fidei catholicae et apostolicae adversus anglicanae sectae errores", en *R. P. Francisci Suárez e Societate Jesu opera Omnia,* vol. XXIV, apud Ludovicum Vivès, Parisiis, 1859.

-:., "Tractatus de bello", en *Tractatus de fide, spe et charitate,* lib. III, cap. 13, en *R. P. Francisci Suarez e Societate Jesu Opera Omnia,* vol. XII, apud Ludovicum Vivès, Parisiis, 1858, pp. 737-763.

-:., "Tractatus de legibus et legislatore Deo", en *R. P. Francisci Suárez e Societate Jesu opera Omnia,* vols. V-VI, apud Ludovicum Vivès, Parisiis, 1856.

TYRRELL, J., *Patriarcha, non monarcha,* Printed for R. Janeway, London, 1681.

Capítulo noveno

Derecho y naturaleza: entre la escuela kantiana y Juan de Santo Tomás

JESÚS MIGUEL SANTOS ROMÁN
Profesor de Filosofía del Derecho
Universidad Francisco de Vitoria

1. PRESENTACIÓN DE LA INVESTIGACIÓN

La consideración sobre el estatuto epistémico de la ciencia jurídica, qué lugar ocupa en el panteón de los saberes, depende directamente del concepto de *naturaleza* que subyazga a tal o cual afirmación. La sentencia kelseniana, por ejemplo: "el Derecho es un fenómeno social, pero la sociedad es un objeto por entero diferente de la naturaleza"[1] presupone un cierto

1 KELSEN, H., *El método y los conceptos fundamentales del derecho*, Reus, Madrid, 2009, p. 24.

concepto sobre lo que la *naturaleza* es, y que lo hace radicalmente distinto al horizonte de lo jurídico.

Kelsen no es original en su afirmación. Las distinciones entre derecho y sociedad, derecho y ética, derecho y naturaleza y, en definitiva, entre *Natur-* y *Geisteswissenschaften*, pueden ser fácilmente rastreadas hasta Kant y, por supuesto, con anterioridad. Nos detendremos en el iusnaturalismo tardío o, como es conocido en la doctrina alemana, *das jüngere Naturrecht*[2] (el iusnaturalismo joven), protagonizado casi en exclusiva por la escuela kantiana. Este movimiento intelectual ha sido y es una rica fuente de tópicos para la reflexión sobre el derecho hasta nuestros días.

Kant[3] y su escuela son bandera disputada: algunos, como denuncia Goyard-Fabre, han querido ver en Kant "un «positiviste» avant la lettre"[4], siendo así que él y sus discípulos "descargaron golpes demoledores sobre el derecho natural"[5]; otros, en cambio, no tienen empacho en sostener que "Kant se

---

2 Cfr. KLIPPEL, D., *Politische Freiheit und Freiheitsrechte im deutschen Naturrecht des 18. Jahrhunderts*, Ferdinand Schöningh, Paderborn, 1976, pp.14-15, entre otros.

3 Cuando se citen las obras de Kant, se indicará en primer lugar la referencia de la traducción al castellano que se ha manejado. A continuación, se recogerá el original en alemán, extraído de la magna edición de las Obras Completas realizada por la *Königliche Preußische Akademie der Wissenschaften*. Para referenciar esta última, se indicará el volumen en numeración latina, y la página correspondiente al mismo.

4 GOYARD-FABRE, S., *Kant et le problème du droit*, Libraire Philosophique J. Vrin, París, 1975, p. 75.

5 WELZEL, H. (1962). *Naturrecht und materiale Gerechtigkeit.* Vanderhoeck & Ruprecht, p. 163.

insertaba en la tradición iusnaturalista e iluminista alemana"[6]; finalmente, hay quienes han caracterizado la escuela kantiana una *cabeza de Jano*[7], es decir, una bisagra entre dos mundos.

A nuestro parecer, si tal divergencia de pareceres es posible, ello se debe a la equivocidad del concepto de *naturaleza* manejado por la escuela kantiana, con profundas consecuencias para la ciencia jurídica. Lo cual amerita un replanteamiento del concepto de naturaleza, para lo cual, recurriremos a Juan de Santo Tomás. La justificación y oportunidad de nuestra ponencia se halla en que surge como fruto de las investigaciones destinadas a examinar las contribuciones de la Escuela de Salamanca a la ciencia jurídica y a la economía.

2. EL BINOMIO *INTERIOR-EXTERIOR*

La cuestión sobre la esencia del derecho y, en consecuencia, sobre el estatuto epistémico de la ciencia jurídica fue articulada por la escuela kantiana recurriendo a varios binomios: naturaleza-libertad, imperativo categórico-imperativo hipotético, ética-derecho. En todos ellos se descubre, latente, un mismo esquema: lo interior v. lo exterior.

2.1. Naturaleza – libertad

De todos es sabido, y huelga insistir en ello, que la clave de bóveda de todo el edificio doctrinal kantiano consiste en erigir

---

6 "Kant s'inseriva nella tradizione giusnaturalistica e illuministica tedesca". BOBBIO, N., *Diritto e Stato nel pensiero di Emmanuele Kant*, G. Giappichelli (ed.), Turín, 1969, p. 94.

7 Cfr. CARPINTERO BENÍTEZ, F. *La cabeza de Jano*, Servicio de Publicaciones Universidad de Cádiz, Cádiz, 1989.

un sistema en el que "la esfera del concepto de la naturaleza, bajo una legislación, y la del concepto de libertad, bajo la otra" estén "apartadas completamente de todo influjo recíproco"[8]. En otras palabras: que el uso teorético de la razón, por el que se incrementa el *thesaurus* de conocimientos sobre el terreno de la naturaleza, y el uso práctico de la misma, que da lugar a contenidos regulativos, abandonen definitivamente la tentación de inmiscuirse en territorio ajeno. Si el aporte de la *Revolución Copernicana* en esta área fue enormemente apreciado en su tiempo, esto se debió a que la división neta naturaleza-libertad no fue una originalidad de Kant, sino que daba respuesta a una cuestión que estaba en el ambiente. El pensador de Königsberg heredó de su contexto cultural la necesidad de dicha división. A modo de ejemplo, más de veinte años antes de que fuera publicada la *Kritik der reinen Vernunft*, Baumgarten había dejado escrito, como algo ampliamente aceptado: "todo lo que existe es algo físico o algo moral"[9].

Los kantianos siguieron fidelísimamente a Kant en este punto, y así, Schaumann, uno de los kantianos de primera hora, señalaba en 1792: "las leyes cuya esfera radica en el territorio del concepto de naturaleza se denominan *leyes de naturaleza* (leyes físicas); aquellas, en cambio, que se relacionan con el objeto del concepto de libertad, *leyes de libertad* (leyes morales)"[10]. No

---

8 GARCÍA MORENTE, M. (trad.), *Crítica del juicio.* Austral (Espasa Libros), Madrid, 2013, p. 122.
„Das Gebiet des Naturbegriffs unter der einen und das des Freiheitsbegriffs unter der anderen Gesetzgebung sind gegen allen wechselseitigen Einfluß" (V, p. 195).

9 "Quantum est, vel physicum vel morale". BAUMGARTEN, A.G., *Jus Naturae.*, Carl. Herm. Hemmerde, Halle, 1763, p. 79.

10 „Gesetze, deren Sphäre in dem Gebiet des Naturbegriffs liegt, heissen *Naturgesetze* (physische Gesetze): diejenigen aber, welche sich auf Objecte des Freyhetisbegriffs beziehen, *Freyhetisgesetze* (morali-

deja de resultar curioso y paradójico que la escuela que inundó las bibliotecas con títulos referidos al *Naturrecht*, principiaba sus tratados marcando claramente la frontera entre el horizonte de la libertad, donde el derecho había de tener su residencia, y el horizonte de la naturaleza.

Que tras la división entre el reino de la libertad y el reino de la naturaleza subyacía un esquema de interioridad v. exterioridad, lo reconoce el mismo Kant en la *Kritik der praktischen Vernunft*:

"La naturaleza sensible de los seres racionales en general es la existencia de los mismos bajo leyes empíricamente condicionadas, por consiguiente, *heteronomía* para la razón. La naturaleza suprasensible de esos mismos seres es, en cambio, su existencia según leyes que son independientes de toda condición empírica, por consiguiente, pertenecen a la *autonomía* de la razón pura"[11], p. 170).

Lo cual podría expresarse también diciendo: el reino de la naturaleza contiene (quizá mejor, *es*) una legislación exterior, mientras que el reino de la libertad contiene (*es*) una legislación interior.

---

sche Gesetze)". SCHAUMANN, J.C.G. (1792). *Wissenschaftliches Naturrecht*. Bey Johann Jacob Gebauer, p. 74.

11 MIÑANA Y VILLAGRASA, E. y GARCÍA MORENTE, M. (trad.), *Crítica de la razón práctica*, Tecnos, Madrid, 2017, p. 170.
„Die sinnliche Natur vernünftiger Wesen überhaupt ist die Existenz derselben unter empirisch bedingten Gesetzen, mithin für die Vernunft Heteronomie. Die übersinnliche Natur eben derselben Wesen ist dagegen ihre Existenz nach Gesetzen, die von aller empirischen Bedingungen unabhängig sind, mithin zur Autonomie der reinen Vernfunt gehören" (V, p. 43).

2.2. Imperativo hipotético – imperativo categórico

Si, como Kant defiende, "la ciencia (...) requiere que se separe siempre cuidadosamente la parte empírica de la parte racional", esto conlleva que "antes de la física propiamente dicha (la empírica), se exponga una metafísica de la naturaleza", lo mismo que, yendo al uso regulativo de la razón, "antes de la antropología empírica se exponga una metafísica de las costumbres"[12].

Tal metafísica de las costumbres, o doctrina metafísica de la ética, permite distinguir, dentro de la regulación de la conducta, imperativos de distinta tipología. Porque allí donde el criterio "se asiente en fundamentos empíricos, aunque no fuese más que en una mínima parte, acaso tan solo por un motivo de determinación", tendremos "una regla práctica, pero nunca una ley moral". Y es que "el fundamento de la obligación no debe buscarse en la naturaleza del hombre o en las circunstancias del universo en que el hombre está puesto, sino *a priori*"[13]. Así, cuando la razón "sale de sí misma a buscar esa ley en la consti-

---

12 GARCÍA MORENTE, M. (trad.), *Fundamentación de la metafísica de las costumbres*, Tecnos, Madrid, 2005, p. 63.
„Die Natur der Wissenschaft es erfordere, den empirischen von dem rationalen Theil jederzeit sorgfältig abzusondern und vor der eigentlichen (empirischen) Physik eine Metaphysik der Natur, vor der praktischen Anthropologie aber eine Metaphysik der Sitten voranzuschicken" (IV, p. 388).

13 GARCÍA MORENTE, M. (trad.), *Fundamentación...*, cit., p. 64.
„(...) daß mithin der Grund der Verbindlichkeit hier nicht in der Natur des Menschen, oder den Umständen in der Welt, darin er gesetzt ist, gesucht werden müsse, sondern *a priori* lediglich in Begriffen der reinen Vernunft" (IV, p. 389).

tución de algunos de sus objetos, entonces prodúcese *heteronomía* (…) no hace posibles más que imperativos hipotéticos”[14].

De nuevo se pone de manifiesto el esquema interior v. exterior, lo cual conecta este binomio con el anterior. Cuando la razón busca el criterio de su obrar en la *naturaleza*, en eso *exterior, ut supra*, se da *heteronomía* y, por tanto, *exterioridad*. Solo el imperativo categórico garantiza un régimen de *autonomía*, una regla práctica que permanece en su *inmanencia*.

2.3. Ética – derecho

“La división en una doctrina del derecho y otra de la virtud (ética)”, afirma Truyol y Serra, analizando la doctrina de Kant, “se debe a que la libertad (…) se desdobla en libertad externa (independencia respecto de una fuerza exterior) y libertad interna (independencia respecto de las impresiones sensibles)”[15]. El criterio de Truyol no puede ser más paradigmático de lo que se viene exponiendo en cuanto al esquema interior v. exterior. Se trata, como frecuentemente se sostiene, de dos legislaciones que corren en paralelo: “la legislación interna, ética (*ethisch*) (…) y la legislación externa, jurídica (*juridisch*)”[16]. Tal afirmación, efectivamente, no es ajena al sentir del propio Kant: “se

---

14 GARCÍA MORENTE, M. (trad.), *Fundamentación…*, cit., p. 132. „Er, indem er über sich selbst hinausgeht, in der Beschaffenheit irgend eines seiner Objecte das Gesetz sucht, das ihn bestimmen soll, so kommt jederzeit Heteronomie heraus (...) läßt nur hypothetische Imperativen möglich werden“ (IV, p. 441).

15 TRUYOL Y SERRA, A., *Historia de la Filosofía del Derecho y del Estado*, 3.ª edición, Alianza Editorial, Madrid, 1995, p. 396.

16 TRUYOL Y SERRA, A., op. cit., p. 397.

llama doctrina del derecho (*Ius*) al conjunto de leyes, para las que es posible una legislación exterior"[17].

3. DIFICULTADES QUE SE PRESENTAN

La atención a cada uno de estos binomios desde el esquema subyacente que contrapone interior y exterior está al servicio de mostrar las dificultades que se esconden tras la arquitectónica kantiana, que todas estas dificultades arrancan de un concepto equívoco de la *naturaleza*, y cómo afectan a la concepción de la ciencia jurídica.

Comenzando por el último binomio, se ha de reconocer que Truyol utilizó la misma terminología de Kant al distinguir, en su *Metaphysik der Sitten*, la doctrina del derecho (*Rechtslehre*) de la doctrina de la virtud (*Tugendlehre*). Sin embargo, la pregunta que está tratando de resolver Truyol no es la distinción entre el ámbito de lo jurídico y el ámbito de lo virtuoso, sino la distinción, si existe, entre la doctrina metafísica del derecho, y la doctrina metafísica de la ética en general (*Reine Sittenlehre*), de la que la anterior es solo una parte.

Porque solo caben dos posibilidades: o bien el derecho pertenece esencialmente al mundo de la naturaleza, o bien pertenece esencialmente al mundo de la libertad y, por tanto, de la ética. Decimos aquello de *esencialmente* puesto que se ha de reconocer que la libertad tiene efectos dentro del mundo de la naturaleza, pero eso no supone que pertenezca esencialmente a este mundo, sino que sus dominios son supraempíricos.

---

17 CORTINA ORTS, A. y CONILL SANCHO, J. (trad.), *La metafísica de las costumbres*. Tecnos, Madrid, 2005, p. 37.
„Der Inbegriff der Gesetze, für welche eine äußere Gesetzgebung möglich ist, heißt die Rechtslehre (*Ius*)" (VI, p. 229).

Si la esencia del derecho pertenece al orden de la naturaleza, entonces no tiene cabida dentro de la *Metaphysik der Sitten*, ni siquiera como parte especial. Y este efecto no fue lo pretendido ni por Kant, ni por su escuela, por mucho que titularan sus tratados bajo el rótulo de *Naturrecht*. "El *Naturrecht* (...) jamás puede ser considerado como una parte de la física"[18]. En palabras de Krug, quien fuera sucesor de Kant en la cátedra de Königsberg: "el *concepto de derecho* no solo es *práctico* en sentido amplio, sino también en sentido estricto, pues se trata de un concepto moral"[19]. Si, en cambio, pertenece al reino de la libertad, tenemos que sobran las distinciones entre derecho y ética, porque en ese caso, el derecho *sería* esencialmente ética, según parece mostrar Kant al incluirlo como parte especial dentro de la *Metafísica de las costumbres*, y reconoce Fries al comienzo del cambio de siglo: "la comprensión precisa de los principios de la doctrina jurídica filosófica que comúnmente se denomina derecho natural, provendrá de la ética, o filosofía práctica general"[20].

Aun admitiendo que la doctrina del derecho no puede ser nacional del reino de la naturaleza, horizonte de lo *exterior*, no

---

18 „Daher ist auch das Naturrecht (...) nie als ein Theil der Physik betrachtet worden". MELLIN, G.S.A., *Grundlegung zur Metaphysik der Rechte oder der positiven Gesetzgebung. Ein Versuch über die ersten Gründe des Naturrechts*, bei Friedrich Frommann, Züllichau, 1796, p. VI.

19 „Der *Rechtsbegriff* ist nich bloss *praktisch* in weitern, sondern auch im engern Sinne; mithin ein *moralischer* Begriff". KRUG, W.T., *Aphorismen zur Philosophie des Rechts*, bey Roch und Compagnie, Leipzig, 1800, p. 15.

20 „Die philosophische Rechtslehre, welche gemeinhin das Naturrecht genannt wird, wird also die eigentliche Feststellung ihren Principien von der Ethik oder von der allgemeinen praktischen Philosophie fordern". FRIES, J., *Philosophische Rechtslehre und Kritik aller positiven Gesetzgebung*, bey Johann Michael Mauke, Jena, 1803, p. 6.

obstante, resulta un tópico, tanto del *jüngeres Naturrecht*, como de la doctrina contemporánea, que la legislación jurídica se distingue de la ley de la naturaleza por tratarse de una legislación *exterior*, cosa que fue admitida incluso por Kant: "los deberes nacidos de la legislación jurídica solo pueden ser externos"[21]. Esto hace pensar que quizá concepto de legislación jurídica se corresponde con el de imperativo hipotético, siguiendo lo indicando anteriormente, pues la razón, siendo un principio interno, cuando hace dejación de funciones y delega su criterio en cuestiones empíricas, en cierta manera queda vertida hacia el exterior (*extravertida*). Este es precisamente el efecto que se produce con el imperativo jurídico: una "mera concordancia o discrepancia de una acción con la ley, sin tener en cuenta los móviles de la misma", a la que se denomina mera "*legalidad* (conformidad con la ley)"[22].

Es muy probable que este esquema (legislación ética-interior / legislación jurídica-exterior) estuviera a la base del razonamiento de muchos autores kantianos, pues cuando fracasó el intento de hacer de la *Rechtslehre* una ciencia de derecho y de la *Sittenlehre* una ciencia de deberes, la mayor parte de las obras comenzaron a incidir en la necesidad de definir la ciencia jurídica un conocimiento racional sobre derechos perfectos, exteriores, coactivos, reservando el ámbito de lo interior, no coactivo para la doctrina ética:

---

21 CORTINA ORTS, A. y CONILL SANCHO, J. (trad.), *La metafísica de las costumbres*. Tecnos, Madrid, 2005, p. 24.
„Die Pflichten nach der rechtlichen Gesetzgebung können nur äußere Pflichten sein" (VI, p. 219).

22 CORTINA ORTS, A. y CONILL SANCHO, J. (trad.), *La metafísica...*, cit., p. 24.
„Man nennt die bloße Übereinstimmung oder Nichtübereinstimmung einer Handlung mit dem Gesetze ohne Rückischt auf die Triebfeder derselben die *Legalität* (Gesetzmäßigkeit)" (VI, p. 219).

"El derecho *propiamente jurídico* del que se ocupa el *Naturrecht* como ciencia de la legislación exterior necesaria, no es otro que el derecho exterior perfecto, en la medida en que el mismo está vinculado a una *facultad exterior perfecta*, esto es, con la posibilidad de que un tercero me impida físicamente aquello a lo que estoy facultado de forma perfecta y exterior, y con el derecho a *coaccionar*, es decir, a oponer violencia física a la limitación física de mi derecho"[23].

En otras palabras, la legislación jurídica, por su condición de *exterior*, parecía coincidir materialmente con el concepto de imperativo hipotético. Sin embargo, ningún autor los identificó formalmente; tampoco ninguno pareció caer en la cuenta de que se daba este tipo de dualidad. Quizá algún académico podría haber intentado la vía de establecer diversos grados de exterioridad, pero ningún ejemplo de ello se encuentra en la documentación a la que se ha tenido acceso. Simplemente, pareciera que la legislación exterior recibió el nombre de *imperativo hipotético* cuando la acción práctica está regida por el principio del placer, mientras que recibió el nombre de *legalidad* o *legislación jurídica* cuando la acción viene motivada por

---

23 „Das eigentliche juridische Recht, womit das Naturrecht als Wissenschaft der äussern nothwendigen Gesetzgebung sich beschäftigt, ist kein anderes als das äussere vollkommene Recht, in so fern dasselbe zugleich mit einer äussern vollkommenen Befugniss verbunden ist, das ist, mit der praktischen Unmöglichkeit, dass mich ein anderer an dem, wozu ich äusserlich vollkommen berechtigt bin, physisch verhindere, und mit dem Rechte zu zwingen, d. i. der physischen Beschränkungen meines Rechtes physische Gewalt entgegen zu setzen". SCHMID, C.C.E., *Grundriss des Naturrechts für Vorlesungen*, Bey Christian Ernst Gabler, Jena y Leipzig, 1795, p. 15.

la coacción, o el temor a la coacción, siendo, empero, ambos motivos igualmente *patológicos*[24].

Ahora bien, que la legislación jurídica estuviera vinculada a la coactividad por su condición de legislación exterior, parece dar a entender que la legislación ética se halla libre de toda coacción, y esto no es cierto, en pura doctrina kantiana. En efecto, como se recoge en la *Kritik der praktischen Vernunft*, "la relación de una voluntad tal", referido a la voluntad de un ser no santo, es decir, la voluntad del cognoscente finito, "con esta ley es de *dependencia*, bajo el nombre de obligación, que significa una *coacción*, si bien impuesta por la mera razón y su ley objetiva, a una acción llamada *deber*"[25], expresada bajo la forma de un imperativo. En el ser no santo sucede que "la razón por sí sola no determina suficientemente la voluntad", de manera que "se halla sometida también a condiciones subjetivas (ciertos resortes) que no siempre coinciden con las objetivas", es decir, "las acciones conocidas objetivamente como necesarias" no constituyen una ley connatural para tal ser, a pesar de su condición de *necesarias*, no siempre se cumplen, sino que "son subjetivamente contingentes", lo cual trae como consecuencia precisamente lo que se estaba tratando de poner de relieve, es decir, que la legislación ética también se encuentra signada por

---

24 Cfr. GARCÍA MORENTE, M. (trad.), *Fundamentación de la metafísica de las costumbres*, Tecnos, Madrid, 2005, p. 78.

25 GRANJA CASTRO, D.M. (trad.), *Crítica de la razón práctica*. Fondo de Cultura Económica, México, 2005, p. 37.
„Das Verhältniß eines solchen Willens zu diesem Gesetze ist Abhängigkeit, unter dem Namen der Verbindlichkeit, welche eine Nötigung, obzwar durch bloße Vernunft und dessen objektives Gesetz, zu einer Handlung bedeutet, die darum Pflicht heißt" (VI, p. 37).

la coacción: "la determinación de tal voluntad, en conformidad con las leyes objetivas llámase *constricción*"[26].

Removida la nota de la coactividad, lo único que puede distinguir el derecho de la ética consiste precisamente en el binomio *interior-exterior*, que es el que constituye el eje vertebrador del presente escrito. Y aun en este punto, encontramos una dificultad que, a nuestro juicio debería ser notada por todo comentarista de Kant: la triple formulación[27] que este pen-

---

26 GARCÍA MORENTE, M. (trad.), *Fundamentación de la metafísica de las costumbres*, Tecnos, Madrid, 2005, p. 96.
„Bestimmt aber die Vernunft für sich allein den Willen nicht hinlänglich, ist dieser noch subjectiven Bedingungen (gewissen Triebfedern) unterworfen, die nicht immer mit den objectiven übereinstimmen; mit einem Worte, ist der Wille nicht an sich völlig der Vernunft gemäß (wie es bei Menschen wirklich ist): so sind die Handlungen, die objectiv als nothwendig erkannt werden, subjectiv zufällig, und die Bestimmung eines solchen Willens objectiven Gesetzen gemäß ist Nöthigung" (IV, pp. 412-413).

27 Las tres formulaciones principales son:
1.- "*Obra según una máxima tal que puedas querer al mismo tiempo que se torne ley universal*". GARCÍA MORENTE, M. (trad.), *Fundamentación de la metafísica de las costumbres*, Tecnos, Madrid, 2005, p. 106.
„Handle so, als ob die Maxime deiner Handlung durch deinen Willen zum allgemeinen Naturgesetze werden sollte" (IV, p. 421).
2.- "*Obra de tal modo que uses la humanidad, tanto en tu persona como en la persona de cualquier otro, siempre como un fin al mismo tiempo y nunca simplemente como un medio*", *ibid.*, p. 117.
„Handle so, daß du die Menschheit sowohl in deiner Person, als in der Person eines jeden andern jederzeit zugleich als Zweck, niemals bloß als Mittel brauchst" (IV, p. 429).
3.- Obra de tal manera "*que la voluntad, por su máxima, pueda considerarse a sí misma al mismo tiempo como universalmente legisladora*", *ibid.*., p. 124.
„(...) daß der Wille durch seine Maxime sich selbst zugleich als allgemein gesetzgebend betrachten könne" (IV, p. 434).

sador dio al imperativo categórico no se corresponde con las exigencias de un imperativo ético absoluto tal y como lo había perfilado el propio Kant.

Con independencia de cuál de las tres versiones del imperativo se escoja, su formulación está incompleta, pues lo que hará que tales enunciados se correspondan con una ley ética o con una ley jurídica jamás será su contenido, sino la motivación con que el sujeto adecúa la acción a la regla. En efecto, se ha de recordar que "la materia de la obligación (...) puede ser el mismo deber (según la acción)" y, sin embargo, "podemos estar obligados a él de diversos modos"[28]. Es decir, podemos estar obligados al contenido del imperativo categórico de forma jurídica, a saber: "*conformemente al deber*, sí; pero no *por deber*"[29]. Obviamente, este no sería el cumplimiento perfecto de dicho imperativo, "porque lo que debe ser moralmente bueno no basta que sea *conforme* a la ley moral, sino que tiene que suceder *por* la ley moral"[30]. Luego, a fin de que la enunciación del imperativo categórico fuera completa en el sentido ético que corresponde a una doctrina metafísica pura de la ética, sería necesario añadir a cada una de las formulaciones una coletilla:

---

28 CORTINA ORTS, A. y CONILL SANCHO, J. (trad.), *La metafísica de las costumbres*. Tecnos, Madrid, 2005, p. 29.
„(...) Die Materie der Verbindlichkeit (...) kann einerlei Pflicht (der Handlung nach) sein, ob wir zwar auf verschiedene Art dazu verbunden werden können" (VI, p. 222).

29 GARCÍA MORENTE, M. (trad.), *Fundamentación de la metafísica de las costumbres*, Tecnos, Madrid, 2005, p. 75.
„(...) pflichtmäßig aber nicht aus Pflicht" (IV, p. 398).

30 CAIMI, M. (trad.), *Prolegómenos a toda metafísica futura que haya de poder presentarse como ciencia*, Istmo, Madrid, 1999, p. 65.
„Denn bei dem, was moralisch gut sein soll, ist es nicht genug, daß es dem sittlichen Gesetze gemäß sei, sondern es muß auch um desselben willen geschehen" (IV, p. 390).

"y hazlo por deber", es decir: "obra según una máxima tal que puedas querer al mismo tiempo que se torne ley universal, *y hazlo por deber*", y así sucesivamente con los demás enunciados. Sin este complemento, las tres formulaciones no pueden ser consideradas un imperativo ético, sino un imperativo jurídico, para lo cual no es necesario que el sujeto actúe por una motivación distinta del deber, sino que basta simplemente con no tomar en consideración cuál sea la motivación por la que obró conforme a la ley.

De esto fueron conscientes algunos kantianos con posterioridad a la publicación de la *Metaphysik der Sitten*:

"El derecho exterior, y el derecho interior se diferencian uno de otro, no en relación a la ley que representa la acción como necesaria (es decir, que la convierte en un deber), pues esta es la misma en ambos casos, y dice: «limita tus acciones a la condición de posibilidad indispensable de modo que sea posible la coexistencia con la personalidad humana y la libertad»; sino, más bien, en relación con la motivación que conecta uno y otro derecho, en tanto legislación, con la ley. Esta motivación es, en los derechos exteriores, una exterior, tomada de las inclinaciones sensoriales del sujeto"[31] (Tieftrunk, 1803, p. 9).

---

31 „Äusseres und inneres Recht unterscheiden sich von einander, nicht in Ansehung des, die Handlung als nothwendig vorstellenden (sie zur Pflicht machenden) Gesetzes, denn dieses ist in beiden einerlei und sagt: «Beschränke deine Handlungen auf die unumgängliche Bedingung des Bestehens mit der menschlichen Persönlichkeit und Freiheit»; sondern in Ansehung der Triebfeder, welche das eine oder andere Recht, als Gesetzgebung, zum Gesetze verküpft. Diese Triebfeder ist nun im äussern Rechte eine äussere, von der sinnlichen Abneigung der Subjecte entlehnte". TIEFTRUNK, J.H., *Grundriß der Sittenlehre*, Tomo II, in der Curtschen Buchhandlung, Halle, 1803, p. 9.

Con estas palabras, en las que no se advierte intención crítica, Tieftrunk, sin embargo, ponía el dedo en la llaga: la clave de bóveda que permite distinguir el horizonte jurídico del horizonte ético radica precisamente en la motivación (nótese bien, en la motivación *subjetiva*) con que se adecúa la acción a la legislación. Como apuntara Canals Vidal: "¿habría olvidado Kant (...) o no habría advertido todavía la naturaleza del problema capital?"[32], "¿no se habrá puesto de manifiesto así que la íntegra investigación kantiana desarrollada en la *Crítica* viene a constituir una deducción subjetiva?"[33]. Aunque referido al horizonte teorético, la pregunta es perfectamente aplicable al terreno de lo práctico.

Al desterrar en bloque la experiencia al reino de la naturaleza, Kant relegó también la conciencia subjetiva a los confines de lo *exterior*, calificándola de apercepción meramente empírica. Y así, se produce el *extraño resultado* que interesa a nuestro examen, a saber: que, a pesar del tenor literal de la argumentación kantiana, la distinción entre derecho y ética no puede ser resuelta desde el plano de las formulaciones objetivas, de la legislación (*Gesetzgebung*), sino desde el plano de la adecuación a la legislación (*Gesetzmäßigkeit*), es decir, del modo como la conciencia subjetiva hace suya la legislación. En consecuencia, cuanto más *interior* es aquella conformidad con la ley, al mismo tiempo, más implica a la conciencia subjetiva la cual, en cuanto conocimiento experiencial, perteneciente al orden de lo empírico, y por tanto, paradójicamente, dicha conformidad se torna más *exterior*.

---

32 CANALS VIDAL, F., *Obras completas*. Balmes, Barcelona, 2013-2019, p. 447.

33 CANALS VIDAL, F., *Obras completas*, cit., p. 461.

4. *SED CONTRA*

A nuestro parecer, el sentido equívoco en que Kant y los kantianos utilizaron el concepto de *naturaleza* da lugar a una serie de extraños resultados que se ponen de manifiesto especialmente a la hora de tratar de situar la ciencia jurídica dentro del edificio epistemológico criticista. En efecto, el binomio *interior-exterior* conduce directa e inmediatamente al planteamiento de qué sea *lo natural*, punto en el que se nos hace imprescindible recurrir a Juan de Santo Tomás, por ser este "quien mejor expresa la radicalidad de esta definición"[34].

Juan de Santo Tomás sigue la definición ofrecida por Aristóteles: "naturaleza es el principio y la causa de que aquello que ella constituye primariamente se mueva y repose, por sí misma y no de forma accidental"[35]. Lo más notable que destaca el propio Juan de Santo Tomás es aquella doble partícula: "en la definición de naturaleza se indica «principio y causa»"[36]. No se trata, por tanto, únicamente de un principio, ni tampoco de una causa. El autor fue plenamente consciente de la centralidad de la interpretación de S. Tomás: "si [Aristóteles] puso principio y causa, fue para señalar que en algunos casos la naturaleza es un principio pasivo, y en otros, activo, y esto

---

34 PETIT SULLÁ, J.M., *Obras completas.* Tomo II, Volumen II, Tradere, Madrid, 2011, p. 446.

35 "Natura est principium et causa motus, et quietis eius, in quo est primo, et per se, et non secundum accidens". JUAN DE SANTO TOMÁS (O.P.), *Cursus Philosophicus Thomisticus,* Sumptibus Laurentii Arnaud, Petri Borde, Joannis & Petri Arnaud, Lyon, 1678, p. 406. En la traducción, hemos seguido el criterio de Petit Sullá, J. M., *Obras completas,* cit., p. 445.

36 "Primo loco ponitur in definitione naturae *principium & causa*". JUAN DE SANTO TOMÁS (O.P.), *op. cit.*, p. 406.

último es indicado por lo de *causa*"[37]. "En efecto", señala Petit, "si se considera la Naturaleza solo como principio se destaca solamente su carácter pasivo, mientras que si se pone solamente causa no se alcanza el fundamento del movimiento y podría confundirse la Naturaleza con la «virtud o potencia motora»"[38]. Así fue notado por Juan de Santo Tomás:

"Dado que el Filósofo pretendía definir la naturaleza sustancial (...) pero no de cualquier manera, sino de forma primaria, radical y positivamente ordenada al movimiento, se sigue que no podía ser solamente un principio, puesto que esto también conviene a la privación; tampoco podía ser solo una causa, dado que esto también conviene a la virtud o potencia motora, lo cual es un accidente; y así, lo que hizo fue unir ambos, de modo que se entendiera que [la naturaleza] debe ser principio positivo causante del movimiento, no como un medio para la operación, cosa que corresponde a la virtud, sino en cuanto principio, que es la raíz"[39].

En el ente móvil, "la movilidad no es por tanto ni potencia ni acto segundo, ni propiedad ni realización existencial, concreta e individualizada de aquella propiedad. La movilidad es la forma, y por tanto el acto primero, propia de los entes

---

37 "D. Thom. (...) dicit poni principium, & causam ad designandum, quod in aliquibus natura est principium passiuum, in aliis actiuum, & hoc designatur per ly *causa*". *Ibid.*

38 PETIT SULLÁ, J.M., *Obras completas*, cit., p. 446.

39 "Quia intendebat Philos. definire naturam substantialem (...) non quomodocumque, sed primum, seu radicale, & positive ordinatum ad motum, ideo nec posuit solum principium, quia hoc etiam convenit privatione, nec solam causam, quia hoc etiam convenit virtuti, seu potentiae motivae, quae est accidens, sed vtrumque coniunxit, vt intelligeretur, quod debet esse principium positiuum causans motum, non tanquam médium operandi, quod est virtus, sed tanquam principium, quod est radix". JUAN DE SANTO TOMÁS (O.P.), *op. cit.*, p. 406.

móviles"[40]. El propio Poinsot recuerda: "la segunda partícula [de la definición] es *del movimiento y de la quietud.* El término *movimiento* no se entiende aquí como movimiento local, sino como abarcando todo movimiento físico y de composición, bien local, bien de alteración, etc."[41]. En el horizonte del ente material, la naturaleza entraña y se pone de manifiesto en el movimiento. No porque el ente material sea "por esencia pura actividad", sino porque "la acción natural «expresa» el ser mismo del agente, su sustancia. De ahí que conocer las cosas sea conocer su naturaleza. Esto no sucedería si la naturaleza fuese la acción en sí misma desligada del ser de quien obra"[42].

> "Aquella partícula: *primariamente,* denota que el principio" al que hace referencia la definición de naturaleza "debe ser radicalmente intrínseco, pero como no queda suficientemente explicitado en qué consiste ser un *principio radical,* se añade aquella otra partícula: *per se*; así, entendemos que no solo es primario respecto de la operación y del movimiento, sino que es primario en la misma esencia de la cosa, esto es, le conviene *per se*"[43].

---

40 PETIT SULLÁ, J.M., *op. cit.*, p. 487.

41 "Secunda particula est, *motus, & quietis.* Nomine *motus* non intelligitur solum localis, sed quicumque motus physicus, & componens, sive localis, sive alterationis, &c." JUAN DE SANTO TOMÁS (O.P.), *op. cit.*, p. 406.

42 PETIT SULLÁ, J.M., *op. cit.*, p. 539.

43 "Illa particula, *Primum* denotat, quod principium debet esse intrinsecum radicale, sed quia non satis explicatur, quid sit esse radicale principium, adhibetur illa particula, *per se*; sic enim intelligimus, quod no solum est primum respectu operationis, & motus ; sed quod in ipsa essentia rei est primum, tanquam per se illi conveniens". JUAN DE SANTO TOMÁS (O.P.), *op. cit.*, p. 407.

5. ATENCIÓN A LAS DIFICULTADES

5.1. Naturaleza y libertad

Si, como señaló Juan de Santo Tomás, la naturaleza denota un principio que ha de ser radicalmente intrínseco a cada ente, es necesario tener presente que no existe naturaleza al margen de las cosas que son naturales. No existe la naturaleza (si se quiere, la *Naturaleza,* con mayúscula) como un bloque cuasi-sustancial, omniabarcante, aun cuando se pueda hablar de la naturaleza en general como un colectivo confuso. La escisión neta que pretendió la escuela kantiana entre naturaleza y libertad, incurriría en el error destacado por Petit Sullá: "es muy frecuente dar de la Naturaleza un concepto extensivo o colectivo"[44]. Esta forma de concebir la naturaleza ha continuado hasta nuestros días, y con un fuerte componente kantiano, como cuando Schlick define: "por naturaleza entendemos todo lo que es real, en cuanto está determinado en el espacio y en el tiempo"[45] (Schlick, 2002, p. 15). Petit propone como más paradigmático el ejemplo de E. May, que define:

> "Entendemos por Naturaleza el conjunto de todas las cosas corpóreas y de los fenómenos a ellas vinculados, amén de los procesos y agentes que, de hecho, o presuntamente, se hallan en su base, cuya existencia y cuyo modelo de ser son independientes de nuestra voluntad y de nuestra acción"[46].

Con este tipo de definiciones que únicamente atienden al concepto material de naturaleza, el riesgo más que poten-

---

44 PETIT SULLÁ, J.M., *op. cit.*, p. 450.

45 SCHLICK, M. González Recio, J.L. (trad.), *Filosofía de la Naturaleza.* Ediciones Encuentro, Madrid, 2002, p. 15.

46 PETIT SULLÁ, J.M., *op. cit.*, p. 450.

cial está servido: "la Filosofía de la Naturaleza se convertiría en el estudio exhaustivo y sin idea directriz de todo cuanto acontece en la naturaleza"[47]. Lo natural queda absorbido de forma imprecisa por el concepto de *objetivo*, como parece reconocer Kelsen:

> "Cuando se dice: una ordenación «natural», se piensa en una ordenación no basada en la voluntad humana (...) no creada «arbitrariamente», sino dada «por sí misma», y en algún modo *objetiva*, es decir, existente con independencia del querer humano subjetivo, pero no obstante accesible al hombre como hecho fundamental, susceptible de ser conocida por el hombre"[48].

Identificada con lo *objetivo*, la naturaleza, que debería ser "principio radicalmente intrínseco", de pronto se convierte en lo *exterior*. Lo cual incumple lo establecido por Kant como definición de naturaleza. En efecto, es el propio Kant quien, al ofrecer la definición de *naturaleza*, y en un sentido no puramente material, sino formal, lo hace como "la *existencia* de las cosas, en tanto que esta existencia está determinada según leyes universales"[49]. Definición que repitió en obras posteriores: "la universalidad de la ley por la cual suceden efectos, constituye lo que se llama naturaleza en su más amplio sentido (según la forma); esto es, la existencia de las cosas, en cuanto que está determinada por leyes universales"[50], y también: "la

---

47 PETIT SULLÁ, J.M., *op. cit.*, p. 446.

48 AYALA, F. (trad.), *La idea del derecho natural y otros ensayos*, Coyoacán, México, 2010, p. 13.

49 CAIMI, M. (trad.), *Prolegómenos a toda metafísica futura que haya de poder presentarse como ciencia*, Istmo, Madrid, 1999, p. 115.
„*Natur* ist das *Dasein* der Dinge, so fern es nach allgemeinen Gesetzen bestimmt ist" (IV, p. 294).

50 GARCÍA MORENTE, M. (trad.), *Fundamentación de la metafísica de las costumbres*, Tecnos, Madrid, 2005, p. 107.

naturaleza, en el sentido más general, es la existencia de las cosas bajo leyes"[51].

A fin de interpretar adecuadamente la definición de *natura formaliter spectata* ofrecida por Kant, se ha de tener presente que ambas partículas de la definición son plenamente coincidentes, y una se puede resolver en la otra. De un lado, "la existencia de las cosas", de otro lado, "en cuanto que esta existencia está determinada según leyes". El *existir* de las cosas no puede ser otra cosa que su *manifestarse* al cognoscente, su misma fenomenicidad, para la que es necesario el concurso de las formas *a priori*, es decir, la legislación universal a que antes se hacía referencia, pues que la *Revolución Copernicana* de Kant había de consistir precisamente en que "las condiciones a priori de la experiencia posible en general son, a la vez, condiciones de posibilidad de los objetos de experiencia"[52]. Huelga señalar que la *legislación* a la que está sometido el existir de las cosas, también permanece inmanente al cognoscente: "la experiencia misma es un modo de conocimiento que exige entendimiento, cuya regla debo suponer en mí"[53].

„Die Allgemeinheit des Gesetzes, wornach Wirkungen geschehen, dasjenige ausmacht, was eigentlich Natur im allgemeinsten Verstande (der Form nach), d. i. das Dasein der Dinge, heißt, so fern es nach allgemeinen Gesetzen bestimmt ist" (IV, p. 421).

51 GRANJA CASTRO, D.M. (trad.), *Crítica de la razón práctica.* Fondo de Cultura Económica, México, 2005, p. 170.
„Nun ist Natur im allgemeinsten Verstande die Existenz der Dinge unter Gesetzen" (V, p. 43).

52 RIBAS, P. (trad.), *Crítica de la razón pura.* Gredos, Madrid, 2010, p. 128.
„Die Bedingungen a priori einer möglichen Erfahrung überhaupt sind zugleich Bedingungen der Möglichkeit der Gegenstände der Erfahrung" (IV, A, p. 84).

53 GARCÍA MORENTE (trad.), *Crítica de la razón pura,* Tecnos, Madrid, 2002, pp. 101-102.

He aquí la equivocidad a la que se ha venido haciendo referencia: por una parte, en la terminología kantiana lo natural refiere de manera imprecisa a todo lo objetivo, y en este sentido, se formula expresamente como lo *exterior*. Sin embargo, la perspectiva asumida por el idealismo trascendental presupone la infinita distancia e improporción entre el cognoscente y lo genuinamente *exterior*, a saber, la cosa en sí. Luego lo *exterior* tiene inadvertidamente mucho de *interior*. Y aunque el término *naturaleza* se intenta reservar para el horizonte fenoménico surgido de un uso teorético de la razón y mediado por la intuición empírica, no se puede perder de vista que todo el ejercicio deductivo de la crítica está destinado a exponer toda la actividad cognoscitiva *natural*, y a través de ella, poner de manifiesto la *naturaleza* del cognoscente.

5.2. Imperativo hipotético – imperativo categórico

Adentrándonos en el terreno de un uso práctico de la razón, encontramos profundas implicaciones que merece la pena tomar en consideración. El concepto de naturaleza análogo manejado por Juan de Santo Tomás integra la praxis moral como el obrar natural mismo del agente racional, pues que la naturaleza "debe ser principio positivo causante del movimiento (...) en cuanto principio, que es la raíz"[54]. De este modo, el conocimiento no se desliga de la entraña misma del obrar moral natural:

„Weil Erfahrung selbst eine Erkenntnißart ist, die Verstand erfordert, dessen Regel ich in mir" (III, B, p. XVII).

54 "Debet esse principium positiuum causans motum, non tanquam médium operandi, quod est virtus, sed tanquam principium, quod est radix". JUAN DE SANTO TOMÁS (O.P.), *op. cit.*, p. 406.

"Para que actúe [un ente] hacia un fin con un apetito elícito por sí, se requiere conocimiento del fin en el propio agente como tal, es decir, en el apetente; para que actúe formalísimamente según fin, o sea, no solo realizando acciones o apeticiones, sino también moviéndose a sí mismo hacia el fin, operando desde la intención hacia el fin, se requiere en el mismo agente u operante un conocimiento intencional, colativo del fin, y de la conveniencia hacia él"[55].

El intento de fundamentación kantiano, en cambio, tratando de evitar que la ley moral se disuelva en un torrente de sensaciones llega afirmar que "todos los principios prácticos que presuponen un *objeto* (materia) de la facultad de desear como fundamento de determinación de la voluntad, son empíricos y no pueden proporcionar ley práctica alguna"[56]. Esta afirmación incurre en una contradicción terminológica, siendo así que Kant había aceptado que los imperativos hipotéticos constituían "una regla práctica, pero nunca una ley moral". Por tanto, en todo caso deberíamos asumir que puede haber principios prácticos con un objeto, que, siendo prácticos, sin embargo, no son morales. En cualquier caso, el esfuerzo de

---

55 "Vt autem agat propter finem appetitu a se elicito, requiritur cognitio finis in ipsomet agente, seu appetente; ut autem agat propter finem formalissime, idest, non solum eliciendo actiones, & appetitum, sed etiam in ipsum finem se movendo, & ex intentione finis operando, requiritur in ipsomet agente, seu operante cognitio intentiva, & collativa finis, & convenientiae eius". JUAN DE SANTO TOMÁS (O.P.), *op. cit.*, p. 738.

56 GRANJA CASTRO, D.M. (trad.), *Crítica de la razón práctica*. Fondo de Cultura Económica, México, 2005, p. 138.
„Alle praktische Prinzipien, die ein Objekt (Materie) des Begehrungsvemögens, als Bestimmungsgrund des Willens, voraussetzen, sind insgesammt empirisch und können keine praktischen Gesetze abgeben" (V, p. 44).

Kant para apartarse del sistema cartesiano mediante el rechazo a la intuición intelectual, y con ello, el rechazo a todo juicio sintético en el orden del uso práctico de la razón, arrojó como resultado una búsqueda de *objetividad sin objeto*[57] .

Así, se llega a varias paradojas irresolubles: el imperativo categórico es el único garante posible de una ética autónoma, verdaderamente interior. Sin embargo, la clave que lo define no radica en su formulación como enunciado objetivo, sino precisamente en la motivación subjetiva del agente, esto es, que actúe *por deber* (*aus Pflicht*). En cambio, la experiencia subjetiva, en cuanto perteneciente al orden de la conciencia empírica, queda apartada como un objeto más entre todos los objetos materiales que componen el reino de la naturaleza, y que no pueden constituir criterio del obrar práctico, a riesgo de inclinar la razón hacia lo *exterior*, hacia la heteronomía. El imperativo categórico, cuanto más interior, más exterior.

5.3. Ética – derecho

De ahí que la escuela jurídica kantiana se viera obligada a manejar equívocamente un doble concepto de naturaleza. Uno, con genuino sello kantiano, manifestado en el esfuerzo por contener la naturaleza dentro de los límites de un uso teorético de la razón y, por tanto, alejado de un uso práctico de la misma. Otro, jamás declarado, en el que lo natural respeta la definición ofrecida por Juan de Santo Tomás, y que conviene al núcleo mismo del concepto. Porque si no se concibe lo natural como principio y causa del movimiento del ente, tampoco se puede registrar diferencia alguna entre lo natural y lo artificial,

---

57 Cfr. SANTOS ROMÁN, J.M., *La escuela jurídica kantiana y la ciencia del derecho en Alemania (1750-1804)*, Respublica, Madrid, 2020, p. 133 ss.

o entre el movimiento natural y el movimiento violento. "A estos dos últimos", dice Juan de Santo Tomás, en referencia a lo artificial y lo violento, "se opone aquella partícula [de la definición de naturaleza] que dice *principio del movimiento de aquello mismo en lo que está*; en efecto, [lo natural] no es movido por un principio extrínseco, ni por el arte, ni por la violencia". De manera que atender a lo natural es atender también a lo que se le opone: "dado que los opuestos tienen la misma razón, al tratar de lo natural, que tiene el principio del movimiento dentro de sí, también trataremos de lo artificial y de lo violento, que solo tienen un principio extrínseco de su movimiento"[58].

Solo desde la perspectiva de que se está manejando un cripto-concepto de naturaleza se puede entender que, por encima del derecho, en cuanto *artificio coactivo* destinado al control social, sea necesario investigar y encontrar el fundamento del derecho, esto es, el derecho *natural*. A ello debe contribuir el examen de la naturaleza del hombre o, mejor, de la esencia racional finita, pues que, como señala Hufeland: "(…) cuanto más ilustrados, más eruditos, más virtuosos pensemos a los hombres que habitan en nuestro estado de naturaleza, más habremos ganado para la revisión imprescindible del mismo"[59] (p. 160).

---

58 "Utrique enim opponitur illa particula, *principium motus eius, in quo est* ; non enim ex intrinseco principio movetur, sive quod movetur arte, sive quod vi. Et ideo, quia oppositorum eadem est ratio, agendo de Natura quae principium motus intra se habet, simul agemus de Artificioso, & Violento, quae solum habent principium extrinsecum motus". JUAN DE SANTO TOMÁS (O.P.), *op. cit.*, p. 406.

59 „(...) Je afgeklärter, je weiser, je tugendhafter wir uns die Menschen denken, die un unserm Naturstande legen; um desto mehr haben wir für die wichtige Bearbeitung desselbe gewsonnen". HUFELAND, G., *Versuch über den Grundsatz des Naturrechts,* bey G.J. Göschen, Leipzig, 1785, p. 160.

6. CONCLUSIÓN

La delimitación de la ciencia jurídica como ciencia de los derechos perfectos exteriores y coactivos, tal y como hizo la escuela kantiana, se articuló siguiendo un esquema de contraposición entre lo *interior* y lo *exterior*.

Dicho binomio apunta directamente al concepto de naturaleza, pues, como señala Juan de Santo Tomás, lo natural hace referencia a la esencia de cada ente en cuanto principio y causa de sus operaciones. Solo desde este concepto es posible distinguir lo natural de lo artificial, y de lo violento, pues estos dos últimos tiene un principio extrínseco.

La filosofía crítica, en cambio, a fin de dejar espacio para la libertad indeterminada, trató de constreñir el concepto de naturaleza al horizonte fenoménico de un uso teorético de la razón.

Sin embargo, el concepto de naturaleza, cuya definición fue analizada con radicalidad por Juan de Santo Tomás, rebasó los estrechos límites a que la escuela kantiana intentó confinarlo, lo cual se pone de manifiesto tanto en la crítica de la razón pura, como en la crítica de la razón práctica, y muy especialmente, sale al encuentro a la hora de tratar de examinar el estatuto epistémico de la ciencia jurídica.

Así, la escuela kantiana manejó, a nuestro parecer, dos conceptos distintos de *naturaleza*, uno declarado, y otro tácito, que dieron como resultado varios extraños resultados a los que se hace alusión en el presente artículo, bien como equivocidad insalvable, bien como contradicción.

7. BIBLIOGRAFÍA

BAUMGARTEN, A.G., *Jus Naturae.*, Carl. Herm. Hemmerde, Halle, 1763 (póstuma).

BOBBIO, N., *Diritto e Stato nel pensiero di Emmanuele Kant*, G. Giappichelli (ed.), Turín, 1969.

CANALS VIDAL, F., *Obras completas*. Balmes, Barcelona, 2013-2019.

FRIES, J., *Philosophische Rechtslehre und Kritik aller positiven Gesetzgebung*, Bey Johann Michael Mauke, Jena, 1803.

GOYARD-FABRE, S., *Kant et le problème du droit*, Libraire Philosophique J. Vrin, París, 1975.

HUFELAND, G., *Versuch über den Grundsatz des Naturrechts*, bey G.J. Göschen, Leipzig, 1785.

JUAN DE SANTO TOMÁS (O.P.), *Cursus Philosophicus Thomisticus*, Sumptibus Laurentii Arnaud, Petri Borde, Joannis & Petri Arnaud, Lyon, 1678.

KANT, I.

- CAIMI, M. (trad.), *Prolegómenos a toda metafísica futura que haya de poder presentarse como ciencia*, Istmo, Madrid, 1999.
- GARCÍA MORENTE (trad.), *Crítica de la razón pura*, edición abreviada, Tecnos, Madrid, 2002.
- GARCÍA MORENTE, M. (trad.), *Fundamentación de la metafísica de las costumbres*, Tecnos, Madrid, 2005.
- GRANJA CASTRO, D.M. (trad.), *Crítica de la razón práctica*. Fondo de Cultura Económica, México, 2005.
- CORTINA ORTS, A. y CONILL SANCHO, J. (trad.), *La metafísica de las costumbres*. Tecnos, Madrid, 2005.
- RIBAS, P. (trad.), *Crítica de la razón pura*. Gredos, Madrid, 2010.
- GARCÍA MORENTE, M. (trad.), *Crítica del juicio*. Austral (Espasa Libros), Madrid, 2013.
- MIÑANA Y VILLAGRASA, E. y GARCÍA MORENTE, M. (trad.), *Crítica de la razón práctica*, Tecnos, Madrid, 2017.

KELSEN, H.

- LEGAZ LACAMBRA, L. (trad.), *El método y los conceptos fundamentales de la Teoría pura del derecho*, Reus, Madrid, 2009.
- AYALA, F. (trad.), *La idea del derecho natural y otros ensayos*, Coyoacán, México, 2010.

KLIPPEL, D., *Politische Freiheit und Freiheitsrechte im deutschen Naturrecht des 18. Jahrhunderts*. Ferdinand Schöningh, Paderborn, 1976.

KRUG, W.T., *Aphorismen zur Philosophie des Rechts*. Bey Roch und Compagnie, Leipzig, 1800.

MELLIN, G.S.A., *Grundlegung zur Metaphysik der Rechte oder der positiven Gesetzgebung. Ein Versuch über die ersten Gründe des Naturrechts*. Bei Friedrich Frommann, Züllichau, 1796.

PETIT SULLÁ, J.M., *Obras completas*. Tomo II, Volumen II, Tradere, Madrid, 2011.

SANTOS ROMÁN, J.M., *La escuela kantiana y la ciencia del derecho en Alemania (1750-1804)*, Respublica, Madrid, 2020.

SCHAUMANN, J.C.G., *Wissenschaftliches Naturrecht*. Bey Johann Jacob Gebauer, Halle, 1792.

SCHLICK, M. González Recio, J.L. (trad.), *Filosofía de la Naturaleza*. Ediciones Encuentro, Madrid, 2002.

SCHMID, C.C.E., *Grundriss des Naturrechts für Vorlesungen*, Bey Christian Ernst Gabler, Jena y Leipzig, 1795.

TIEFTRUNK, J.H., *Grundriß der Sittenlehre*, Tomo II, in der Curtschen Buchhandlung, Halle, 1803.

TRUYOL Y SERRA, A., *Historia de la Filosofía del Derecho y del Estado*. 3.ª edición, Alianza Editorial, Madrid, 1995.

VACANT, A. y MANGENOT, E. (Dir.), *Dictionnaire de Théologie Catholique*, Letouzey & Ané, París, 1902-1950.

WELZEL, H., *Naturrecht und materiale Gerechtigkeit*, Vanderhoeck & Ruprecht, Göttingen, 1962.

Capítulo décimo

El pensamiento de Johann Gottlieb Heineccius "Heinecio" en torno al origen, fin y límites del derecho político[1]

LORENA VELASCO GUERRERO
Profesora de Derecho Constitucional
Universidad Francisco de Vitoria

SUMARIO. 1.Introducción. 2. Heineccio y su importancia para el ámbito jurídico español. 3. El concepto de derecho: *ius civile* e *ius naturale*. 4. Fin del *ius civile* 5. Fuentes del *ius civile*. 6. Límites del *ius civile*. 7. Conclusiones 8. Bibliografía.

1 Este trabajo ha sido elaborado en el marco del Proyecto de investigación "Salvación, política y economía. El comercio de ideas entre España y Gran Bretaña en los siglos XVII y XVIII" (Programa de generación de conocimiento 2021, referencia: PID2021-122994NB-I00), financiado por el Ministerio de Ciencia e Innovación, la Agencia Española de Investigación (AEI) y el Fondo Europeo de Desarrollo Regional (FEDER)"

1. INTRODUCCIÓN

La Constitución, y por extensión, el derecho político actual puede entenderse "como un derecho cuyos términos, técnicas y conceptos responden a construcciones teóricas y valorativas previas"[2]; aunque las normas fundantes positivas surgen y se desarrollan en momentos históricos concretos, sus "conceptos responden a unos objetivos y a unos valores políticos: son técnicas y conceptos que resultan en muchos casos de largas experiencias históricas"[3].

Este capítulo se engloba en el marco de la investigación que estoy desarrollando dentro del proyecto MINECO: "Salvación, política, economía: el comercio de ideas entre España y Gran Bretaña en los siglos XVII y XVIII" y en el Proyecto UFV: *Derecho y Economía en la Escuela de Salamanca;* con ella busco atender a los cambios acaecidos en el ámbito jurídico respecto a estos tres elementos -fuentes, fines y límites del *ius civile*- en el derecho escrito, en sede judicial y en los escritos de los jurisconsultos, tanto en los ámbitos judiciales como en los universitarios. El objetivo entender la configuración del pensamiento jurídico constitucional actual y el origen de sus postulados respecto al origen, fin y límites del derecho político.

Importante entender que, para esta investigación, tomamos el concepto de *ius civile*, según los pensadores escolásticos, como expresión jurídica de toda comunidad política. Pensadores, que siguen los principios de derechos romano: en Roma se afirma

---

2 Cfr. LOPEZ GUERRA, L., *Introducción al Derecho Constitucional*, Tirant lo Blanch, Valencia, 1994, pp. 25 y 24 en VELASCO GUERREO, L., *El concepto de persona en la jurisprudencia del Tribunal Constitucional*, Respublica, Madrid, 2020, pp. 25

3 Cfr. *Ibidem.*

como el derecho propio de los *cives*,[4], que viven en la comunidad romana[5] y quedan vinculados por los *mores maiorum*, las *leges* y la *iurisprudentia*[6]. En este sentido, bajo el concepto de derecho civil se englobarán, hasta la aparición de las primeras constituciones liberales, todas las leyes de un territorio.

Dentro de esta investigación, amplia por su objeto, se sitúa la investigación presente. En ella, se sigue la investigación llevada a cabo de las leyes positivas, en concreto, de la *Real Cédula de 7 de septiembre de 1555*, de los Decretos de Nueva Planta, y *la Constitución de 1812*, atendiendo a los cambios en sede de ciencia. En concreto, se busca analizar el origen, fin y límites del derecho político en el pensamiento de Heineccius o Heineccio -en su versión castellanizada-; autor alemán de finales del s. XVII, cuyas obras fueron manual de estudio para las primeras cátedras de derecho natural en nuestro país. Para ello, se atenderá al pensamiento del autor tanto en los textos originales –fuentes primarias[7], entre las que destacan: *Elementos*

---

4 GUTIERREZ-ALVIS, F., *Diccionario de Derecho Romano,* Editorial Reus, Madrid, 1995.

5 *Digesta* 1.1.9: "Omnes populi, qui legibus et moribus reguntur, partim suo proprio, partim communi omnium hominum iure utuntur. nam quod quisque populus ipse sibi ius constituit, id ipsius proprium civitatis est vocaturque ius civile, quasi ius proprium ipsius civitatis: quod vero naturalis ratio inter omnes homines constituit, id apud omnes peraeque custoditur vocaturque ius gentium, quasi quo iure omnes gentes utuntur."

6 IGLESIAS, J., *Derecho Romano. Instituciones de Derecho Privado,* Ariel, Barcelona, 1972.

7 Se han utilizado diversas copias de las obras, de cara a contrastar las traducciones. En caso de discrepancias entre ellas se indican a pie de página.

del derecho natural y de gentes (1837)[8], *Elementos de derecho romano* (1829)[9], *Historia del Derecho Romano* (1845)[10] y *Recitaciones del derecho civil según el orden de la Instituta* (1875)[11], *Recitaciones de Derecho Civil* (1835)[12], y *Recitaciones del Derecho Romano* (1842)[13]- como en las obras de estudio sobre su pensamiento –fuentes secundarias- de cara a establecer la vigencia y valor de dicho pensamiento para el ámbito jurídico en la actualidad.

2. HEINECCIO Y SU IMPORTANCIA PARA EL ÁMBITO JURÍDICO ESPAÑOL

Heineccio o Heineccius, es un jurisconsulto y autor alemán de finales del s. XVII -Eisenberg, Turinga (1681), Halle (1741)-. teólogo por la universidad de Leipzig y de derecho en Halle, fue profesor de filosofía en esta última desde 1713 y de derecho desde 1718. Ocuparía la cátedra de derecho en Franeker (Holanda) en 1723 y Frankfurt del Oder (Alemania) desde 1727

8 Texto corregidos y reformados por el Profesor Don Mariano Lucas Garrido, á los que añadió los de la filosofía moral del mismo autor; y traducidos al castellano por el Bachiller en leyes D.J.A. Ojea. Impreso en Madrid, en la imprenta de Alejandro Gómez.

9 Traducidos y anotados por J. H. S. Impreso en Madrid, en la Imprenta de Eusebio Aguado.

10 Traducida al castellano por Don Manuel Fernández Arango y por Manuel Rosón Lorenzana. Impreso en Madrid, en la Imprenta de Pedro Sanz y Sanz

11 Traducción de D. Luis de Collántes, revisada por don Vicente Salvá. Impreso en Paris en la librería de Garnier hermanos.

12 Traducida y anotada por Don Luis de Collantes y Bustamante. Impreso en Madrid en la Imprenta de Don Pedro Sanz.

13 Traducida y anotada por el Profesor de Jurisprudencia Bustamante, Impreso en Madrid en la Imprenta de Don Norberto Llorenci.

hasta que en el año 1733 volvería a Halle para ser profesor de filosofía y jurisprudencia[14]. "Sus *Opera omnia* (9 volúmenes, Ginebra, 1771) fueron editadas por su hijo Johann Christian Gottlieb Heineccius (1718-1791) y abarcan todos los campos de la jurisprudencia. Además, editó clásicos del derecho, como las *Observationes* de Jacques Cuias y el *Dictionarium iuridicum* de Bernabé Brisson, ambos juristas franceses del siglo XVI"[15].

Su obra *Elementa iuris naturae et gentium*del año 1738, "fue texto base en los círculos intelectuales de España, Italia, Portugal y los territorios católicos del Sacro Imperio Romano de la nación alemana"[16] y en la América Española tuvo gran influencia, como ponen de manifiesto diversas obras: *Recitationes in elementa iuris civilis Heineccii* (1808) del jurista guatemalteco José María Álvarez [17], *Elementa iuris naturae* realizadas en Perú, en Cuzco, Imprenta del Gobierno, 1826 y Ayacucho, Imprenta de Braulio Cárdenas, 1832[18], o en las obras de Andrés

---

14 CHISHOLM, H. *"Heineccius, Johann Gottlieb". Encyclopædia Britannica. Vol. 13 (11th ed.). Cambridge University Press. 1911 p. 215.* Heineccius, Johann Gottlieb (1681-1741) y BIBLIOTECA NACIONAL DE ESPAÑA, *Heineccius, Johann Gottlieb (1681-1741)*https://datos.bne.es/persona/XX1302708.html [Consulta: 3/12/2023] y LIBRARY OF CONGRESS AUTHORITIES *Heineccius, Johann Gottlieb, 1681-1741*https://lccn.loc.gov/n86123097 [Consulta: 3/12/2023]

15 MINISTERIO DE CULTURA Y DEPORTE *Persona–Heineccius, Johann Gottlieb (1681-1741),* http://pares.mcu.es/ParesBusquedas20/catalogo/autoridad/119536/imprimir [Consulta: 3/12/2023]

16 PEREZ GODOY, F., "La teoría del derecho natural y de gentes de Johannes Heineccius en la cultura jurídica iberoamericana" *Revista de estudios histórico-jurídicos* no.37 Valparaíso oct. 2015 pp.453-474 http://dx.doi.org/10.4067/S0716-54552015000100017 [Consulta: 3/12/2023]

17 DUVE, T., "Von der europäischen Rechtsgeschichte zu einer Rechtsgeschichte Europas in globalhistorischer Perspektive", en *Zeitschrift für Europäische Rechtsgeschichte,* 20 (2012), p. 38.

18 PEREZ GODOY, F., ***Op. Cit.***

Bello, Augusto Teixeira de Freitas y Dalmacio Vélez Sarsfield ya entrado el siglo XIX[19]

Su importancia, en la historia del derecho español se debe a que sus obras[20] "liberadas de sus rasgos protestantes"[21] fueron manual de estudio para las primeras cátedras de derecho

---

19 GUZMAN BRITO, A., *Alejandro, Andrés Bello codificador. Historia de la fijación y codificación del derecho civil en Chile,* Ediciones de la Universidad de Chile, Santiago, 1982, p. 256.

20 Entre sus obras destacan: *Antiquitatum Romanarum jurisprudentiam illustrantium syntagma* (1718), *Historia juris civilis Romani ac Germanici* (1733), *Elementa juris Germanici* (1735), *Scriptorum de iure nautico et maritimo,* (1740), *Operum ad universam iuris prudentiam,* Ginevra, 1744 (8 voll.) y *Elementa juris naturae et gentium* (1737; Eng. trans. by Turnbull, 2 vols, London, 1763).

21 En este sentido es interesante leer lo indicado al respecto por PEREZ GODOY: "No fue posible de llevar a cabo a través de una directa recepción de los juristas protestantes, la mayoría ya condenados por la Santa Inquisición española y la Sacra Congregación Romana para la Defensa de la Fe, por tanto declarados herejes públicos como Heineccius el año 1779. La obra de Heineccius debió ser primero censurada y adaptada a los fundamentos de la monarquía española y el dogma cristiano. Cabe decir que esta medida fue el resultado de un complejo proceso de comunicación jurídica que comenzó con las *castigationes* del ilustrado Gregorio Mayans y Siscar (1768) y concluyó con la censura de libros (*acomodatio*) realizada por Joaquín Marín y Mendoza (1727-1782), el primer profesor de derecho natural y de gentes de España. Marín criticó sobre todo la parte relativa a la filosofía moral del tratado de Heineccius y puso en duda que los textos de Grocio y Pufendorf fuesen aptos para crear un nuevo orden normativo internacional, el cual fuese efectivamente conocido, válido y reconocido por pueblos extra europeos. Ya el sólo hecho de que Heineccius desconociera a los autores católicos-escolásticos y de citar a Hobbes, Pufendorf, Thomasius es hecho de censura para el jurista español" PEREZ GODOY, F., *Op. Cit.*

natural de nuestro país junto con las de Almici[22]. Como nos recuerda la profesora Alonso Romero: "Desde 1770 existía ya una en Madrid, en los Reales Estudios de San Isidro, donde se estudiaba a Heineccio (...), la cual se declaró en 1787 de asistencia obligatoria para cuantos quisiesen ejercer la abogacía en esa ciudad y se equiparó para el resto a un año de práctica"[23].

Las opiniones en contra de estas enseñanzas o de estos autores no fueron pocas; así, encontramos respuestas a las enseñanzas tanto por parte de la Inquisición[24] o del mismo soberano. Sirva como ejemplo la Real Orden fechada en Aranjuez el 19 de junio de 1794. En ella, se argumentaba que

> "algunos hombres sabios y celosos, eclesiásticos y seculares, han sido y son de parecer que las cátedras de derecho natural y de gentes establecidas en algunas universidades, en los Estudios Reales de San Isidro y en el Seminario de Nobles son sumamente peligrosas y más en las actuales circunstancias, pues sin embargo de que por el fin a que se dirigen se juzgaron titiles cuando se erigieron, la experiencia ha ensenado que llevan consigo el riesgo casi inevitable de que la juventud imbuida de principios contrarios a nuestra constitución saque consecuen-

---

22 ALONSO ROMERO, M.P., *Salamanca, Escuela de Juristas,* Dykinson, 2012, p. 416

23 *Ibidem.* p. 416

24 "«un joben que aprende en el derecho natural que la autoridad real reside principalmente en el pueblo, que el rey no es mas que un depositario de esa autoridad, que el pueblo puedc recobrarla quando poco satisfecho de la conducta de su rey juzga que no cumple las condiciones con que le fue conferida Lsera extraho que con tales ideas desprecicto mas sagrado de el trono y quiera hacerse superior a su monarcha como la Asamblea de Francia?»." En Archivo Hist6rico Nacional (en adelante AHN), Consejos, 5443-20. En MARTINEZ NEIRA, M., "¿Una supresión ficticia?. Notas sobre la enseñanza del derecho en el reinado de Carlos IV" *Anuario de historia del derecho español,* v. 68, 1998, pp. 523-544

> cias perniciosas que pueden irse propagando y producir un trastorno en el modo de pensar de la nación"[25].

Estas reacciones, propiciaron su supresión, sin embargo, suprimidas las cátedras, mientras que Almici, dejo de ser estudiado, ya que se consideró que su obra una mera copia de Heinecio aunque con errores más graves, ya que se "presentaba como católica y era contraria, de forma más clara, a la forma de la monarquía hispánica"[26]. Se siguió estudiando la obra del Heinecio, aunque esta vez, en el ámbito del derecho romano, hasta que el plan de 1807 "gustó más a los liberales del Trienio, y en agosto de 1820 lo restablecieron con carácter interino". En este plan se introdujeron cambios significativos, y se introdujo el estudio del Derecho Natural y de Gentes por Heineccio, junto con el estudio de "la Constitución política de la Monarquía (con el apoyo de Benjamín Constant) en lugar de Novísima Recopilación y Partidas; Juan Sala en lugar de Asso."[27]. Y, aunque, "el nuevo Reglamento general de Instrucción pública de 29 de junio de 1821 no llegara a ejecución, se mantuvo vigente hasta que en septiembre de 1823 se repuso el plan de 1771 en la versión de 1818". En todo caso, la falta de "autores patrios" para cubrir los estudios de Derecho natural y de Gentes, hizo que Heinecio, con otros autores como Vinnio, mantuvieran su protagonismo en este ámbito durante mucho tiempo"[28], con diversas ediciones y reimpresiones de sus obras. En este sentido, el editor de la obra en 1837 recoge en el prólogo que:

---

[25] MARTINEZ NEIRA, M., *Op. Cit.* pp. 523-544

[26] *Ibidem.* pp. 523-544

[27] ALONSO ROMERO, M.P., *Op. Cit.* p. 424

[28] *Ibidem.* p. 419

> "cuando en el mes de septiembre de 1820 la Comisión de Instrucción pública del reino coma en su informe al Gobierno acerca del arreglo del plan termino de estudios, propuso los presentes Elementos de derecho natural y de gentes de Heinecio para la enseñanza de esta parte de la ciencia de las leyes, manifestó que la había movido para ello el no tener entonces otra obra de que valerse coma en razón de ser muy raras, o de no estar traducidas algunas de más mérito que en otros casos habría preferido; y al ser esta, por otra parte, de un autor bastante célebre, a parte de apreciable, por sus varios tratados de jurisprudencia coma haber ya ha servido anteriormente de texto para el propio objeto de nuestras universidades, y ofrecer en fin la proporción de hallarse con facilidad y baratura por estar impresa en Madrid años pasados"[29].

La obra, por lo tanto, es editada a pesar de afirmarse la existencia de otras obras mejores como: "los Principios de legislación universal y el Derecho de gentes de Vattel", "los Elementos de Burlamaqui", "la Legislación natural de Perró", "las Instituciones de derecho natural de Mr. R", "los Fundamentos de la jurisprudencia del alemán Peste" o "las Lecciones del profesor Felice"[30]. Esto se debe, por un lado, a que la obra de Heinecio venia precedida por "el nombre de su autor coma la celebridad de otros tratados suyos coma y el aparato y método que presenta en esta"[31] y, a que el Plan Interino del Gobierno no había introducido ninguna de ellas, al momento de editar la obra, dejándolo, a consideración del autor "para cuando se establezcan definitivamente los estudios conforme a los decretos de las Cortes"[32].

Esta presencia en los planes de estudio lleva al interés de la consideración de su obra para la comprensión del pensamien-

---

29 HEINECCIUS, J.G., *Elementos del derecho natural y de gentes*, 1837 p. V

30 *Ibidem.*

31 GOTTLIEB HEINECCIUS, J., *Op. Cit.* 1837 p. V

32 *Ibidem.*

to jurídico actual, a pesar de que "la historiografía posterior ha definido en ocasiones como «iusracionalistas menores» (Burlamaqui, Domat, Heinecio…)" [33] ya que, pese de todas las reservas previamente mencionadas, su obra, tuvo, por lo motivos ya referidos, una extensa y prolongada aceptación en España. En palabras de Castán Vásquez:

> "los heineccios, concretamente, tuvieron en efecto extensa y prolongada aceptación en España, no sólo a través de ediciones en latín impresas en otros países europeos, sino también por las ediciones latinas que se imprimían en España o las traducidas al castellano. Es natural que llegaran también a América"[34].

3. EL CONCEPTO DE DERECHO: *IUS CIVILE* E *IUS NATURALE*

Heinecio entiende el derecho como "la unión de todas las leyes de un mismo género"[35]. En función del cuerpo o sistema en que se las agrupe, se obtiene un cuerpo de derecho u otro: civil, marítimo, eclesiástico…[36] Siendo entre todas estas divisiones, la primera, aquella que distingue entre derecho divino

---

33 FERNANDEZ SARASOLA I., "Dos escritos inéditos de Jovellanos sobre la Constitución Histórica" *Pasado y Memoria,* Núm. 24 2022 p. 366 https://doi.org/10.14198/PASADO2022.24.15 [Consulta: 3/12/2023]

34 CASTAN VÁSQUEZ, J.M., "La difusión del derecho romano en Iberoamérica a través de libros españoles", en *Anuario Jurídico,* 11, 1984, p. 333

35 HEINECCIUS, J.G., *Recitaciones del Derecho Civil,* 1835, Ap. XXXIII, p. 38

36 *Ibidem.* Ap. XXXIII, p. 38

-las leyes dadas por el mismo Dios- y el derecho humano -las leyes dadas por los hombres-[37].

El derecho divino, emana de Dios como supremo legislador, quién medita y promulga las leyes -ya que ninguna ley puede obligar antes de promulgarse-[38]. Este derecho divino puede ser natural o positivo[39]. El primero está conformado por las leyes divinas que se conocen por la razón -propia, individual de cada uno-, "de suerte, que si un hombre quiere discurrir consigo mismo, pueda conocer inmediatamente lo que es justo"[40] o, como se indica en otra obra

> "el derecho promulgado por el mismo Dios al género humano por medio de la recta razón. (...) Este derecho está inscrito en los corazones de todos, en el sentido de que le conocen todos inmediatamente por la recta razón, con tal de que usen de ella y quieran consultarla"[41];

el segundo, el positivo, está integrado por las leyes que se conocen a través de la revelación. Revelación que está integrada por la Escritura[42], "de modo que los que lean entiendan

---

37 Cfr. *Ibidem*. Ap. XXXIII, p. 38

38 Cfr. HEINECCIUS, J.G., Op. Cit. 1835, Ap. XXXV, p. 39

39 Cfr. *Ibidem*.

40 Cfr. *Ibidem*.

41 *Ibidem*. Ap. XL, p. 42

42 Aquí se añade una nota del editor de cara a aclarar la doctrina católica contraría a lo afirmado por el autor, en concreto el editor indica en dos notas sucesivas que la Revelación está integrada por la Escritura y la Tradición, en concreto dice: "Es dogma católico que la divina revelación se contiene en la sagrada Escritura; pero no sola la sagrada Escritura, sino también en las divinas tradiciones con arreglo del decreto del Concilio Tridentino, Sesión 4", y añade al texto en la siguiente nota: "Y la tradición. Véase el citado decreto del Conc. Tridentino."

su voluntad"[43], y "depende de la libre voluntad de Dios"[44]. El derecho natural, es, por lo tanto, inmutable[45], así como lo es "la voluntad de Dios de donde nace y la razón por cuyo medio se promulga"[46].

El Derecho de gentes sería igual que el derecho de naturaleza. El primero, no sería, para nuestro autor otra cosa que "el mismo derecho natural aplicado a la vida social del hombre y a los asuntos peculiares a las naciones cultas"[47] o, en otros términos, "el mismo derecho natural aplicado a los negocios y causas de todas las naciones" [48], es decir, el derecho por el que se arreglan las acciones del hombre aislado será el derecho natural mientras que el derecho que rige en las sociedades y prescribe en ellas cuál es lo justo injusto se llama derecho de gentes[49]. "De esto se deduce que el derecho natural no sé diferencia del de gentes ni en el principio de conocer, ni en las reglas, sino solo en el objeto"[50].

Estas definiciones no coinciden con lo sostenido por los jurisconsultos romanos y otros autores previos, los cuales afirmaban que el derecho de la natural es el común a "todos los animales" y, el de gentes, "el que es común a solos los hombres entre sí"[51]. El mismo autor, refiere a la cuestión, alegando que las afirmaciones al respecto de dichos autores son falsas. Tanto Ulpiano como Justiniano se equivocan ya que: "los animales brutos están

---

43 Cfr. HEINECCIUS, J.G., *Op, Cit.* 1835, ap. XXXV, p. 39

44 Cfr. *Ibidem.* Ap. XLII, p. 45

45 *Ibidem.* Ap. XL, p. 42

46 *Ibidem.*

47 HEINECCIUS, J.G., *Op. Cit.* 1837, Ap. XXI, p. 36

48 HEINECCIUS, J.G., *Op. Cit.*, 1835, Ap XLI, p. 44

49 Cfr. HEINECCIUS, J.G., *Op. Cit.* 1837, ap. XXI, p. 36

50 *Ibidem. Ap.* XXI, p. 36

51 HEINECCIUS, J.G., *Op. Cit.*, 1835, Ap XXXVI, p.40

destituidos de razón; y lo que carece de razón no puede ser obligado con leyes. ¿Quién iría a prescribir las leyes a un árbol para que bailase, a un caballo para que cantase, y a un cabron para que fuese casto?"[52]. "Estas cosas carecen de razón, y por consiguiente ni entienden las leyes, ni éstas pueden obligarlas. Si no pueden ser obligadas por leyes, son incapaces de derecho y por tanto es falso el que la naturaleza ha enseñado el derecho natural a todos los animales"[53]. En consecuencia, como este derecho se conoce por la razón, para nuestro autor, no cabe derecho, donde no hay razón, por lo tanto, no hay derecho natural, en el sentido de que nada hay común en el derecho entre animales y hombres. Se podrá decir que el "bruto" actúa conforme a naturaleza, pero nunca conforme a derecho[54]. Además, contra lo afirmado tanto por autores escolásticos como por Grocio[55] "si derecho es la unión de todas las leyes de un mismo género (S. XXIII)". "donde no hay ninguna ley, no hay ningún derecho: y ninguna ley seguramente puede haber donde no hay ningún legislador, donde no hay Dios: luego no existiendo Dios, no existe el derecho de naturaleza"[56]. El ateo, en consecuencia, no actúa conforme a derecho, pues no actúa en obediencia al derecho natural, sino que actúa por utilidad, "porque vería que de otro modo no podría vivir en la sociedad"[57].

El derecho civil o humano es "el que cada pueblo establece para sí mismo, y es propio de cada ciudad"[58]. Todas las na-

---

52 *Ibidem.*

53 *Ibidem.*

54 Cfr. HEINECCIUS, J.G., *Op. Cit.*, 1835, Ap. XXXV, p. 39 y J HEINECCIUS, J.G., *Op. Cit.* 1837, Ap. XXI, p. 35

55 Cf. HEINECCIUS, J.G., *Op. Cit.*, 1835, Ap. XL, p. 42

56 *Ibidem.*

57 *Ibidem.* Ap. XL, p. 43

58 *Ibidem.* Ap. XLIII, p. 46

ciones pueden mandar o prohibir cosas que no sean torpes ni honestas[59], acciones que empezarán "a ser justas, porque lo exige la utilidad de la República"[60]. En consecuencia, nuestro autor establece tres elementos comunes esenciales del derecho civil: primero, que "no es uno mismo para todas las naciones, porque tampoco para todas es igualmente útil o perjudicial una misma cosa"[61], segundo, "qué [hay] tantos derechos civiles como ciudades o repúblicas"[62], tercero, que a pesar de estas afirmaciones "por cuanto los moradores de la mayor parte de los pueblos dieron voluntariamente al derecho romano por su grande equidad, este derecho se llama por excelencia derecho civil y también derecho común"[63]. En consecuencia, "cuando hablamos de derecho civil o común la mayor parte de las veces lo decimos por el derecho romano"[64].

El Derecho Natural y el Derecho Civil se diferencia por tres elementos: como se conocen, su extensión y su objeto. El derecho natural se da por conocer por la razón y el derecho civil se promulga de viva voz o por escrito. El derecho natural se extiende tanto como la razón y el segundo es solo peculiar a un pueblo. Por último, el natural considera sobre acciones naturalmente buenas o malas, tanto internas o externas y el civil habla de las indiferentes o externas en cuanto se dirigen al bien de una nación o de un pueblo[65].

---

59 Cfr. *Ibidem.*

60 *Ibidem.*

61 *Ibidem.*

62 *Ibidem.*

63 *Ibidem.*

64 *Ibidem.*

65 Cfr. J HEINECCIUS, J.G., *Op. Cit.* 1837, Ap. XVIII, p. 14

4. FIN DEL *IUS CIVILE*

Siguiendo el Derecho Romano -*Instituta* y *Pandectas*- nuestro autor considera la justicia como el fin del derecho. No como fin último, ya que el "último fin del jurisconsulto es la interior tranquilidad de la república, la cual sólo se obtiene por medio de la justicia"[66]. En consecuencia, la justicia es fin del derecho, pero como fin próximo[67].

La justicia la definirá como "la voluntad constante y perpetua de dar a cada uno su derecho"[68]. Virtud que debe ser ejercida en conveniencia a la razón y perpetua constancia[69]. Ahora bien, en cuanto virtud, divide la justicia en dos manerales: moral y civil[70]. La primera, la justicia moral, "es una virtud que consiste en la mente, o un hábito del ánimo, por el cual uno arregla sus acciones a la ley". La segunda, la justicia civil, es una virtud que se ejerce cuando la persona "arregla las acciones externas a la ley, de suerte que da a cada uno lo suyo, aun cuando no lo haga por amor de la virtud o con buena intención, sino por miedo al castigo"[71], en otras palabras, "la atemperación o conformidad de las acciones externas con las leyes, en virtud de la cual no se daña a nadie y se da a cada uno lo que es suyo"[72]. En consecuencia, no sería justo conforme a la justicia moral quien solo cumpliera las normas por miedo al castigo y no por amor a la virtud o con buena intención, Ahora bien, si cumple las normas sin creerlas por ser un hipócrita o un ateo,

---

66 HEINECCIUS, J.G., *Op. Cit.*, 1835, Ap. XVIII, p. 25

67 Cfr. *Ibidem.*

68 *Ibidem.* Ap. XIX, p. 26

69 *Ibidem.* Ap. XIX, p. 27

70 Cfr. *Ibidem.* Ap. XIX, p. 27

71 *Ibidem.* Ap. XIX, p. 27

72 *Ibidem.* Ap. XIX, p. 27

o creyéndolas el cumple, pero con repugnancia, sólo puede llegar a ser justo civilmente, pero no justo moralmente.[73]

Establecida esta distinción, Heinecio, siguiendo a Grocio en de *Jure Belli et Pacis*, considera la justicia en diversos modos[74]. En función del modo la justicia puede dividirse en espletriz y atributriz[75], en función del tipo de deber que contempla. Los deberes que tenemos respecto de los demás hombres son del dos maneras: los deberes perfectos, que se derivan de la regla "no hagas a otros lo que no quieras que te hagan a ti" y que, en consecuencia, la ley prescribe como necesarios[76]; y los deberes imperfectos, que se derivan de la honestidad o del decoro, y que la ley considera como honestos. Los primeros son propios de la justicia espletriz, y, por consiguiente, cualquier persona puede ser obligada a cumplirlo con ello por el magistrado competente, que podrá castigarle si nos los cumple. Ejemplo para nuestro autor de este tipo de actos serían: "el que se abstiene de robos y rapiñas, paga sus deudas, observa los pactos y contratos"[77]. Los segundos, son los propios de la justicia atributiz, nadie puede ser obligado a cumplirlos, se dejan a la virtud de cada uno[78]. En este caso, los ejemplos que observamos son: se dé limosna a los pobres, que se ejerza con todos la humanidad, que se enseñe el camino al que se ha extraviado, que se dé fuego al que lo necesite…[79]

La relevancia de esta clasificación de la justicia se ve reforzada en el argumentario de nuestro autor, porque la misma, engloba

---

73 Cfr. HEINECCIUS, J.G., *Op. Cit.*, 1835, Ap. XIX, p. 27

74 Cfr. *Ibidem.* Ap. XX, p. 28

75 Cfr. *Ibidem.*

76 Cfr. *Ibidem.* Ap. XXI, p. 29

77 Cfr. *Ibidem.*

78 Cfr. *Ibidem.*

79 Cfr. *Ibidem.*

en sí los tres preceptos en que el derecho romano clasificaba la vida justa: vivir honestamente no hacer daño a nadie y dar a cada uno lo suyo. Esto es así porque: la justicia atributiz comprende los deberes imperfectos que se derivan de la honestidad: de aquí el precepto del derecho vivir honestamente; mientras que la justicia espletriz versa acerca deberes perfectos, ya que "el que se abstiene de los vicios prohibidos por la ley obedece al precepto no hacer daño a nadie; el que hace lo que las leyes mandan, cumple con el precepto dará a cada uno los suyo"[80].

Por último, al considerar la justicia, cabe destacar que nuestro autor se opone, por considerarla inexacta, a la distinción clásica establecida por Aristóteles, y seguida por otros autores posteriores, por la cual, la justicia puede dividirse en universal o particular y esta se subdivide en conmutativa y distributiva.[81] Considera la justicia conmutativa como justicia particular. La define como aquella que mira la cosa no a las cualidades de la persona de suerte que observa una igualdad perfecta cual se halla en los contratos. Por ejemplo, el panadero vende el pan al senador a igual precio que al Zapatero[82]. Por el contrario, define la justicia distributiva como aquella que mira las cualidades de la persona y observa una igualdad geométrica; por ejemplo, como el príncipe distribuye los cargos y oficios en la sociedad. Ya que cuando se distribuyen honores premios y penas no se debe solo mirar a la cosa sino también a la calidad de la persona. Heinecio considera que estas distinciones y definiciones de la justicia son inexactas y, por lo tanto, se puede prescindir "o pasar" de ellas[83], porque parten de la posibilidad de distinguir o dividir a la persona para considerarla según la

---

80 Cfr. HEINECCIUS, J.G., *Op. Cit.*, 1835, Ap. XXI, p. 29

81 Cfr. *Ibidem.* Ap. XXIII, p.30

82 Cfr. *Ibidem.* Ap. XXIII, p. 31

83 Cfr. *Ibidem.* Ap. XXIII, p. 32

justicia particular o universal por un lado y por otro que no se puede considerar que la justicia distributiva solo tenga lugar en los premios y las penas y la conmutativa solo en los contratos[84].

5. FUENTES DEL *IUS CIVILE*

El derecho civil se divide en escrito y no escrito. Sin embargo, nuestro autor, considera que no debe entenderse esto de forma textual ya que "hay derecho escrito que nunca se ha reducido a letras, y se da también derecho no escrito, aun cuando esté consignado en escritura"[85]. Siguiendo a los jurisconsultos, para nuestro autor "la palabra escribir es lo mismo que promulgar; derecho escrito quiere decir promulgado; derecho no escrito, no promulgado".[86] En este sentido será derecho el escrito el que "se ha promulgado expresamente , bien sea por medio de la escritura, o del pregonero o cualquier otro modo", mientras que será derecho no escrito el que "haya ido adquiriendo fuerza obligatoria en la República tácitamente y sin promulgación, bien se haya reducido a escrito o bien no"[87]. Cabe considerar que para nuestro autor tanto el derecho escrito como el no escrito tienen su origen en un mismo principio; esto es: el legislador. En consecuencia, si el legislador establece alguna cosa como ley lo establecido se llama derecho escrito si por el contrario concede tácitamente que se observe algo en la República por costumbre se llama derecho no escrito[88].

---

84 Cfr. *Ibidem.*

85 HEINECCIUS, J.G., *Op. Cit.*, 1835, Ap. XLIV, p. 46

86 *Ibidem.*, Ap. XLIV, p. 47

87 I*bidem.*

88 HEINECCIUS, J.G., Recitaciones del Derecho Romano, 1842, Ap. 71 p. 52

Atendida esta división, nuestro autor, establece que tipo de derecho escrito es fuente del derecho en su época. Considera que, a diferencia de la época romana, en que, fruto de las mudanzas de la república, eran múltiples las especies de derecho escrito –leyes, senado-consultos, plebiscitos o constituciones-[89], en su época sólo existen las leyes. La ley entendida como un precepto común del supremo imperante que obliga a todos los súbditos para que arreglen a él sus acciones[90]. Es un precepto ya que, tiene carácter obligatorio[91]. Común, porque se distingue del privilegio ya que obliga a todos[92]. Del supremo imperante -ya sea el monarca, los nobles o el pueblo, como aquel que ejerce la autoridad de hacer las leyes[93], y será su voluntad la que quede fijada en las mismas[94]. Quien no tenga esta autoridad, puede interpretar las leyes, aconsejar o juzgar según ellas, pero no hacerlas[95]. La ley, podrá versas sobre personas, cosas y acciones[96] y obligará a los súbditos para que arreglen "las acciones humanas que provienen del entendimiento y la voluntad, no de las naturales, que no sufren ley ninguna"[97].

El derecho no escrito o costumbre también es fuente del derecho civil. La costumbre es "el derecho introducido por el voto tácito" del pueblo o del príncipe [98]. Para que forme parte del derecho civil, con la misma fuerza que las leyes, la costumbre se

---

89 Cfr. HEINECCIUS, J.G., *Op. Cit.*, 1835, Ap. LXXIII, p. 74

90 *Ibidem.* Ap. LXXIII, p. 75

91 *Ibidem.*

92 *Ibidem.*

93 Cfr. *Ibidem.*

94 Cfr. *Ibidem.* Ap. XV p. 20

95 HEINECCIUS, J.G., *Op. Cit.*, 1835, Ap. LXXIII, p. 74

96 *Ibidem.*

97 *Ibidem.* Ap. LXXIII, p. 75

98 HEINECCIUS, J.G., *Op. Cit.*, 1842, p. 52

ha de probar "por el transcurso del tiempo y la repetición de actos conformes"[99]. De tal manera que una vez introducida puede incluso llegar a derogar o invalidad leyes anteriores[100], sin embargo, debe entenderse en cuenta que las costumbres contrarias a la recta razón o a las buenas costumbres no se presume que el legislador las aprueba, por lo que, se entiende como abolida[101].

6. LÍMITES DEL *IUS CIVILE*

El derecho civil encuentra el límite en el derecho natural, previamente definido. Nuestro autor, en relación con el derecho civil, va a distinguir entre derecho natural "permisivo y preceptivo"[102]. Mientras que al primero, "el género humano puede renunciar (...) como derecho introducido a su favor"[103], ninguna ley civil podrá nunca ser contraria al preceptivo, que es inmutable[104]; siendo de no obligado cumplimiento aquellas leyes civiles que quieran mudar una disposición del derecho natural. El súbdito no deberá obedecer al príncipe o al tirano que así lo hiciera[105]. En todo caso, cabe considerar que el derecho natural preceptivo, aunque no es mudable, si es atemperarle "al estado de la República"[106]. En consecuencia, aunque no se puede cambiar, si se pueden añadir "ciertas cir-

---

99 HEINECCIUS, J.G., *Op. Cit.*, 1842, p. 53 y HEINECCIUS, J.G., *Op. Cit.*, 1835, Ap. LXXII, p. 74

100 Cfr. *Ibidem.*

101 Cfr. *Ibidem*

102 HEINECCIUS, J.G., *Op. Cit.*, 1835, Ap. XL, p. 43

103 *Ibidem.*

104 *Ibidem.*

105 Cfr. HEINECCIUS, J.G., *Op. Cit.*, 1835, Ap. XL, p. 43

106 *Ibidem.*

cunstancias" al derecho natural preceptivo, que son exigibles para el derecho civil[107].

La voluntad de Dios es el principio de este derecho natural, ya que establece normas rectas, ciertas, constante y obligatoria[108]. Dios, es para nuestro autor, "el único a quien es lícito promulgar algo por medio de la razón, de la que es el solo autor", en consecuencia, la voluntad de Dios es la única norma de las acciones humanas, y el principio de toda obligación natural y aún de toda justicia"[109].

Estas normas establecen unos deberes para todo el género humano, y a cada uno de sus individuos en particular, que emanan de la voluntad de Dios e integran el derecho natural como límite del derecho civil se dividen en aquellas que tienen que ver con los deberes del hombre para con Dios[110], deberes del hombre consigo mismo[111] y en "los deberes absolutos y perfectos para con los demás hombres, especialmente de el de no dañar a nadie"[112]. Los mandatos que de aquí derivan, por cómo están expresados por nuestro autor, pueden entenderse como un listado de derechos humanos o naturales, límite a la ley humana y en consecuencia al legislador.

Los primeros, los deberes para con Dios, incluyen los siguientes mandatos: conocer a Dios, tener buena opinión de Dios y de sus perfecciones; toda impiedad y blasfemia son inexcusables, promover la Gloria de Dios, amar a Dios, venerar y temer a Dios, evitar la superstición, colocar nuestra confianza

---

107 *Ibidem.*

108 HEINECCIUS, J.G., *Op. Cit.*, 1837, p. 39 y ss.

109 *Ibidem.* ap. LXIL p. 41

110 *Ibidem.* p. 81 y ss.

111 *Ibidem.* p. 93 y ss.

112 *Ibidem.* p. 117 y ss.

en Dios y el culto externo e interno [113]. Los segundos, los deberes de amor a uno mismo, incluye los siguientes mandatos: conservar la vida y evitar la muerte, evitar el desprecio a la vida y la salud, perfeccionar su conocimiento (entendimiento, consérvalo y ampliarlo), disfrutar el bien y aborrecer el mal, adquirir medios de subsistencia, obligado al trabajo y la industria, a defender y ampliar la estimación y a combatir la calumnia[114]. Por último, el amor para con los demás hombres, implica los siguientes mandatos: tratar al semejante como un igual, no dañar al otro, no causar la muerte ni dañar la salud o el cuerpo, no dañar a nadie de palabra, beneficencia[115].

Por último, resaltar la consideración que el autor hace de la conciencia humana, la cual, se afirmaba como límite también al derecho, o al cumplimiento de este por diversos autores de la época. Nuestro autor, considera que aquellos que consideran que la conciencia debe ser la norma y regla de las acciones humanas se equivocan[116]. Ya que la conciencia no cumple con los requisitos necesarios para ser una norma, es decir, recta, cierta y constante[117]. La conciencia, para nuestro autor, se caracteriza por ser a veces errónea otras solo probable a veces dudosa y expuesta a ser sojuzgada por las malas inclinaciones[118], por lo que, no cumple los requisitos, para ser fuente de norma alguna.

---

[113] HEINECCIUS, J.G., *Op. Cit.*, 1837, p. 81 y ss.

[114] *Ibidem.* p. 93 y ss.

[115] *Ibidem.* p. 117 y ss.

[116] HEINECCIUS, J.G., *Op. Cit.*, 1837, Ap. XLV p. 29

[117] Cfr. *Ibidem*

[118] Cfr. *Ibidem*

7. CONCLUSIÓN

El análisis de la obra de Heinecio permite profundizar en los cambios acaecidos en el ámbito jurídico entre los siglos XVI y XIX respecto a estos tres elementos -fuentes, fines y límites del *ius civile*- en el ámbito universitario. Su influencia, dada su popularidad, en el ámbito de la práctica jurídica y del desarrollo doctrinal posterior es innegable tanto en España como en Hispanoamérica.

Influencia que viene dada más por su disponibilidad y carácter "templado" frente a otros autores en cuestiones más polémicas para la monarquía española de la época, que por su calidad o ingenio. Criticas que ya se vertieron en su época y que llevaron a considerarle dentro de los «iusracionalistas menores» (Burlamaqui, Domat, Heinecio...)". Destaca la que el propio editor de los "Elementos del Derecho Natural y de Gentes" de 1837, Don Mario Lucars Garrido[119], quien afirma que "examinándola con imparcialidad se la encuentran un crecido número de defectos": primero "el plan bajo de que está concebida adolece de faltas capitales", distribuye mal las materias, bajo principios o falsos o inútiles. Segundo, funda las argumentaciones en "pruebas inexactas o de poco momento; y exornadas, en fin, con una erudición inoportuna y por decirlo así pedagógica". Tercero, sigue un sistema de "principio cognoscitivo" de derecho natural, y siguiendo la "soñada y favorita hipótesis del estado natural"; "todo lo cual da lugar en ocasiones a raciocinios inexactos, y a veces impertinentes o ridículos"[120]. Cuarto, la multitud de citas, fruto de un "rancio

---

119 Cfr. HEINECCIUS, J.G., *Op. Cit.*, 1837p. VI

120 Cfr. *Ibidem.*

purito", en las que además se mezclan, autores sagrados con filósofos, poetas y oradores[121].

Valoración como autor "menor" que se confirman con una mera aproximación a la obra: se trata más bien de un desarrollo sistemático de instituciones de derecho romano, que reproduce los tópicos y lugares comunes de derecho natural que se encontraban en el ambiente jurídico de la época. Estas afirmaciones o tópicos, o no se desarrollan en profundidad o no se debaten con el rigor que se encontraba en obras de autores previos (Suarez, Vitoria...).

En todo caso, el trabajo de su obra permite entender los cambios que se fueron introduciendo en el ámbito jurídico de la época y la evolución de las ideas en el plano jurídico que llegarían a concretarse en el positivismo jurídico y el derecho positivo actual.

8. BIBLIOGRAFÍA

ALONSO ROMERO, M.P., *Salamanca, Escuela de Juristas,* Dykinson, 2012.

BIBLIOTECA NACIONAL DE ESPAÑA, *Heineccius, Johann Gottlieb (1681-1741)* https://datos.bne.es/persona/XX1302708.html [Consulta: 3/12/2023]

CASTAN VÁSQUEZ, J.M., "La difusión del derecho romano en Iberoamérica a través de libros españoles", en *Anuario Jurídico,* 11, 1984.

CHISHOLM, H. "Heineccius, Johann Gottlieb". Encyclopædia Britannica. Vol. 13 (11th ed.). Cambridge University Press. 1911.

DUVE, T., "Von der europäischen Rechtsgeschichte zu einer Rechtsgeschichte Europas in globalhistorischer Perspektive", en *Zeitschrift für Europäische Rechtsgeschichte,* 20, 2012.

121 Cfr. *Ibidem.*

FERNANDEZ SARASOLA I., "Dos escritos inéditos de Jovellanos sobre la Constitución Histórica" *Pasado y Memoria,* Núm. 24 2022 p. 366 https://doi.org/10.14198/PASADO2022.24.15 [Consulta: 3/12/2023]

GUTIERREZ-ALVIS, F., *Diccionario de Derecho Romano,* Editorial Reus, Madrid, 1995.

GUZMAN BRITO, A., *Alejandro, Andrés Bello codificador. Historia de la fijación y codificación del derecho civil en Chile,* Ediciones de la Universidad de Chile, Santiago, 1982.

HEINECCIUS, J.G., *Elementos del derecho natural y de gentes,* 1837.

-:., *Recitaciones del Derecho Civil,* 1835.

-:., Recitaciones del Derecho Romano, 1842.

HUARAJ ACUÑA, J.C., *"Ilustración y currículo educativo en el Perú: Juan Teófilo Heinecio en las Cátedras del Convictorio San Carlos de Lima", Uku Pacha. Revista de Investigaciones Históricas,* 17, 2013.

IGLESIAS, J., *Derecho Romano. Instituciones de Derecho Privado,* Ariel, Barcelona, 1972.

LIBRARY OF CONGRESS AUTHORITIES *Heineccius, Johann Gottlieb, 1681-1741*https://lccn.loc.gov/n86123097 [Consulta: 3/12/2023]

LOPEZ GUERRA, L., *Introducción al Derecho Constitucional,* Tirant lo Blanch, Valencia, 1994.

MARTINEZ NEIRA, M., "¿Una supresión ficticia? Notas sobre la enseñanza del derecho en el reinado de Carlos IV", *Anuario de historia del derecho español,* v. 68, 1998.

MINISTERIO DE CULTURA Y DEPORTE *Persona–Heineccius, Johann Gottlieb (1681-1741),* http://pares.mcu.es/ParesBusquedas20/catalogo/autoridad/119536/imprimir [Consulta: 3/12/2023]

PALOMAR MALDONADO, E., *"La filosofía del derecho y el derecho natural en los planes de estudio de las facultades de derecho de España", Foro* [*Nueva época*], 1, 2005.

PEREZ GODOY, F., "Johannes Heineccius y la historia transatlántica del ius Gentium" *Revista Chilena de derecho. Vol. 44, núm. 2 Santiago. Ago. 2017* http://dx.doi.org/10.4067/S0718-34372017000200539 [Consulta: 3/12/2023]

-: F., "La ciencia del Derecho Natural y la producción del conocimiento científico del Estado", Historia 396, 1: 2013.

-:., "La teoría del derecho natural y de gentes de Johannes Heineccius en la cultura jurídica iberoamericana" *Revista de estudios histórico-jurídicos* no.37 Valparaíso oct. 2015 pp. 453-474 http://dx.doi.org/10.4067/S0716-54552015000100017 [Consulta: 3/12/2023]

PESET, M., y MANCEBO P., P. "Carlos III y la legislación sobre universidades" *Documentación Jurídica* 57. Enero- marzo 1988. Tomo XV, 1988

RUS RUFINO, S. Historia de la catedra de derecho natural y de gentes de los reales estudios de San Isidro (1770-1794): sobre el problema del origen de la disciplina derecho natural en España, Universidad de León, León, 1993.

SANCHEZ BLANCO, F., La Ilustración y la Unidad Cultural Europea, Marcial Pons, Madrid, 2013.

VELASCO GUERREO, L., *El concepto de persona en la jurisprudencia del Tribunal Constitucional*, Respublica, Madrid, 2020.